Cees Zwart
Die Kraft der inneren Stimme
Hoffnung für die Zukunft

Unter Mitarbeit
von Jelle van der Meulen

Aus dem Niederländischen
von Martien Elderhorst

*Für Cornelia
nov '96
Amsterdam

"Meine Hoffnung ---"*

edition tertium

Die niederländische Originalausgabe erschien
unter dem Titel «De strategie van de hoop»
1995 im Verlag Lemniscaat in Rotterdam.

Die Deutsche Bibliothek - CIP-Einheitsaufnahme
Zwart, Cees: Die Kraft der inneren Stimme :
Hoffnung für die Zukunft / Cees Zwart.
Unter Mitarb. von Jelle van der Meulen.
Aus dem Niederländ. von Martien Elderhorst.
- Ostfildern : Ed. Tertium, 1996
Einheitssacht.: De strategie van de hoop <dt.>
ISBN 3-930717-28-X

ISBN 3-930717-28-X
© 1996 edition tertium, Ostfildern
Alle Rechte, auch die des auszugsweisen Nachdrucks und der fotomechanischen Wiedergabe, vorbehalten.

Gestaltung: Burkhard Finken, Matthias Bumiller
Finken & Bumiller, Stuttgart

Herstellung: Druckerei Wagner, Nördlingen

Inhalt

7 **Vorwort**

9 **Jelle van der Meulen Zu diesem Buch**

13 Teil 1 **Hoffnung als Kraft**

13 1. Die Zukunft liegt im Schoß der Götter
Die eigene Domäne der Zukunft / Quellen / Funktion der Hoffnung / Universelle und fundamentale Hoffnung / Tagträume / Drei Arten der Zukunft / Kausalität, Synchronizität, Finalität / Antizipierendes Bewußtsein

37 2. Zwischen Tagtraum und täglichem Mühen
Voraussetzungen der Hoffnung / Prognose / Kurssuche / Maßstäbe / Würde des Menschen / Autonomie / Idealisieren / Freiheit

68 Teil 2 **Hoffnung und Gegenwart**

68 3. Die turbulente Wende des Jahres 1989
Sind Ideen real? / Platonische und aristotelische Tradition / Post-Modernismus / Das Wendejahr 1989 / Bürgermut / Instabilität und Turbulenz / Moralisches Unterscheidungsvermögen / Grenzen fallen

98 4. Wirtschaft und Politik
Kurssuche in paradoxer Wirklichkeit / Weltwirtschaft und freie Marktwirtschaft / Fundamente der Wirtschaft / Wertschöpfung und Wertvernichtung / Globale gegen-

seitige Abhängigkeit / Der demokratische Rechtsstaat / Uniforme Bürokratie und pluriforme Gesellschaft / Bildung und Auflösung von Beziehungen / Autonomie und Solidarität

5. Kultur

Make-up-Kultur: Bequemlichkeitssucht und Oberflächlichkeit / Objektive Wissenschaft / Das menschliche Maß / Erneuerung und Alterung / Persönliche Meisterschaft / Das Fremde / Das freie Individuum

Teil 3 Zukunft der Hoffnung – Ein Weg

6. Die neue Ethik der inneren Stimme

Unverbindlichkeit / Scham und Schuld / Ethik der inneren Stimme / Echtheit / Gewissensentscheidung bei Augustinus / Geburt des individuellen Gewissens / Manichäismus / Vermittlung von Gut und Böse im Gewissen / Gewissen und Integrität

7. Das Gewissen im Lebenslauf und in der Entwicklung von Organisationen

Echtheit und Integrität / Gewissensentwicklung im Lebenslauf / Begegnung mit dem Schatten / Auf dem Weg zur Integrität / Identität von Organisationen / Erscheinungsform von Organisationen / Moralitätsfelder in Organisationen / Intentionen von Organisationen

8. Die künftige Gesellschaft – Drei Tagträume

Geteiltes Unternehmertum, Werk- und Verantwortungsgemeinschaften / Vielseitiges Bürgertum, Der souveräne Bürger / Persönliche Meisterschaft, Post-Materialismus

9. Rückblick – Ein Interview

Vorwort

Mit diesem Buch schließe ich eine Periode meines Lebens ab, in der ich als «Erzähler» vor vielen Menschen stand. Insgesamt waren es sicherlich mehr als zehntausend, aber wer wüßte es schon genau? Ich weiß wohl, was ich tat. Ich versuchte, in Worte zu fassen, wie ich als Zeitgenosse in der Welt stehe, in der wir leben. Ich versuchte auch zu beschreiben, welche Reaktionen man hervorruft, wenn man die Position bezieht, etwas verbessern zu wollen. Mal sprach ich über gesellschaftliche Entwicklungen, mal über Führung und Veränderungsmanagement. Nicht selten sprach ich über das, was ich als den Kern betrachte, über das Mysterium der Menschwerdung.

Als Wissenschaftler lehre ich über diese Themen unter den Begriffen «Organisationsentwicklung und menschliche Qualität» an den Universitäten von Rotterdam und Tilburg. Mit diesem Buch jedoch richte ich mich nicht in erster Linie an meine Fachkollegen, sondern an diejenigen, die erkannt haben, daß wir im Persönlichen und Sozialen dringend eine fundamentale Neuorientierung unserer Ausgangspunkte, Haltungen und Vorgehensweisen brauchen.

Als «Erzähler» habe ich immer versucht, so zu sprechen, daß die Zuhörer einen Einblick in die Schmiede meiner Vorstellungen und Ideale erhielten. Natürlich gelang das nicht immer. Aber wenn es gelang, dann schien es fruchtbar, da sich sowohl bei meinen Zuhörern als auch bei mir ein Raum für Entwicklung öffnete. Ich bin froh, daß ich immer wieder ein Publikum fand, das mir geholfen hat, die eigenen Gedanken immer deutlicher zu formulieren.

Der Weg, den ich gegangen bin, macht es mir unmöglich, jedem persönlich für seine Beiträge an dem Zustandekommen dieses Buches zu danken. Bei zwei Menschen möchte ich aber eine Ausnahme machen. Zunächst bin ich dem Publizisten Jelle van der Meulen für seine professionelle Unterstützung dankbar, sowohl in der Vorbereitungsphase als auch bei der Fertigstellung des endgültigen Textes. Daß darüber hinaus auf unserer gemeinsamen Reise eine Freundschaft entstand, betrachte ich als ein Geschenk. Gefühle aufrichtigen Respekts bringe ich meiner Frau Giulia Elise entgegen, die mir großherzig so viel Zeit zur Verfügung stellte. Nicht selten hat sie früher als ich erkannt, daß es wieder einmal so weit ist. Während ich dachte, daß wir ganz einfach miteinander im Gespräch sind, sagte sie: «Geh Du nur in Dein Arbeitszimmer, denn Du brütest wieder etwas aus.»

Jeder Abschluß schafft zugleich Raum für Zukünftiges. Ohne Zweifel wird darin wieder Neues entstehen.

Driebergen, im Februar 1995

Cees Zwart

Zu diesem Buch

Gespräche auf Fluren – im Parlament, im Unternehmen, in einer Universität – sind oft viel spannender als «offizielle» Besprechungen. Man hört Meinungen, Gefühle, Vermutungen, Erwartungen und Motive, die während formeller Zusammenkünfte aus verschiedenen Gründen nicht geäußert werden. Auch in der öffentlichen Debatte, im Diskurs, der von so unendlicher Bedeutung für das Funktionieren einer multiformen Gesellschaft ist, wird viel verschwiegen. Beamte machen den Mund nicht auf, Wissenschaftler halten sich bedeckt, Politiker halten ihre Meinung so lange zurück, bis ein Fraktionsstandpunkt festgelegt worden ist. Nur wenige wagen es, in der Öffentlichkeit «laut» zu denken, womit sie dann nicht selten auch eine Flut von kritischen, relativierenden oder auch nur nuancierenden Reaktionen auf sich ziehen.

In diesem Buch sagt Cees Zwart, was er denkt – konsequent und engagiert. Einerseits gibt er tradierte Weisheiten neu zu bedenken, weil sie seiner Meinung nach überhaupt nicht überkommen sind (beispielsweise, wenn er über die Nöte spricht, die die griechische Philosophie mit sich gebracht hat), andererseits ist er den Dingen denkend und träumend weit voraus (wenn er sich über die Zukunft des Wirtschaftslebens äußert). Es sind Gedanken eines Menschen, der durch die heutige Zeit, durch die Fragen in den Gesprächen in Fluren und Wandelhallen inspiriert wird.

Das Interessante an diesem Buch ist, daß der Inhalt für sein Zustandekommen bestimmend war. Die Behauptung, daß wir seit 1989 in einer turbulenten Zeit leben und daß sie ein hohes Maß an Beweglichkeit verlangt, ist ein wichtiger Aspekt für die Strategie der Hoffnung, wie Cees Zwart in diesem Buch darlegt: Politik oder Strategien sollen nicht mehr gemacht, sondern gesucht werden, und das immer wieder aufs neue. Aus diesem Grund hat Cees Zwart die übliche Vorgehensweise bei der Erarbeitung eines Buches, nämlich hinter dem Schreibtisch zu sitzen und zu schreiben, nicht gewählt.

Vielmehr lud er eine Gruppe von Menschen ein, sich sein Plädoyer anzuhören und anschließend darauf zu reagieren. Zu acht Zusammenkünften im Herbst 1994 in der Freien Hochschule in Driebergen (Niederlande) folgte eine bunte Gemeinschaft von Managern, Künstlern, Pädagogen, Beamten und Organisationsberatern der Aufforderung: zuhören und kommentieren.

Die Diskussionen führten immer wieder zu den Turbulenzen, die Cees Zwart suchte und in denen er seinen Weg suchen wollte. Selbstverständlich hatte er von vornherein einen bestimmten Inhalt vor Augen. Die Praxis lehrte aber, daß die Reaktionen den weiteren Verlauf in hohem Maße bestimmten. Nach jeder Zusammenkunft ging er mit drängenden und manchmal beklemmenden Fragen nach Hause, die er bei der nächsten Zusammenkunft zu beantworten suchte. In diesem Sinne ist dieses Buch – jedes der acht Kapitel fußt auf der Wiedergabe einer Zusammenkunft – das Resultat eines Suchprozesses oder, wie Cees Zwart das selbst ausdrückt: die Dokumentation eines «Rittes».

Jelle van der Meulen

Darüber hinaus birgt dieses Buch mutige, wahre und zweifelsohne auch provokante Visionen, zugleich gibt es auch einen Einblick in das Drama des Denkens der neunziger Jahre. Es zeigt einen engagierten Zeitgenossen, einen Wissenschaftler und zugleich einen Bürger, der die Nöte unseres Lebens anpackt und nach dem nächsten Schritt sucht. Dabei zieht sich der «Erzähler» nicht in den sicheren Hafen des eigenen Fachgebiets zurück und ist nicht bereit, komplexe Fragestellungen einfach auf «Beiläufigkeiten» zu reduzieren. Aus einer großen Zahl von Fach- und Lebensgebieten wird geschöpft: aus der Psychologie, der Ethik, der Politik, der Ökonomie, aus dem Bereich der Organisationsberatung, aus der Philosophie, der Geschichte und der Esoterik.

Das zentrale Wort dieser Betrachtungen – der Titel des Buches sagt es bereits – ist «Hoffnung». Was kann dabei herauskommen, wenn ein Professor sich mit der Bedeutung des Begriffes Hoffnung auseinandersetzt? Ist Hoffnung nicht ein Thema, das wir besser den Pfarrern und Psychotherapeuten überlassen?

Für mich verbirgt sich die Bedeutung dieses Buches gerade in der Tatsache, daß darin die Hoffnung von einer Reihe undeutlicher Etiketten, die im Lauf der Zeit daran geheftet wurden, befreit wird. Die Hoffnung wird zu einer konkreten Fähigkeit umgeformt, mit der Personen und Institutionen in dieser turbulenten Zeit vorankommen können. Das Schwert der Hoffnung wird wieder geschärft. Hoffnung wird – kurz gesagt – in diesem Buch zu einem Thema, über das wieder ganz normal gesprochen werden kann, ohne sich zu genieren.

Jelle van der Meulen

Teil 1 **Hoffnung als Kraft**

1. Die Zukunft liegt im Schoß der Götter

Wir werden uns mit der Hoffnung beschäftigen, mit der Hoffnung, die mehr als das vage und beruhigende Gefühl ist, daß «die Dinge schon von selbst gut gehen werden». Hoffnung ist meiner Meinung nach eine Kraft, die in jedem Menschen geweckt werden kann, unabhängig vom Geschlecht, vom gesellschaftlichen Status, der Hautfarbe oder der Lebenseinstellung. Es ist Aufgabe und Wirkung dieser Kraft, dazu zu führen, uns nicht nur mit Vergangenheit und Gegenwart zu beschäftigen, sondern in uns eine erwartungsvolle Haltung gegenüber der Zukunft zu wecken. Dafür ist es allerdings notwendig, daß wir lernen, die Zukunft mit anderen Augen zu sehen. Sie ist nicht die automatische Verlängerung der Gegenwart. Sie ist eine eigenständige Domäne, der eine eigene Dynamik innewohnt.

Ich werde behaupten, daß wir dieses Verhältnis zur Zukunft nur finden können, wenn wir das Tagträumen wieder ernst nehmen. Nicht nur Kinder, auch Erwachsene müssen – mit offenen Augen – tagträumen dürfen. Ich werde für weniger Planung und für mehr Träumen plädieren.

Die Wirklichkeit, in der wir zur Zeit leben, ist nicht eigentlich hoffnungsvoll zu nennen. Wie viele meiner Zeitgenossen erfahre auch ich die Realität oft als unmenschlich und unheil-

Die eigene Domäne der Zukunft

bringend. Damit sollten wir es aber nicht bewenden lassen, auch wenn es unangenehm ist. Meiner Meinung nach ist es wichtig, kreativ im Spannungsfeld zwischen den Leitbildern für die noch nicht gewordene Wirklichkeit und den Erfahrungen der täglichen Wirklichkeit des Gewordenen zu stehen. Dieses Stehen im Spannungsfeld werde ich als «praktischen Idealismus» bezeichnen.

Ganz bestimmt ist seit dem Jahr 1989 – dem Jahr der Wende – viel in unserer Welt in Bewegung gekommen, sind Veränderungen unumgänglich geworden. Man spricht davon, daß die Welt in Turbulenzen geraten ist. Was bedeutet das aber genau? Diese Frage wird uns intensiv beschäftigen. 1989 ging eine Epoche zu Ende: die Epoche des Bi-Zentralismus, der beiden großen Machtblöcke. Damit sind aber – und das ist zum Teil unbemerkt geblieben – zugleich fundamentale und Jahrhunderte alte soziale Mechanismen auf dem Müll gelandet, darunter die Psychologie des Sündenbocks – «der andere trägt die Schuld» – und das Aufteilen der Welt in Blöcke – «wir hier und die dort». Konventionelle Auffassungen über Gut und Böse sind damit ins Schleudern geraten. Es gibt Menschen, die das sehr bedauern und meinen, von einer Erosion der Moral sprechen zu können. Ich sehe das anders. Ich meine, daß wir die Chance bekommen haben, eine neue Ethik zu entwickeln, die die alte Gebotsethik ersetzen kann. Ich werde diese neue Ethik als «auf dem Weg» oder «Unterwegs»-Ethik bezeichnen, die auf Selbstverantwortung gegründet ist. Diese neue Haltung verlangt weniger die Kursbestimmung als das Kurssuchen. Der Weg zu dieser neuen Ethik scheint offen vor uns zu liegen, denn Menschen und Institutionen haben prinzipiell die Möglichkeit, integer zu sein. Integrität hat dabei in erster Linie nicht mit gesell-

1. Die Zukunft liegt im Schoß der Götter

schaftlich akzeptierten Verhaltensweisen oder auf äußeren Normen beruhendem Handeln zu tun. Nach meiner Ansicht ist Integrität durch persönliche (und institutionelle) Vollständigkeit und Authentizität bestimmt – kurz gesagt: durch Echtheit. Ich betrachte mit anderen Worten die Hoffnung als die Kraft, die uns hilft, zwischen echt und unecht zu wählen.

Wenn man ein Buch schreibt, so kann man einfach zitieren oder durch Fußnoten auf andere Autoren verweisen. Auf diese Weise macht man deutlich, mit wem man sozusagen «im Gespräch» gewesen ist. Hält man jedoch ein Plädoyer – wie ich hier –, so ist das unmöglich. Es würde den Fluß der Betrachtungen zum Stocken bringen. Darum möchte ich auf andere Weise andeuten, aus welchen Quellen ich geschöpft habe.

Zunächst möchte ich von den Quellen berichten, die mich zu meinem Thema, das ich abwechselnd Strategie der Hoffnung, neue Ethik oder Integrität nennen werde, führten. Es wird zwar vorübergehend etwas rätselhaft bleiben, wie diese Begriffe miteinander zusammenhängen, am Ende des «Rittes» aber sollte der eine oder andere deutlich geworden sein.

Meiner ersten Quelle begegnete ich schon vor ziemlich langer Zeit. Meine Suche nach diesem Thema begann während meiner wirtschaftswissenschaftlichen Studien zwischen 1954 und 1960 in Rotterdam. Es handelt sich um das Buch des ersten Direktors des Niederländischen Zentralen Planungsbüros (Centraal Planbureau), Fred L. Polak. Als ich studierte, war er Professor für Soziologie. Er war ein begnadeter Mensch, der sich selbst wohl als den ersten Futurologen der Niederlande bezeichnete. Einem seiner frühesten Bücher gab er den Titel: «De Toekomst is verleden tijd» (1955) [Die

Zukunft ist Vergangenheit]. Es umfaßt zwei dicke Bände, zusammen etwa 700 Seiten, in denen er die These aufstellt, daß die Menschheit das erste Mal in der Geschichte keine Vorstellungen von der Zukunft mehr hat. In diesem Sinne, so argumentiert er, ist die Zukunft Vergangenheit. Ich fand diese These außerordentlich interessant, meinte aber zugleich, daß sie nicht zutreffend sein könne. Die Behauptung, daß es keine Zukunft mehr gäbe, konnte ich nicht akzeptieren. Neben diesen Bedenken begeisterte ich mich aber sehr für das, was er über die Bedeutung der Utopie sagt. Denn trotz seiner These meint er, daß der Mensch nicht ohne Utopie bestehen könne. Durch all die Jahre hindurch ist mir sehr bewußt geblieben, was er darüber sagt. Dies wird für den Hintergrund meiner Betrachtungen eine Rolle spielen. Bemerkenswert bleibt, daß wir in einer Zeit leben, in der der Begriff Utopie nicht mehr brauchbar ist, ja sogar eine negative Bedeutung bekommen hat. Als Utopie gilt heute eine Konstruktion von Vorstellungen, die sich nie bewahrheiten werden. Dennoch werden wir sehen, daß die Utopie im Leben des Menschen von wesentlicher Bedeutung ist.

Die zweite Quelle steht den Auffassungen Polaks diametral entgegen. Es handelt sich um das dünne Büchlein von Erich Neumann, einem jüdischen Psychiater, das den Titel trägt: «Tiefenpsychologie und neue Ethik» (1952). Es ist mir ein wichtiges Buch geworden. Wir werden seine Gesichtspunkte ausführlich besprechen. Zusammengefaßt geht es Neumann um die Frage, wie es möglich ist, eine Gesellschaft auf der Basis freier Individualitäten aufzubauen. Als Student wollte ich mich dieser Frage widmen, die für die Zukunft eine positive Perspektive verspricht.

Das dritte Buch besagt wiederum etwas ganz anderes. Es wurde von dem Ökonomen Schumpeter geschrieben und heißt: «Capitalism, Socialism and Democracy» (1943) [auf deutsch erschienen unter dem Titel: «Kapitalismus, Sozialismus und Demokratie»]. Professor Lambers, auch er ein begnadeter Professor, hatte es uns Studenten empfohlen. An ihn erinnere ich mich mit großer Dankbarkeit, da er nicht nur ein Fach lehrte, sondern uns auch Ideen und Visionen schenkte. Schumpeter beschreibt in seinem Buch die Entwicklung des Kapitalismus. Er skizziert, quasi prophezeiend, wie der Kapitalismus an seinem eigenen Erfolg zugrundegehen wird. Er beschreibt das Unternehmertum als das zentrale kreative Prinzip in der Entwicklung des Kapitalismus und meint – und das sollte man ohne Erschrecken zur Kenntnis nehmen –, daß es die Rolle der Unternehmer ist, «kreative Destruktion» zu pflegen. Er führt de facto das Prinzip der kreativen Destruktion als treibende Kraft in die Entwicklung des Kapitalismus ein, allerdings nicht in der Weise, wie in den siebziger Jahren davon die Rede war, daß schlicht alles «über den Haufen geworfen» werden solle. Nein, er beschreibt, wie sich der Kapitalismus Schritt für Schritt von innen heraus entwickeln und zum Schluß in ein Übergangsstadium münden werde. Schumpeter meint mit kreativer Destruktion, daß die Unternehmer lernen müßten, rechtzeitig Zeichen zu setzen, um immer wieder das Bestehende abzubauen und damit Neues möglich zu machen.

Auch in diesem Buch wird eine bestimmte Zukunftsperspektive geboten, die mich inspirierte. Für mich war darüber hinaus bedeutsam, daß Schumpeter in gewisser Weise das Prinzip der Transformation einführte, das heißt das Prinzip der allmählichen Umformung aufgrund einer inneren Dyna-

Quellen

mik. Dieser Gesichtspunkt ist für mich ein Eckpfeiler in meiner Arbeit als Organisationsentwickler.

Diese drei Bücher standen am Anfang meiner Untersuchungen. Die beiden folgenden habe ich erst später gelesen. Umfangreich ist das Buch des Philosophen Ernst Bloch: «Das Prinzip Hoffung» (1959). Es ist zwar schwierig, aber außerordentlich anregend. Das Fundament meiner These, daß die Hoffnung mehr als ein vages Gefühl ist, ist in diesem Werk zu finden.

Wichtig war mir auch das Büchlein von Karl König: «Die Mission des Gewissens» (1992). Er beschreibt darin die Hoffnung als Ausgangspunkt für die Gewissensentwicklung. Auch diesem Gesichtspunkt werden wir im weiteren Verlauf noch des öfteren begegnen.

Zwischen dem Beginn und dem – vorläufigen – Ende meines «Rittes» liegt ein langer Weg, sowohl in meinem persönlichen als auch beruflichen Leben. Für meine beruflichen Aktivitäten haben bestimmte Fachbücher eine Rolle gespielt. Einige davon möchte ich nennen, an erster Stelle natürlich das Werk meines Lehrers Bernard Lievegoed, der mich mit seinen Arbeiten und Schriften in das Prinzip der Entwicklung einführte. Es war das zentrale Thema seines Wirkens, und bis heute betrachte ich es als das Leitmotiv meiner Arbeit.

Die zweite fachliche Quelle ist das Werk des Sozialpsychologen Kurt Lewin. Auch wenn ihn mittlerweile fast niemand mehr kennt, betrachte ich ihn als den Begründer dessen, was gegenwärtig «Veränderungskunde» genannt wird. Ich fühle mich von seiner höchst modernen Sichtweise angesprochen, die besagt, daß das soziale Leben aus einer Gesamtheit von sichtbaren und unsichtbaren Kräften besteht. Dabei sind die sichtbaren eigentlich die uninteressanten. Er geht davon aus,

19 daß im sozialen Leben fortwährend unsichtbare Kräfte und Gegenkräfte, die die Entwicklung fördern oder geradezu hemmen, miteinander in Wechselwirkung stehen. Dann komme ich zu Peter Drucker, den niemand vergißt. Er ist der zwischenzeitlich greise amerikanische Guru im Bereich des Management, der schon seit einigen Jahrzehnten ein großes Publikum mit seinen Veröffentlichungen zu fesseln weiß. Er wurde bekannt mit dem Buch «The Practice of Management» (1957) [deutsch unter dem Titel «Praxis des Management» erschienen], in dem er mit dem Begriff «Zielsetzung» arbeitet. Er zeigt, daß Zielsetzungen eine eigene und überpersönliche Wirkung haben. Eine Organisation, die mit Hilfe konkreter Zielsetzungen gesteuert wird, entwickelt überpersönliche Qualitäten. Drucker ist für mich noch immer eine leitende Figur. Im Jahr 1989 lieferte er aufs neue eine höchst moderne Feststellung, als ihn ein Journalist der Zeitung *The Economist* nach seiner Meinung über die neunziger Jahre fragte. Er antwortete damals: «Ich sehe eigentlich, daß sich das Prinzip der Konkurrenz überlebt hat und daß es ersetzt werden sollte durch das Prinzip der Reziprozität – auch als das Prinzip der Gegenseitigkeit bekannt.» Auch darauf komme ich noch zurück.

Dann möchte ich noch Ernst F. Schumacher nennen, dessen «Houd het klein» (1973) [auf deutsch erschienen unter dem Titel: «Small is Beautiful – Die Rückkehr zum menschlichen Maß»] und «De gids voor de verdoolden» (1977) [Leitfaden für die Verirrten] mich gefesselt und angeregt haben. Er spricht von einer geschichteten Wirklichkeit, in der Materie und Geist fortwährend miteinander in Wechselwirkung und jede Schicht in Verbindung mit den ihr benachbarten steht.

Quellen

Zum Schluß nenne ich noch einen Autor, den Historiker Arthur Schlesinger, der die großen Zyklen der makrosozialen Wirklichkeit skizziert hat, so unter anderem in seinem Buch «The Cycles of American History» (1987). Er zeigt dort, wie sich die soziale Dynamik in Zyklen von 30 bis 33 Jahren entwickelt.

Zu Beginn meines wissenschaftlichen Werdegangs lernte ich das Werk Rudolf Steiners kennen. Insbesondere die folgenden Bücher waren für mich wichtig: «Wahrheit und Wissenschaft» (1892), «Die Philosophie der Freiheit» (1894), «Die Kernpunkte der sozialen Frage» (1919) und «Mein Lebensgang» (1923–1925). Das Werk Rudolf Steiners ist schließlich meine wichtigste Inspirationsquelle, alles wurde von der Beschäftigung mit ihm berührt und zu einer Ganzheit zusammengeführt. Aus dem Geistesgut der Anthroposophie möchte ich einige Aspekte nennen, die mich inspiriert haben. Zunächst habe ich durch die Anthroposophie entdeckt – ich sage es ein wenig theatralisch –, daß Himmel und Erde dichter beieinander liegen, als wir es seit Descartes angenommen haben. Seit Descartes wird davon ausgegangen, daß die Welt der Dinge und die des Geistes oder des Bewußtseins zwei getrennte Kreise darstellen. Durch die Anthroposophie entdeckte ich, daß das nicht per se so sein muß.

Ich wurde in einem Umfeld ohne eindeutiges Glaubensbekenntnis erzogen, allerdings auch ohne Glaubensgegnerschaft. Meine Eltern ließen mich frei, vor allem von Vorurteilen unbelastet. In Rotterdam lernte ich eine christliche Jugendbewegung kennen. Dort hörte ich zum ersten Mal etwas über metaphysische Realität. Für mich war selbstverständlich, daß es mehr als nur eine direkt sinnlich wahr-

1. Die Zukunft liegt im Schoß der Götter

nehmbare Wirklichkeit gibt. Dennoch blieb mir der Realitätscharakter dieser metaphysischen Wirklichkeit fraglich. Später mußte ich natürlich feststellen, daß ich mit dieser Frage nicht der erste und einzige war. Es ist eigentlich eine Urfrage, die die Menschheit schon seit Platon und Aristoteles beschäftigt: Können Ideen als Realitäten bezeichnet werden, oder sind nur die Dinge real? Das ist als Frage sehr einfach formuliert. Durch die Jahrhunderte hindurch wurde sie auf unterschiedlichste Weise beantwortet.

In der Anthroposophie fand ich eine Annäherung an den Gedanken daß es nur eine einheitliche Wirklichkeit gibt, in der sowohl das Sichtbare als auch das Unsichtbare seinen Platz hat. Ich halte es für den Kern der Anthroposophie, daß sie davon ausgeht, daß neben den sichtbaren auch die unsichtbaren Aspekte der Wirklichkeit wahrnehmbar sind, sobald die dazu nötigen Sinne entwickelt worden sind. Anschließend wurde mir klar, daß diese beiden Aspekte einander nicht dualistisch gegenüberstehen, sondern verschiedene Schichten der Wirklichkeit ausmachen, die ineinander übergehen, genauso wie auch Schumacher es sagt. Man kann das mit den verschiedenen Aggregatzuständen vergleichen. Es gibt kristallisierte Erscheinungen – sie sind ganz Form geworden – und Erscheinungen, die noch einen offenen Charakter tragen, aus geistiger Energie bestehen und noch keine Form gefunden haben. Zwischen den verschiedenen Schichten bestehen Wechselwirkungen. Solche Voraussetzungen fordern ein dynamisches Bild von der Wirklichkeit.

Ein Bild davon kann außer im Raum auch in der Zeit gedacht werden. Dann stellen sich zwei Wechselwirkungen zwischen Geist und Materie heraus, die in der Anthroposophie mit den Begriffen Inkarnation und Exkarnation angedeutet werden. Erstere ist eine Bewegung vom Geist aus, der langsam, aber sicher in der Materie zu leben beginnt. Letztere bezeichnet die umgekehrte Bewegung – von der Materie ausgehend und sozusagen in das Geistige übergehend. Diese beiden Grundbewegungen spielen in der menschlichen Wirklichkeit eine sehr bedeutende Rolle in der Form von Geburt und Tod, in dem Erleben von Frühjahr und Herbst, Begegnung und Abschied, Gründen und Schließen von Unternehmen usw. Schon unmittelbar nach der Geburt ereilt uns ein ständiges Sterben, entfernt vergleichbar einer Rückkehr in den Himmel. Gleichzeitig sind wir ständig mit dem Umgekehrten beschäftigt, mit dem Sich-Manifestieren des Geistes auf Erden.

Mit diesem Bild bekam das individuelle Leben zwischen Geburt und Tod eine ganz andere Dynamik, als ich mir das zuvor hätte denken können. Das gleiche gilt für die Entwicklung von Organisationen und der Gesellschaft. Einerseits gibt es den Prozeß, der von der Idee ausgeht – sozusagen vom geistigen Ursprung, getragen von einem Pionier, der sich zum Instrument einer geistigen Wirklichkeit macht und eine Organisation gründet. Andererseits gibt es den bekannten Prozeß, in dem Organisationen zu stark geformt wurden und sozusagen ein wenig sterben müssen, um neuen Impulsen wieder zugänglich zu werden – faktisch besagt dieser Prozeß Entwicklung.

Außerordentlich inspirierend ist für mich der Blick Rudolf Steiners auf die Frage, wie sich der Mensch zu diesen Prozessen der In- und Exkarnation verhält. Er geht davon aus, daß der Mensch die Freiheit hat, in diesen Prozessen Weichen zu stellen. Es wird ihm eine mitschöpfende Rolle verliehen, für die er auch Verantwortung trägt. Um es noch pointierter zu sagen: Der weitere Fortgang der Schöpfung wird maßgeblich dadurch bestimmt, inwieweit der Mensch seine Aufgaben wirklich annimmt. Freiheit ist also nicht dasselbe wie Ungebundenheit. Dazu gehört auch, daß man mit den Konsequenzen der Weichenstellung konfrontiert wird. Es ist mir bewußt, daß dies in unserer Kultur eine die Diskussion herausfordernde These ist. Ist es denn nicht anmaßend, den Menschen als Mitschöpfer anzusehen? Ist es nicht prinzipiell unmöglich, zur Schöpfung beizutragen? Ist die Schöpfung nicht bereits vollendet? Das sind Fragen, denen wir noch begegnen werden.

Der Zusammenhang, Weichen zu stellen und mit den Folgen konfrontiert zu werden, ist nicht auf die Periode zwischen Geburt und Tod beschränkt. In der Anthroposophie wird von Reinkarnation und Karma gesprochen. Für mich handelt es sich dabei nicht um kausale Beziehungen, die bewiesen werden können, sondern um Gesichtspunkte, die mir in der Praxis meines Lebens immer plausibler, zum immer selbstverständlicheren Ausgangspunkt geworden sind. Manchen Menschen ist es absolut unerträglich zu denken, in diesem Leben mit den Folgen der Entscheidungen oder Weichenstellungen aus dem vorigen Leben konfrontiert zu werden. Wichtig ist dabei, daß es sich nicht um die klassische Auffassung von einer absoluten Determination handelt, in der Karma als unabdingbares Schicksal aufgefaßt wird. Karma ist vielmehr Gepäck, das man auf den Schultern trägt. Man kann dieses Gepäck einfach irgendwo liegen lassen. Das hat aber zur Folge, daß man später wieder damit konfrontiert wird. Dieser Gedanke ist für mich nicht einengend, sondern befreiend. Das Leben wird dadurch nur spannender.

Quellen

Mit einer ersten Erkundung im Gebiet der Hoffnung beginnend, möchte ich zeigen, daß Hoffnung kein naives Verlangen, sondern ein funktionales Prinzip ist. Die Funktion besteht in der Möglichkeit, mit der Zukunft eine aktive Verbindung aufzunehmen. Hoffnung weckt im Menschen eine bestimmte Stimmung – die Stimmung der Erwartung. Durch die Hoffnung entsteht im Innern des Menschen eine dauerhafte Erwartung, allerdings nicht in der Form, daß sie lehren würde, die Zukunft besser in den Griff zu bekommen, in dem Sinne, daß die Zukunft dadurch besser planbar würde. Nein, Hoffnung schafft im Menschen eine Offenheit, einen Freiraum, in dem Zukunft erwartet werden kann, in dem sie sich offenbaren kann. Die Zukunft wird in diesem Raum nicht durch die Vergangenheit, sondern durch die Möglichkeiten, die in der Zukunft liegen, bestimmt.

Jeder Mensch kennt Momente in seinem Leben, in denen es stürmt, in denen er verwirrt ist, Situationen der Unsicherheit und der Konflikte. In solchen Augenblicken sollte man aufmerksam sein. Meistens hat man aber die Neigung, den Kopf in den Sand zu stecken. In solchen Momenten hängt etwas in der Luft, ertönt das Signal einer möglichen Wende, das man aber leicht überhören und negieren kann. Krisenmomente sind goldene Augenblicke im Leben, in ihnen entfaltet die Hoffnung ihre ganze Kraft zur Zukunft. Das klingt paradox. Im Chinesischen wird das dadurch ausgedrückt, daß das Wort Krise eine doppelte Bedeutung hat: Bedrohung und Chance. Jede Situation des Lebens bietet diese beiden Möglichkeiten.

Nun ist es aber nicht so, daß es uns immer gelänge, solch schwierige Momente im Leben auch zu nutzen. Oft ist nicht deutlich, ob daraus am Ende eine Wende zum Guten oder

1. Die Zukunft liegt im Schoß der Götter

zum Schlechten erwachsen wird. Das muß während der Krise erst sichtbar werden. Schaut man auf das ehemalige Jugoslawien, so sieht man, welche Bedeutung die Dramatik einer Krise haben kann. Eine Krise kann zunächst – oder sogar für geraume Zeit – nur Leiden mit sich bringen. Alles kann immer wieder mißlingen, ohne Aussicht und Hoffnung. Es kann aber sein, daß nach langem Leiden doch ein Schimmer durchbricht, wie dies möglicherweise in Nordirland der Fall ist. Krisen können sehr kompliziert sein.

Hoffnung ist die Kraft, innerlich aufrecht zu bleiben. Sie ist auf die Wende zum Guten gerichtet. Das ist letztlich ihre Funktion. Stehen wir aber in einem Konflikt, dann gibt es selbstverständlich noch andere Kräfte, die unser Handeln bestimmen – wir sind nie nur aufmerksam und hoffnungsvoll –, das können auch dämonische Kräfte sein. Deshalb ist Hoffnung immmer nur die eine Seite. Ihr gegenüber steht immer das Entgegengesetzte, nämlich: die Furcht. Zusammen bilden sie die Polarität, mit der wir immer konfrontiert sind. Nicht umsonst sagen wir: Wir leben zwischen Hoffnung und Furcht, zwischen Hoffen und Bangen.

Mit dieser Feststellung haben wir das gewichtige Thema vom Guten und Bösen erreicht. Denn Hoffnung ist die Kraft, die unseren Blick auf das Gute richtet. Furcht ist die Kraft, die vor allem die Möglichkeit des Bösen einbezieht. Man kann sagen: Hoffnung schafft innere Standfestigkeit, die lehrt, uns und das Leben so zu erfahren, von uns und dem Leben zu wissen, daß es immer wieder zu einer Öffnung kommt, zur Möglichkeit einer Wende zum Positiven. Davon spricht das «Gesetz der nochmaligen Chance»: Wenn wir integer bleiben und Hoffnung hegen, wird uns das Leben immer aufs neue eine Chance geben.

Diese Formulierung enthält ein essentielles Wort, nämlich: integer. Ich bezeichne das nicht zufällig so, denn es gibt auch die eitle und falsche Hoffnung. Es ist im voraus nicht immer deutlich, von welcher Art die Hoffnung in einer bestimmten Situation ist. Hoffnung stellt sich als die Kraft heraus, die uns im Lauf des Lebens in den Bereich der Integrität führt; in den Bereich, wo es um die Wahl zwischen echt und unecht geht. Das Wort Integrität ist aus dem lateinischen Stamm «integer» abgeleitet. Es hat zwei Bedeutungen. Im physischen Sinn bedeutet es «vollständig, ungeschunden, unverletzt, komplett», im geistig-moralischen Sinn «rechtschaffen, ohne Vorurteil, innerlich aufrichtig». Man kann auch sagen, daß Integrität mit Vollständigkeit oder Authentizität zusammenhängt.

Im Leben geht es auch um die Frage, ob wir ein integrer Mensch werden können, das heißt, ein Mensch, der so in Erscheinung tritt, wie er «gemeint» ist. Aber zwischen echt und unecht verläuft ein nur schmaler Grat. Zum großen Teil bestehen die Abläufe, die wir in unserer Zeit erleben, aus der Demaskierung des Unechten. Dies gilt sowohl für Individuen als auch für Institutionen. Ich vermute, daß wir eine Zeit erreicht haben, in der es zunehmend um die Demaskierung des Unechten geht – auch wenn wir uns dagegen wehren. In der Welt um uns und in unserem Innersten ist diese Demaskierung in vollem Gang. Wir wissen tief in unserem Herzen, daß wir weder im Politischen noch im Wirtschafts-, noch im kulturellen Leben mit dem Unechten weiter vorankommen, ohne in verzweiflungsvolle Situationen zu geraten.

Hoffnung ist die Kraft, die uns ermutigt, weiter nach Integrität zu streben. Dann ist Hoffnung echt. Alle anderen Formen der Hoffnung sind eitel. Die eitle Hoffnung ist in unserer

1. Die Zukunft liegt im Schoß der Götter

Konsumgesellschaft weit verbreitet, die das Glück mit dem Fehlen von Unglück, Glück mit Konsum und mehr Glück mit mehr Konsum gleichsetzt. Mehr Glück hat aber viel mehr mit dem Konflikt, den wir auf unserem Lebensweg kennenlernen – mit dem Konflikt zwischen echt und unecht – zu tun. Man ist glücklich, wenn man auf seinem eigenen Weg ist und tut, was für einen selbst und die Umgebung essentiell ist. Auch hier geht es darum, mit dem «Gesetz der nochmaligen Chance» zu leben, das, so wie ich es formuliert habe, ein allgemeines Gesetz ist. Deshalb können darüber zwei Aussagen gemacht werden, nämlich: Hoffnung ist *universell* und *fundamental*.

Hoffnung ist *universell*, weil sie nicht an Arm oder Reich gebunden ist. Das «Gesetz der nochmaligen Chance» gilt sowohl für Menschen, die arm sind, als auch für jene, die reich sind – vermutlich sogar mehr für Arme als für Reiche. Hoffnung ist auch nicht an Klasse, Rang, Geschlecht, Status, Hautfarbe oder Lebenseinstellung gebunden. Eigentlich müßte eine universelle Erklärung des Rechts auf Hoffnung verfaßt werden, die das Recht des Menschen auf ein hoffnungsvolles Leben beschreibt.

Hoffnung ist *fundamental*, weil sie jeden Menschen in seinem Streben, das Gute zu tun, bestätigt. In dieser These liegt «eine Bombe». Was ich über den universellen Charakter der Hoffnung sagte, scheint wohl akzeptabel. Aber zu behaupten, daß die Hoffnung als ein universelles Streben des Menschen, das Gute tun zu wollen, angesehen werden kann, scheint ziemlich radikal. Gegenwärtig findet man den gegensätzlichen Standpunkt häufiger, nämlich: daß der Mensch prinzipiell schlecht sei.

Das Streben, Gutes zu tun, ist eine Lebensquelle, aus der wir schöpfen können. Die Hoffnung ist das Wasser, das dieser

Quelle entspringt – Wasser, das uns erquickt. Das bedeutet natürlich nicht, daß der Mensch nur imstande sei, Gutes zu tun. Ich behaupte auch nicht, daß der Mensch in einer vollkommen klaren Quelle geboren wird. Sie kann bei der Geburt schon mehr oder weniger verschmutzt sein. Auch in der Jugend kann diese Quelle verunreinigt werden, wenn andere alles mögliche, was dort nicht hingehört, hineinwerfen. Dadurch wird nach meiner Ansicht die Kraft der Hoffnung noch verstärkt, noch essentieller, denn das verunreinigte Quellwasser kann gereinigt werden.

Meine These lautet: Der Mensch strebt nach dem Guten, und Hoffnung ist die Kraft, die die Erwartung des Guten lebendig hält. Nun erhebt sich die Frage: Gibt es dafür Beweise? Die ernüchternde Antwort lautet: Nein, es gibt keinen Beweis dafür. Allerdings nur nicht in dem üblichen Sinn. Die moderne Wissenschaft fordert eine empirische Erhärtung, und die ist in bezug auf diese Frage nicht zu erbringen.

Es ist aber etwas anderes möglich, nämlich: die innere Evidenz meiner Behauptung zu erfahren. Für mich gehört es zum guten wissenschaftlichen Brauch, nicht nur nach einer empirischen Erhärtung zu fragen, sondern auch die innere Evidenz bestimmend werden zu lassen. Die innere Evidenz, anders gesagt: die Offenkundigkeit inneren Wissens kann auch wissenschaftlich genannt werden. Selbstverständlich bleibt es dabei notwendig, überzeugende Gesichtspunkte dafür vorzutragen. Nun, die Evidenz der von mir plazierten «Bombe» liegt in der Tatsache, daß merkwürdigerweise unzählbar viele Menschen – vielleicht sogar alle – tagträumen. Ich verstehe, daß ich dies näher erläutern muß, den Zusammenhang zwischen Tagträumen und der Evidenz meiner Aussage, daß Menschen nach dem

1. Die Zukunft liegt im Schoß der Götter

Guten streben. Was sind Tagträume? Tagträume sind Ausflüge in eine bessere Welt mit offenen Augen. Tagträumen ist eine Realität, die den Charakter von Wunschbildern hat. In Tagträumen stellen wir uns vor, wie eine bessere Welt aussehen könnte. Tagträume sind aber in unserer Kultur nicht besonders beliebt. Man erachtet sie als etwas, das zur Kinderwelt gehört. Erwachsene halten ihre Tagträume in der Regel für unwirklich. Meine Vermutung ist aber, daß im Tagträumen der Schlüssel dafür liegt, das Entstehen von Zukunftsbildern zu begreifen. Das gilt auch für die «kleinen» Tagträume, die schon Kinder haben, zum Beispiel: «Wäre ich nur so stark wie mein Vater!» Alle großen Utopien sind aus Tagträumen – aus der inneren Wahrnehmung einer besseren Zukunft – entstanden. Natürlich können nicht alle Tagträume die Probe der Kritik bestehen. Es gibt Tagträume, die eine Flucht aus der Wirklichkeit sind. Es gibt auch Tagträume, die Nahrung für Verführer sind. Große Teile der Werbung und des Marketing beruhen auf dem Vorgang, daß der Mensch tagträumend einen Laden betritt und sich dort verführen läßt. Wenn er Zuhause ankommt, bemerkt er zu seiner Überraschung, daß er etwas in seiner Tasche hat. Das ist aber nicht die Art der Tagträume, von der ich spreche.

Die Wissenschaft hat mehr Aufmerksamkeit auf das Tagträumen gelegt. Vor allem Sigmund Freud hat es in den Vordergrund gestellt. Der Tagtraum wird – wie in der Psychoanalyse Freuds und seiner Nachfolger – auch als Vorstadium des Nachttraums beschrieben. Man gleitet sozusagen von dem Tagtraum in den Nachttraum hinein. Mir scheint es aber wichtig, den Unterschied zwischen den beiden Traumarten genau im Auge zu behalten.

Beim Tagtraum handelt es sich – und ich sage das ein wenig unwissenschaftlich – um das Träumen mit offenen Augen; beim Nachttraum um das Träumen mit geschlossenen Augen. Dies scheint zunächst ein marginaler Unterschied zu sein. In Wirklichkeit ist es ein sehr wichtiger Unterschied. Beim Tagträumen ist das wache Ich nicht ausgeschaltet, während der Nachttraum nur entsteht, wenn jemand schläft, das heißt, wenn sein Ich nicht mehr wach ist. Der Schlafende wehrt sich gegen jeglichen Anreiz aufzuwachen, denn das Aufwachen zerstört und beendet den Traum. Beim Tagträumen bleibt man Steuermann des Prozesses: Ich entschließe mich tagzuträumen. Am besten geschieht das durch eine Eingebung. Dennoch bestimmt das Ich den Weg, dem entlang geträumt wird. Man träumt eigentlich nicht, sondern man wird träumerisch. Jeder Mensch kennt Situationen, in denen das geschieht, beispielsweise während einer einsamen Wanderung im Wald. Während man läuft, beginnt man zu träumen. Oder am Lagerfeuer – auch das ist eine bekannte Situation, in der man tagträumen kann.

Ein wichtiger Unterschied zwischen Tag- und Nachttraum ist, daß der erste den Tagträumer zu aktiver Mitwirkung einlädt. Der Nachtträumer fragt hinterher nur nach der Deutung. Ein weiterer Unterschied liegt darin, daß der Nachttraum nie von etwas Neuem handelt und deshalb nur mit der Vergangenheit zu tun hat, mit dem Gebiet, das die Psychoanalyse bearbeitet. In diesem Gebiet trifft man auf die unerfüllten Wunschbilder der Vergangenheit. Das gilt auch für Angstträume. Freud selbst sagt, daß für das Unbewußte die unerfüllten Wunschträume und die Angstträume eigentlich dasselbe sind. Im Tagträumen entsteht eine Verbindung mit der Zukunft. Der Tagtraum ist die erste elementare Verbin-

1. Die Zukunft liegt im Schoß der Götter

dung mit der Zukunft. Alles, was sich zwischen dem einfachen Tagtraum und einer vollständig ausgearbeiteten Utopie aufhält, liegt im Arbeitsbereich der Hoffnung. Die Hoffnung verleiht dem Tagtraum Dauerhaftigkeit. Aber was ist das, die Zukunft? Über die Zukunft gibt es viele Mißverständnisse. Viele Menschen erachten die Zukunft als eine Verlängerung der Vergangenheit. Sieht man das so, dann ist auch der Tagtraum nichts anderes als eine verlängerte Vergangenheit. Ich meine, daß es sinnvoll ist, eine radikal andere Vorstellung von der Zukunft zu entwickeln, als etwas, das in der irdischen Wirklichkeit nicht anwesend, wohl aber wirksam ist. Nach meiner Vorstellung ist die Zukunft nicht die Fortsetzung der Vergangenheit, sondern eine Wirklichkeit, die uns entgegenkommt, die auf uns zukommt.

Um deutlich zu machen, was ich hiermit meine, möchte ich drei Arten von Zukunft unterscheiden. Die erste Art nenne ich die *programmierte* Zukunft, die eigentlich keine Zukunft, sondern die Wiederholung der Vergangenheit ist. Man könnte sagen, das ist die «Instinkt-Zukunft». Alles was beim Tier, aber auch beim Menschen mit dem Instinkt zu tun hat, ist eine Wiederholung der Vergangenheit. Vieles von dem, was wir Zukunft nennen, wird mit Hilfe des Computers programmierte Zukunft, wobei die Absicht verfolgt wird, die guten Seiten der Vergangenheit möchten sich in Zukunft wiederholen. Es ist übrigens sehr auffallend, daß wir auf dieser Ebene in unserer gegenwärtigen Kultur sehr viel entwickeln.

Die zweite Art nenne ich die *projizierte* Zukunft. Eigentlich handelt es sich dabei um das Wirken der nicht vollendeten Vergangenheit. Merkwürdig ist, daß wir uns häufig nicht genügend vergegenwärtigen, wie die Vergangenheit weiterwirkt. Vieles von dem, was Manager tun, ist faktisch in dem

Wunsch begründet, die Wirkungen der unvollendeten Vergangenheit zu korrigieren. Nehmen wir beispielsweise die Regierungserklärung, mit der jedes neue Kabinett beginnt, so sehen wir, daß die *geträumte* Zukunft – das ist die dritte Art – vollständig von der unvollendeten Vergangenheit verdrängt wird. Während der Regierungsverhandlungen wird nicht einen einzigen Tag lang geträumt. Nun weiß auch ich, daß dort vor allem über Zahlen gesprochen werden muß. Ich möchte daraus deshalb keinen Vorwurf ableiten, denn auch das muß geschehen. Dennoch könnte echtes Träumen über die Zukunft auch hier sehr wirkungsvoll sein.

Manchmal frage ich Manager, ob sie ab und zu miteinander tagträumen. Darauf folgt immer eine Pause im Gespräch, von einer Stimmung des Unglaubens erfüllt. Manager, die zusammen tagträumen?! Doch weiß ich aus Erfahrung, daß wichtige Dinge passieren können, wenn Manager ohne Tagesordnung einfach auf einer Waldlichtung sitzen, um einander ihre intimsten Zukunftserwartungen zu erzählen. Oft führen solche Gespräche dazu, daß Manager nicht nur die Erwartungen der anderen besser kennenlernen – was für sich schon wichtig genug ist –, sondern auch neue und inspirierende Einsichten in die mögliche Zukunft der Unternehmung bekommen.

Die *projizierte* Zukunft hat also immer mit den Nachwirkungen der unvollendeten Vergangenheit zu tun. Wenn ich einen Manager frage, wie seine Zukunft aussieht, dann zieht er seinen Kalender und sagt, morgen muß ich dies, nächste Woche das oder das tun ... Das hat aber mit der Zukunft gar nichts zu tun. Im Kalender findet man meistens nur die Konsequenzen aus Ereignissen, die in der Vergangenheit liegen.

Worin liegt nun die Ursache dafür, daß wir mit der geträumten Zukunft so wenig anfangen können? Die heutige Wissenschaft arbeitet eigentlich nur mit der Vergangenheit. Die klassische Wissenschaft betrachtet nur die realisierte Wirklichkeit und erkennt nur das Kausalitätsprinzip an. Sie fragt immer nach den Ursachen. Sie hat ein Konzept von der Wirklichkeit und vom Kosmos, das aus einer Gesamtheit von Erscheinungen besteht, die ihre Ursache in der Vergangenheit haben. Die Untersuchung der Ursachen geht immer weiter in die Vergangenheit zurück, dem Bedürfnis folgend, auf die ultimativ erste Ursache für alles zu stoßen. Jeder kennt das Bild der Kette von Ursache und Folge, von Ursache und Wirkung. In der Wissenschaft herrscht die Vorstellung, daß wir die künftigen Auswirkungen vorhersagen könnten, wenn wir die Ursachen kennen.

Die klassische Wissenschaft kennt aber auch das Prinzip der Verdrängung, das vor allem in der Psychologie ausgearbeitet wurde. Einerseits gilt also die These, daß die Zukunft durch die Vergangenheit bestimmt ist, andererseits die Einsicht, daß wir Dinge aus der Vergangenheit verdrängen. Weiter kommt die klassische Wissenschaft nicht. Diese Wissenschaft erkennt die Gegenwart eigentlich gar nicht, weil die Gegenwart einzigartig und einmalig ist. Singularität und Einmaligkeit scheinen der Wissenschaft fremd, weil sie im Gegensatz zu den Gesetzmäßigkeiten stehen. Im Jetzt ist keine Gesetzmäßigkeit zu finden. Die Wissenschaft sucht aber gerade nach universellen Gesetzmäßigkeiten.

Es gibt einen Wissenschaftler, der die Gegenwart untersucht hat, nämlich der bekannte Psychologe Carl Gustav Jung. Neben dem Kausalitätsprinzip entdeckte er noch ein anderes, das er das Prinzip der Synchronizität, der Gleichzeitigkeit, nannte. Jung ist das Wissen zu verdanken, daß in der Wirklichkeit der Gegenwart Gesetzmäßigkeiten zu finden sind, die a-kausalen Charakter haben. Er weist auf zeitgleiche Erscheinungen hin, die sinnvoll miteinander zusammenhängen, ohne daß das eine das andere verursacht hätte. Jung gibt einmal ein sehr deutliches Beispiel. Er beschreibt, daß er sich an einem 1. April – dem Tag, der in manchen Ländern als der Tag des Fisches bezeichnet wird – mit der Symbolik des Fisches beschäftigt habe. Am gleichen Tag besuchte ihn ein Patient, der ihm das Bild eines Fisches zeigte. Danach ging Jung zu Bett. Am nächsten Morgen kam wieder ein Patient, der ihm erzählte, er habe in der vergangenen Nacht von einem Fisch geträumt. Jung notierte das alles. Als er anschließend einen Spaziergang am See entlang machte, sah er am Ufer einen toten Fisch liegen. Die Quelle dieser Gleichzeitigkeiten sieht er in dem, was er als das kollektive Unbewußte bezeichnet, in den Archetypen (Ur-Bildern), die die einzelnen Erscheinungen in einen Zusammenhang bringen. In den einzelnen Erscheinungen – in unserem Beispiel die Fische, denen Jung immer wieder begegnete – äußert sich der Archetypus. Es ist im übrigen bekannt, daß in der Wissenschaft Entdeckungen an ganz unterschiedlichen Orten der Welt gleichzeitig gemacht wurden. So die bekannte Geschichte von Darwin, der mit der Entwicklung seiner Evolutionstheorie beschäftigt ist und dann den Brief von einem Kollegen aus Malaysia empfängt, der zu seinem Erschrecken die Beschreibung einer ungefähr gleichen Theorie enthält.

Bis dahin ist alles noch einigermaßen klar. Jetzt kommt aber ein Schritt in Richtung Zukunft. Neben der Kausalität und der Synchronizität gibt es noch ein drittes Prinzip, das der Finalität. Dieses Prinzip geht nicht von einer Ursache in

1. Die Zukunft liegt im Schoß der Götter

der Vergangenheit oder vom Muster der Gleichzeitigkeit in der Gegenwart aus, sondern von einer Zielsetzung, die in der Zukunft liegt. Kenneth Boulding, ein bekannter Ökonom und einer der Begründer der Systemtheorie, drückt dieses Prinzip wie folgt aus: «An image acts as a field.»

Eine Idee (image) muß als etwas gelten, das in der gewordenen Welt noch nicht realisiert ist, jedoch eine ihr eigene Anziehungskraft ausübt. Sie wirkt auf uns ein. Das Tagträumen führt uns in den Bereich der ins Bild gebrachten Zielrichtungen, und ich meine, daß es von großer Wichtigkeit ist, diesen Bereich auch wisenschaftlich zu untersuchen. Dies impliziert, daß wir neben einer gewordenen Wirklichkeit auch die Existenz einer noch nicht gewordenen Wirklichkeit zu akzeptieren haben. Die geologischen Erdschichten bringen die Art der gewordenen Wirklichkeit in ein schönes Bild. Sie sind das Resultat der Vergangenheit und sind noch immer in Bewegung. Auch im persönlichen, individuellen Leben gibt es in unserer Seele solche Schichten, die im inneren Leben und Handeln immer weiter wirksam sind.

Wie sähe nun ein gutes Bild für die Zukunft aus? Ich meine, es in der Wendung gefunden zu haben: «Die Zukunft liegt im Schoß der Götter.» Auch hier geht es um Schichten, die allerdings nicht auf der Erde, sondern im Himmel zu finden sind, oder anders gesagt: In der geistigen Welt finden wir eine Anzahl Wirklichkeitsschichten, wie sie übrigens vielfältig in der esoterischen und religiösen Literatur beschrieben sind. Diese Schichten tragen, was wir, von einer irdischen Perspektive aus – technisch gesprochen –, als das objektiv Mögliche bezeichnen können. Die Kunst des Tagträumens besteht nun darin, Bilder zu entwickeln, die das, was im Schoß der Götter liegt, näher an uns heranbringen. Das Schwierige dabei: Es

Kausalität, Synchronizität, Finalität

ist uns oft nicht bewußt, daß man mit den objektiv möglichen Bildern Verbindung aufnehmen kann. Radikaler gesagt: Während der Psychoanalytiker mit uns in das Unbewußte eindringt, soweit es vergessen und verdrängt wurde, müßte eine Wissenschaft entstehen, die uns in das noch nicht Bewußte einführt. Es ist merkwürdig, daß – auch in der Psychoanalyse – wohl von dem Vorbewußten gesprochen wird, das sich dann aber immer darauf bezieht, was vor dem aktuell Bewußten liegt, während wir das Vorbewußte gerade auf das Zukünftige hin ausdehnen sollten, also auf etwas, das wir vermuten, von dem wir eine innere Regung erleben können, das uns aber noch nicht bewußt ist.

Dies kann als das *antizipierende* Bewußtsein bezeichnet werden, das eine tatsächliche Verbindung mit dem noch nicht Gewordenen im Himmel aufnimmt. Es ist unüblich, darüber zu sprechen, geschweige denn, es wissenschaftlich ernst zu nehmen. Ich bin der Auffassung, daß wir den Mut aufbringen müssen, dieses antizipierende Bewußtsein ernst zu nehmen. So kann Hoffnung zu einem strategischen Faktor werden. Ich denke, es ist höchste Zeit, daß moderne Menschen – auch Manager – Luftschlösser bauen. Wir brauchen Zukunftsbilder, die unser antizipierendes Bewußtsein ernähren.

Die Zukunft ist eine Domäne, in der das noch nicht Bewußte im Menschen mit dem noch nicht Gewordenen im Kosmos kommuniziert. Hoffnung ist die Kraft, die uns hilft, diese Kommunikation effektiv zu gestalten.

---

1. Die Zukunft liegt im Schoß der Götter

2. Zwischen Tagtraum und täglichem Mühen

In der ersten Betrachtung wurde das Prinzip der Hoffnung menschenkundlich begründet. Hoffnung wurde als eine Erscheinung beschrieben, die in der Natur des Menschen verankert ist, in seinem Werdeprozeß, der sich zwischen Geburt und Tod vollzieht. Ich möchte mit dieser Beschreibung die vornehme Undeutlichkeit überwinden, mit der die Hoffnung üblicherweise verknüpft wird, wenn Menschen darüber sprechen, die sich bequem zurücklehnen können. Hoffnung muß und kann in der Reichweite eines jeden Menschen liegen.

Menschen ohne Hoffnung fehlt im übrigen nicht nur menschenkundlich, sondern auch gesellschaftlich etwas. Wird die Funktion der Hoffnung nicht entwickelt, so entsteht auch keine effektive Beziehung zur Zukunft, was in der Folge dazu führt, daß bestimmte Themen nicht angegangen werden. Hoffnung ist also eine universelle und fundamentale menschliche Qualität. Ich habe dem noch herausfordernd hinzugefügt, daß meiner Meinung nach die Hoffnung auf dem Streben des Menschen beruht, prinzipiell Gutes zu tun. In der nachträglichen Diskussion wurde die Frage gestellt, ob dies nicht zu optimistisch sei. Gibt es nicht entsetzlich viel Verzweiflung in unserer Welt? Schaut man nach Bosnien oder Ruanda oder auch auf andere Orte in der Welt, so erkennt man eigentlich überhaupt keine Hoffnung. Was da zu sehen ist, gleicht eher dem gräßlichen Siegeszug des Bösen, ohne Aussicht auf eine Wende zum Guten. Was bedeutet es, wenn man als Kind in einer solchen Welt aufwächst? Eine andere Frage war: Wie verhält es sich mit dem Bösen in der Welt? Gibt es nicht Menschen, die ausschließlich mit dem Bösen verbunden sind?

Hoffnungslosigkeit

Ich schließe die Augen vor der Verzweiflung nicht, vor dem Unmoralischen, vor dem Schlechten. Es ist sogar so, daß dort, wo einerseits Hoffnung zu einem festen Vertrauen in die Zukunft wächst, andererseits sich die Furcht zu Ratlosigkeit und Verzweiflung steigern kann. Anderes zu erwarten wäre naiv. Es geht in unserer Zeit gerade um die fundamentale Auseinandersetzung mit dem Bösen in der Welt und im Menschen, darum, der Verzweiflung als Herausforderung zu begegnen.

Natürlich gibt es für den Umgang mit der Hoffnung gewisse Voraussetzungen. Eine der fundamentalen Bedingungen kann als «Lebenssinn» bezeichnet werden. Der Lebenssinn kann schon in frühen Jahren so geschwächt sein, daß die Kraft der Hoffnung nicht zu entwickeln ist. Dann tritt an ihre Stelle ein Hang zum Flüchten – in unserer Welt weit verbreitet. Man denke nur an Menschen, die jung schon süchtig werden, oder an jene, die keinen Ausweg mehr sehen und aufgeben. Auch die Zunahme des Suizids bei Jugendlichen ist ein Beispiel dafür. Diese Fluchtformen entstehen zu einem großen Teil daraus, daß es an echtem Lebenssinn fehlt.

Aber auch der Kontakt zu anderen Menschen ist unerläßlich. Ohne Mitmenschen gibt es keine Hoffnung. Man braucht einen Freund, mit dem man über die Furcht sprechen kann, um die Furcht zu überwinden oder um zu erkennen, wo Hoffnung durch unnötige Furcht blockiert wird. Alles mitmenschliche Ringen ist dabei essentiell, um die Kraft der Hoffnung zu wecken. Fehlt es, so entsteht, was wir Autismus nennen, Einkapselung in der Verzweiflung. Ich wage die Behauptung, daß alle Ratlosigkeit oder Verzweiflung mit dem Unvermögen des Menschen zu tun hat, sich in seinem Mitmenschen zu erkennen, der ihm hilft, die eigene Unsicherheit zu überwinden.

Schließlich braucht man im Leben Werte. Es muß das Leben eine moralische Aussicht, etwas Sinnvolleres bergen als das Nur-Alltägliche. Es sollte deutlich sein, daß ich meine Augen vor der Oberflächlichkeit in unserer Kultur nicht verschließe, die ich deshalb «Make-up-Kultur» nenne, die nur den äußeren Glanz herausstellen will. Was sich beispielsweise gegenwärtig im spiegelgläsernen Blickfang manifestiert, ist eine Kultur, die nur die Oberfläche sichtbar machen will, eine Kultur, die die wirklichen Werte verbergen will. In einer solchen Kultur, die im Zwischenmenschlichen keine Werte weckt, kann keine wirkliche Zukunftserwartung entstehen, sondern nur Nihilismus. Verzweiflung ist blockierte Hoffnung – Hoffnung ist überwundene Verzweiflung.

Näher zu untersuchen bleibt das antizipierende Vermögen. Betrachten wir die Funktionen des antizipierenden Bewußtseins, so müssen wir drei Arten von Zukunft unterscheiden, wie ich dies bereits getan habe, nämlich die programmierte, die projizierte und die geträumte Zukunft. Mit Blick auf die geträumte Zukunft gibt es eine bestimmte Grundregel, sie lautet: Es gibt keine Antizipation, es gibt keine reale Erwartung an die Zukunft, wenn nicht auch die Vergangenheit ernstgenommen wird. Zu vermeiden gilt es damit, mit dem antizipierenden Bewußtsein in Höhen und Fernen der Zukunft abzudriften, ohne uns mit der Vergangenheit beschäftigt zu haben. Hoffnung gibt es nur, wo auch der realistische Blick auf die gewordene Wirklichkeit und die ihr anhaftenden Mängel gerichtet wurde. Sind wir nicht imstande, mit der gewordenen Wirklichkeit umzugehen, haben wir es nicht gelernt zu unterscheiden, was gelungen und was mißlungen ist, so wird es uns auch nicht gelingen, mit der Zukunft integer umzugehen.

Die interessante Entwicklung einer politischen Debatte kann das gut illustrieren. Eine Ministerin vertritt vehement ein Thema – das «carpooling» [der Allgemeinbesitz an Autos] –, sie macht es zu ihrem Kernthema. Mit aller Macht versucht sie eine Regelung durchzudrücken, obwohl das Thema von Beginn an als Flop gilt. Sie hat sich diesem Thema persönlich ganz verschrieben, was sie in der Öffentlichkeit aber nicht zugeben will. Nachdem einige Millionen investiert wurden und die Bevölkerung die durchgesetzte Lösung nicht annimmt, stellt – welch eine Fügung! – ein Alt-Minister fest, daß es für carpooling keine gesetzliche Regelung gibt. Der Beschluß mußte aufgehoben werden. Nun kann man sich damit abfinden, daß es einem Minister nicht leicht fällt zuzugeben, daß er sich geirrt hat. Es geht hier um die nachträgliche Argumentation. Das Ministerium veröffentlichte Erklärungen, die Behauptungen zurückwiesen, die notwendig gewordene Rücknahme sei auf Fehler der ministeriellen Politik zurückzuführen, vielmehr beruhe sie auf Fehlern in der Gesetzgebung und in der Einschätzung der Akzeptanz durch die Bevölkerung.

Warum bezeichne ich das als nicht integer? Nicht weil den Betroffenen Unregelmäßigkeiten unterlaufen sind – obwohl auch das eine zulässige Betrachtungsweise wäre. Es geht mir ausschließlich darum, daß sie weder die Realität noch das Geschehene wahrnehmen wollten. Das erinnert an den Unternehmer, der ein neues Produkt auf den Markt bringt, das sich als absoluter Flop entpuppt. Steht er anschließend seinem Aufsichtsrat gegenüber, so sagt er: «Meine Herren, das Produkt wurde kein Erfolg, weil es nicht möglich war, die Gesetzgebung zu manipulieren. Darüber hinaus wollten die Kunden das Produkt nicht annehmen.»

Geht es um die Zukunft, dann stehen wir zwischen den Polen von Hoffnung und Furcht, auf der einen Seite die Erwartung, auf der anderen Seite die Furcht, diese Erwartung könnte sich nicht erfüllen. Mit der Vergangenheit verhält es sich ähnlich. Führen wir uns die Errungenschaften der Vergangenheit vor Augen – und hierfür gibt es viele gute Gründe, denn unseren Großeltern haben wir viel Gutes zu verdanken –, so gelingt es kaum, uns für das, was mißlungen ist, zu schämen. Scham oder Stolz gehören aber so zur Vergangenheit, wie Furcht oder Hoffnung zur Zukunft gehören. Meine These lautet, daß wir mit der Zukunft nicht integer umgehen können, wenn wir nicht zugleich mit der Spannung zwischen Stolz und Scham im Zusammenhang mit der Vergangenheit umgehen können.

Es gibt also noch viel zu lernen, denn zahllose Menschen finden es lästig, sich schämen zu müssen. Ich stelle deswegen die Behauptung auf, die wir allerdings erst im Zusammenhang mit dem Gewissen behandeln wollen: Das Verdrängen des Schamgefühls ist eines der größten Kulturprobleme, wenn es darum geht, Gewissen zu entwickeln. Wir werden das Gewissen erst entwickeln können, und damit auch den Willen, die aus der Vergangenheit herrührenden negativen Auswirkungen zu korrigieren, wenn es gelingt, uns auf natürliche Weise zu schämen. An dieser Stelle will ich aber noch nicht näher darauf eingehen, das soll mit der Betrachtung darüber geschehen, welche Bedeutung dem Gewissen in der Strategie der Hoffnung zukommt.

Die Zukunft liegt im Schoß der Götter, als objektive Möglichkeit im Himmel. Es geht darum, eine Vermutung darüber zu entwickeln, was sich an objektiver Möglichkeit vom Himmel aus mit der Erde verbinden will. Das wird nur gelingen, wenn wir uns bemühen, wenn wir uns innerlich vorantasten, wenn wir geistig produktiv werden an der Frage, was sich vom Himmel aus im Zeitgeschehen offenbaren will.

Wie kann der Mensch einen ersten Schritt zu diesem innerlichen Vorantasten tun? Er kann sich in ein Spannungsverhältnis ersten Grades versetzen: Einerseits fängt er zu tagträumen an, andererseits müht er sich weiterhin in der Wirklichkeit ab, die schon geworden ist. Während wir träumen, bleiben wir in der alltäglichen Wirklichkeit tätig. Das ist eine erste Spannung.

Hinzu kommt eine Spannung zweiten Grades, die gewissermaßen aus der ersten hervorgeht. Die erste Spannung wirft nämlich Fragen auf: Warum bekomme ich Traumbilder? Was soll ich mit diesen Träumen anfangen, die ich nicht direkt in die alltäglich Wirklichkeit umsetzen kann? Und umgekehrt: Was geschieht mit den Nöten, denen ich in der täglichen Wirklichkeit begegne? Doppelte Fragen, und darum geht es. Das Erwachen des antizipierenden Bewußtseins beginnt mit dem Wecken von Fragen und dem Lernen, mit diesen Fragen zu leben, ohne darauf sogleich Antworten bekommen zu wollen.

Es klingt eigentümlich, das so zu sagen, aber es gehört zum Handwerk des Vorantastens. Ich sage dies nachdrücklich, denn es gilt in unserer Kultur als außerordentlich lästig, mit offenen Fragen zu leben. Wir dürfen also weniger Antworten geben. Das scheint unmöglich, denn der nächstbeste Journalist, der einen wichtigen Zeitgenossen interviewt, fragt: «Welche Lösung haben Sie hierfür parat? Welche Maßnahmen wollen Sie treffen?» Für die Strategie der Hoffnung ist die Antwort nicht das Primäre, vielmehr, daß wir die Fragen in uns wecken, daß wir gleichsam an dem Gefühl zu leiden beginnen: Wie wird das um Himmelswillen weitergehen? Mit diesem Gefühl müssen wir leben. Das bedeutet, ich muß an der existentiellen Not in der Welt leiden. Man sollte diese Fragen nicht unmittelbar beantworten wollen, sie aber mit in die Nacht hineintragen. Meine Erfahrung – und das ist nicht nur meine – ist es, daß die Nacht etwas mit diesen Fragen anfangen kann. Wer diese Erfahrung gemacht hat, kann bemerken, daß am nächsten Tag etwas mitzuschwingen beginnt. Das ist der zweite Aspekt dieser Spannung zweiten Grades. Der erste ist das Leben mit offenen Fragen, die daraus hervorgehen, daß wir mit der Wirklichkeit existentiell verbunden sind. Der zweite ist, daß in uns etwas anzuklingen beginnt. Die Begegnung offener Fragen mit dem, was in uns mitschwingt, ist essentiell, um in eine Stimmung zu kommen, die es möglich macht, uns langsam, aber sicher voranzutasten. Man kann sogar erfahren, daß das, was in den Nächten geschieht, eine gewisse Kontinuität bekommt. Die Inhalte der Bilder oder Denkbilder, die anklingen, wachsen in einem selbst weiter. Sie verselbständigen sich auch, so daß man an die selbst hervorgebrachten Bilder Fragen stellen kann. Es ist wichtig, mit den angeklungenen Inhalten weiter zu arbeiten. Das ist die Spannung zweiten Grades, mit der wir lernen müssen umzugehen, wenn es um das Leben mit der Hoffnung geht.

Man kann dabei bemerken, daß in einer gewissen Weise eine innere Neugier entsteht. Das geschieht so, daß man in der Wirklichkeit nach Symptomen sucht, die das in einem Mitschwingende bestätigen oder nicht. Dabei bleibt man nicht in der eigenen Innenwelt gefangen. Die anklingenden Inhalte bekommen Leitbildcharakter; sie werden Blickwinkel,

Voraussehen

unter denen man die Wirklichkeit zu betrachten beginnt und die man daraufhin abtastet, ob das, was sich im Leitbild enthüllt, in der Wirklichkeit aufgefunden werden kann oder nicht. Dann geschieht etwas Merkwürdiges. Es stellt sich nämlich heraus, daß das Leitbild aktive und moralische Energie verleiht. Während man in einer Stimmung beginnt, die gleichgesetzt werden kann mit: «Wie um Himmelswillen wird es weitergehen?» findet man sich unvermutet in einer Stimmung der Neugier danach, wie es tatsächlich weitergeht. Diese Neugier wird zum Träger für das antizipierende Bewußtsein. Ist man so weit gekommen, ist in etwa der Punkt erreicht, an dem das eigentliche Antizipieren beginnt.

Zusammengefaßt: Zunächst liegt im Träumen und Mühen die Spannung ersten Grades, in die wir uns hineinstellen. Dann folgt die Spannung zweiten Grades, die so aussieht, daß wir lernen müssen, mit offenen Fragen zu leben, mit nicht zu beantwortenden Fragen. Die Arbeit setzt auf den Resonanzen dazu ein, wozu allerdings warnend zu sagen ist, daß das, was man in sich selbst mitschwingend vorfindet, nicht zu einem Planungsinstrument werden sollte. Hier ist größte Zurückhaltung angebracht, denn es ist wichtig, daß wir Traum und Wirklichkeit auseinanderhalten. Was ich hier versuche, in ein Bild zu bringen, ist «praktischer Idealismus». Das bedeutet, daß wir die gefundenen Ideale oder Leitbilder nicht in die Wirklichkeit hineinzupressen versuchen sollten, sondern es bei der Spannung zwischen beidem bewenden lassen, darin aushalten und versuchen, in ihr weiterzukommen.

Nun kommt der dritte und wichtigste Schritt. Die Spannungen ersten und zweiten Grades sind dazu eigentlich nur die Vorbereitung. Anders gesagt: Erst wenn das Instrument gestimmt ist, kann die Musik zu klingen beginnen. Die Töne der Zukunft werden erst vernehmbar, wenn wir uns innerlich in das richtige Spannungsverhältnis versetzt haben. Mit einer zurückhaltenden Erwartung, die das Folgende dann nach sich zieht, haben wir uns für den nächsten Schritt – die eigentliche Antizipation – vorbereitet. Es gilt nun, zwischen «Vorausschauen» und «Kurssuchen» zu unterscheiden. Das sind die beiden Aspekte dessen, was ich als Antizipation bezeichne. Es ist eine große Kunst, die Qualität der zurückhaltenden Erwartung zu bewahren, während man zugleich die Neugier intensiviert. Halten wir diese Spannung nicht, so landen wir unwiderruflich wieder im Bereich der klassischen Planung und Beherrschung der Zukunft. Daher die Betonung des inneren Hörens.

Mit dem Vorausschauen bleiben wir im Bereich der projizierten Zukunft; mit dem Kurssuchen betreten wir die Domäne der geträumten Zukunft. Beide Teile der Antizipation – das Vorausschauen und das Kurssuchen – haben jeweils ihr eigenes Übungsfeld, der erste die «Prognose-Übung», der zweite die «Übung mit der moralischen Phantasie». Ich werde noch einiges dazu ausführen, wie diese Übungen durchgeführt werden können. Der Unterschied zwischen ihnen liegt in folgendem: Mit der Prognose-Übung entwickeln wir ein Gefühl für die Möglichkeiten, die eine Wende mit sich bringt; deren Ausprägung bleibt dabei noch im Hintergrund. Durch diese Sensibilisierung bereiten wir uns sozusagen auf die Diskontinuitäten, auf Überraschungen, vor allem aber auf die unangenehmen Überraschungen vor. Im Kurssuchen werden wir mit der inneren Spannung, dem moralischen Gehalt der Wende selbst vertraut. Dazu brauchen wir Kräfte der Phantasie, die allerdings wenig mit «Phantasieren über» oder gar mit «sich in etwas Verlieren» zu tun haben. Es geht um die

Prognose

unermüdliche und kreative Arbeit mit unserem urteilenden Vermögen auf dem Gebiet moralischer Maßstäbe.

Moralische Maßstäbe sind nicht die anerzogenen oder angelernten bürgerlichen Tugenden, es sind vielmehr die Eichpunkte, mit deren Hilfe wir prüfen können, ob etwas im persönlichen oder sozialen Leben in die richtige oder in die falsche Richtung geht. Im menschlichen Verstand sind sie in erster Linie als Denkbilder, Gedanken oder Begriffe präsent, kurz: als Ideen. Sobald wir uns mit diesen Ideen willentlich verbinden, sobald wir ihre Realisierung anstreben, bekommen sie den Charakter eines Ideals und gewinnen soziale Stoßkraft. Ideale sind nichts anderes als Ideen, die wir ausführen wollen.

Es gibt zahlreiche moralische Maßstäbe, aber immer sind sie paarweise gruppiert. So stehen sich zum Beispiel Freiheit und Unfreiheit, Gerechtigkeit und Ungerechtigkeit, Vertrauen und Mißtrauen, Eigennützigkeit und Uneigennützigkeit jeweils gegenüber. Die Soziologie spricht von Normen und Werten; die Götter sprechen von Leitbildern. Diese sind – wie kann es anders sein – so zahlreich, daß sie insgesamt ein ganzes Firmament bilden. Jedes Leitbild hat ein Gegenbild, jede Konstellation von Leitbildern eine Gegenkonstellation, zu der es in Opposition steht.

Um uns mit dem Spektrum moralischer Maßstäbe vertraut zu machen, brauchen wir die Phantasie. Sie kann in zwei Richtungen wirksam werden. In der einen – in Richtung der Leitbilder – geht es darum, unsere verstandesgemäßen Begriffe über die moralischen Maßstäbe zu bereichern und «zu Ende zu denken». Wir versuchen dabei, sie so vollständig wie möglich vor Augen zu haben, was wiederum für das differenzierende Unterscheiden eine Voraussetzung ist. In der anderen Richtung – in Richtung der gewordenen Wirklichkeit – ist es von größter Bedeutung, im konkreten Lebensfluß genau wahrzunehmen, was gelungen und was nicht gelungen ist. Das Unangenehme ist, daß diese Vorgehensweise kurzfristig nichts löst, nichts verändert, nichts regelt oder beiseiteschafft. Sie führt nur zu einer neuen kreativen Spannung. Wenn wir auch sie aushalten, so wird es möglich, daß wir schließlich Eingebungen bekommen, die uns anleiten, das Richtige zu tun. Dann haben das objektiv Mögliche und das tatsächlich Gewordene einander die Hand gereicht.

Nun zum Inhalt der Übungen. Die Prognose-Übung hat folgenden Ablauf. Man schaut in den Kalender und sieht, welche Verabredungen für diesen oder jenen Tag eingetragen sind. Eine Verabredung ist ein Beschluß, den man vormals gefaßt hat, also ein Weiterwirken aus der Vergangenheit. Nun versetzt man sich in diesen künftigen Moment. Man setzt sich bis in alle Details mit ihm auseinander: Wem wird man begegnen, worüber wird gesprochen werden und was wird geschehen? Wie werden die Probleme weiter behandelt werden, mit denen ich mich beschäftigt habe? Dann versucht man, so real wie möglich zu skizzieren, wie der nächste Schritt der Realität aussehen wird. Man sollte also nicht spekulieren, wie es weitergehen wird, sondern aus dem zur Verfügung stehenden Material Bilder skizzieren, wie es weitergehen kann. Das ist die Prognose. Dann kommt das Schwierige: Man löst sich davon wieder und vergißt es. Eine Falle liegt darin, daß man es realisieren möchte. Im Gegenteil, man sollte sich von seiner Prognose distanzieren, um der Wirklichkeit ihren Lauf zu lassen. Kommt dann der Tag der Verabredung – er sollte nicht zu weit entfernt liegen, weil

Prognose

sonst die Übung ihre Wirksamkeit verliert –, so nimmt die Wirklichkeit tatsächlich ihren Lauf.

Worum geht es dabei? Wenn man im Rückblick, wenn die Verabredung vorüber ist, den entsprechenden Tag betrachtet, wird man entdecken, daß manche Abläufe von irgendetwas durchkreuzt wurden. Es klingelte beispielsweise plötzlich das Telefon, oder jemand trat in den Raum, oder es gab ein Gewitter. Im Rückblick stellt man fest, daß Vorhaben von überraschenden Ereignissen durchkreuzt werden. Was würde dazu ein verbissener Planer sagen? Lieber keine Überraschungen, denn sie durchkreuzen meinem Plan. Überraschungen sollten eigentlich nicht vorkommen, denn sie führen mich von meiner geplanten Spur ab. Das trifft solange zu, wie es um die Spur geht, die aus der Vergangenheit gezogen wurde. Geht es um die Suche nach neuen Spuren, so verhält es sich ganz anders. Man muß Aufmerksamkeit für Überraschungen entwickeln. Sie sind Hinweise, die zeigen, daß etwas anderes als das Geplante möglich ist.

Nun muß ich natürlich dazusagen, daß nicht alle Überraschungen aus der Zukunft kommen. Es gibt auch viele wirklich störende Überraschungen oder solche, die nichts zu besagen haben. Wir müssen deswegen lernen, unser Unterscheidungsvermögen auszubilden. Das Wesentliche ist, überhaupt solche Prognosen zu machen. Das kann auch gut mit anderen zusammen geschehen, wie ein Gesellschaftsspiel; unter der Voraussetzung, daß die Beteiligten in einer gemeinsamen Wirklichkeit stehen sollten. In diesem Fall betrachtet man mit der gleichen Intention sehr sorgfältig, wie die Wirklichkeit sich entwickelt, während man für Wendungen offen bleibt, die möglicherweise daraus hervorgehen. Das heißt, eine Prognose machen.

Eine wichtige unterstützende Übung liegt im Disziplinieren des Willens, denn ohne Willen geschieht gar nichts. Man muß den Willen als Instrument für das Antizipieren bereiten. Das erreicht man, indem man Situationen herbeiführt, in denen man Herr und Meister des eigenen Willens ist. Man muß dazu etwas willentlich tun, das nicht vom gewöhnlichen Ablauf des Tages bedingt ist. Vieles von dem, was wir Willen nennen, hat faktisch nur damit zu tun, daß wir vom Lauf der Tagesereignisse vorangetrieben werden. Hier geht es aber darum, den Willen gegen den Strom der Ereignisse so zu disziplinieren, daß man ihn steuern lernt. Hierzu gibt es eine bekannte Übung, die für all diejenigen, die sie noch nicht kennen, hier kurz vorgestellt werden soll:

Man nimmt sich vor, am nächsten Tag etwas zu tun, etwas völlig Unbedeutendes, weder die Welt zu verbessern noch mit jemandem ein tiefgehendes Gespräch zu führen. Nein, man nimmt sich beispielsweise nur vor, zu einem bestimmten Zeitpunkt das Taschentuch von der einen in die andere Hosentasche zu stecken; oder um zehn Minuten vor drei Uhr die Brille aufzusetzen oder abzunehmen. Ich nenne solch harmlose Beispiele, weil es Abläufe sein sollen, die nicht aus dem normalen Rhythmus des Tages hervorgehen. Man sollte sich solche Dinge ernsthaft vornehmen, damit man auch einige Male am Tag daran denkt, bevor der Moment gekommen ist. Aber genau um zehn vor drei Uhr klingelt das Telefon, oder es geschieht sonst etwas. Um Viertel nach drei bemerkt man dann, daß man den Zeitpunkt verpaßt hat ... Ist es jedoch gelungen, so kann man sich für den nächsten Tag zwei solcher willentlicher Abläufe vornehmen oder zwei solcher harmloser Aktivitäten planen. Man wird bemerken, daß es unwahrscheinlich schwierig ist. Es geht dabei wirklich nicht darum, etwas Bedeutsames zu tun – daß einem etwas gelingt, was andere nicht schaffen –, sondern darum, sich einen Freiraum zu schaffen, gegen den gewöhnlichen Lauf der Dinge anzugehen. Daraus geht hervor, was ich mit meinen Worten Überschußkraft nenne. Überschußkraft, das ist eine Kraft, die entsteht, indem man mehr tut, als der gewöhnliche Lauf des Tages von einem verlangt. Wichtig ist, daß man dabei Entdeckungen macht, daß man sich bemüht.

Ist einmal eine solche Überschußkraft entstanden, dann bemerkt man, daß man damit etwas Sinnvolles anfangen möchte. Ganz sicher insbesondere dann, wenn das Gefühl der sich nähernden Wende nicht von vorübergehender Art ist. Man spürt, daß die Zeit drängt und daß man «dabei gewesen» sein möchte. Nachdem man sich zunächst in die Stimmung des praktischen Idealismus gebracht hat, dann zur Vermutung einer sich ankündigenden Wende gekommen ist, taucht die Frage auf, ob man mit den Überschußkräften mehr anfangen kann, als der Veränderung nur beizuwohnen. Kann ich mit meiner Energie die Qualität erreichen, die sich als in der Wende nötige ankündigt?

Damit sind wir endgültig im Bereich des Kurssuchens angelangt. Warum spreche ich vom Kurssuchen und nicht vom Kursbestimmen? Weil es während der Wenden im Leben keine Sicherheiten gibt, die eine rational eindeutige Kursbestimmung zulassen. Mir ist bewußt, daß der Begriff «Kurssuche» im direkten Kontrast zur üblichen Praxis von Vorständen und Managern steht. Sie wollen die Wirklichkeit steuern und können deshalb nur wenig mit dem Gedanken anfangen, daß die Wirklichkeit sich im großen Maße selbst steuert. Sie wollen Unsicherheiten geradezu ausmerzen, weil das «sich auf Unsicherheit Einlassen» in der Regel als Schwäche ausgelegt wird. Daß das Ergebnis dann nicht selten willkürlich und manipuliert gerät, wird leider zumeist nicht mehr wahrgenommen.

In Zeiten struktureller Unsicherheit kann ein derartiges strategisches Verhalten faktisch nur Gnadenfrist erwarten. Und zwar aus folgenden Gründen: Zum einen werden wir im Bereich der geträumten Zukunft nicht mehr von in der Vergangenheit und im Zusammenhang mit einem bestimmten Kurs gefaßten Beschlüssen getragen. Beim Vorausschauen und Prognostizieren dagegen ist das wohl der Fall. Wir stehen dann allerdings vor dem schmerzlichen und existentiellen Dilemma, den Kurs der Vergangenheit loslassen zu müssen, um das Neue aus der Zukunft zuzulassen. Ich nenne das existentiell, weil mit der Vergangenheit starke und wertvolle Gefühle verbunden sind, die wir nun loslassen müssen. Leider ist es nicht so, daß wir zwischen den schönen Dingen der Vergangenheit und jenen der Zukunft wählen könnten.

Die schöpferische Phantasie kann uns aber über alle Unsicherheiten hinweg den Weg weisen. Übrigens ist das Suchen nach dem richtigen Kurs nicht das gleiche wie sein Definieren, wie das zur Zeit so häufig beim Formulieren von sogenannten «mission statements» geschieht. Aufgrund einer geträumten Zukunft kann eine bestimmte Richtung definiert werden. Das Umgekehrte geht nicht. Definitionen bringen es mit sich, die Phantasie vorzeitig erlahmen zu lassen oder gar zu töten.

Zum anderen ist das übliche strategische Verhalten kontraproduktiv, weil sich weder die moralische Spannung einer echten Wende vollständig noch der richtige Kurs eindeutig zeigt. Die Wende beginnt immer wie im Keim, ganz unbeholfen. Die Zukunft ist wie die sich anbahnende Flut: Sie rollt

Welle für Welle auf den Strand zu, zieht sich dann auch wieder zurück. Schon die nächste Welle kommt auf dem Strand etwas weiter voran. Die «Väter der Vergangenheit», die sich oft als die Führenden bezeichnen, sind in der Regel noch damit beschäftigt – mit den Füßen im kalten Wasser –, die gebauten Sandburgen zu verstärken. Die Kinder aber verstehen es besser und setzen ihr Spiel bereits an anderer Stelle fort.

Das Neue braucht im persönlichen wie im sozialen Leben eine Art von Inkubationszeit. Erst wenn diese Zeit vorüber ist, kann das Neue richtig durchbrechen und sichtbar werden. Empfinden wir es als lästig, daß unsere Planungen von Überraschungen durchkreuzt werden, so bedeutet das eigentlich nur, daß wir das Neue noch nicht erkannt haben.

Natürlich kann jemand versuchen, den hier skizzierten Prozeß zu forcieren. Das passiert, wenn es Führende gibt, die es schaffen, die Regie der Ereignisse in die Hand zu nehmen. Aus der einfachen Tatsache, daß wir gegenwärtig so wenig gesellschaftliche Regie erleben, kann abgeleitet werden, daß es immer schwieriger wird, in traditioneller Weise zu führen. Und das ist gut so! Denn es ist sehr wohl die Frage, von welcher Qualität die sogenannte klare Politik ist, die von vielen Führenden vertreten wird. Es liegt darin eine gute Chance, weil viel von dieser Politik nichts anderes ist als Ablenkungsversuch. Ich leite dies aus der Tatsache ab, daß Politiker nur selten über inspirierende Leitbilder verfügen.

Mir erscheint es als guter Rat, den Lauf der Dinge nicht «den» Führenden, vor allem nicht jenen, die mit Erfolgsformeln an die Macht gekommen sind, zu überlassen. Wer schon einmal einen Blick in die sogenannten «boardrooms» werfen konnte, kennt die Holprigkeit, um nicht zu sagen Ohnmacht, die dort in unsicheren Situationen anzutreffen ist. Noch bedenklicher ist es, wenn diese Führenden es nicht schaffen, ihre Unsicherheit den nächsten Führungsebenen mitzuteilen. Nichts ist hinsichtlich Führung so gefährlich wie die Kombination von Ohnmacht an der Spitze und Verantwortungslosigkeit im Unterbau, das heißt an der «Basis». Da gibt es nur noch einen gangbaren Ausweg: zusammen Kurs suchen und gemeinsam moralische Phantasie mobilisieren.

Wer im Land der Hoffnung Kurs suchen will, braucht innere Erkennungszeichen und Leitbilder, deren Aufgabe es ist, einen Katalog von Maßstäben und einen Raum zu schaffen, in dem es möglich wird, sich mit Rücksicht auf die Signale zu bewegen, die die Zukunft aussendet. Beweglich bleiben, das ist eine Voraussetzung für das Beurteilen einer Wende. Deutlich wird, daß sich dies nur schlecht mit dem Willen, eine Richtung definieren oder dogmatisch an einer einmal festgelegten Richtung festhalten zu wollen, in Übereinstimmung bringen läßt.

Ich sage das, als ob es selbstverständlich wäre, obwohl ich ganz gut weiß, daß ich damit ein delikates Thema angeschnitten habe. Das ist für viele Menschen schlicht undenkbar, weil sie es als hochmütig empfinden. Kann sich ein Mensch anmaßen, ein Urteil darüber zu fällen, ob die Wende eine gute oder schlechte Zukunft mit sich bringt? Prononcierter noch, der Mensch, der sich imstande fühlt, über Gut und Böse zu urteilen, kann nur hochmütig sein.

Leider sind wir Jahrhunderte lang in einer Tradition erzogen worden, in der es für gewöhnliche Menschen nicht relevant war, sich über Gut und Böse Gedanken zu machen. Diejenigen, denen das zustand, waren geistig Führende, oder die

Maßstäbe

Diskussion darum spielte sich in dem kleinen Gebiet der Wissenschaft ab, das man Ethik nannte. Was ich jetzt behaupte – und das ist ziemlich provozierend –, das ist, daß es an der Zeit ist, daß jeder von uns an diesem Urteilsprozeß teilnimmt. Wir müssen an einer Wirklichkeit Anteil nehmen, in der sich Kräfte des Guten und des Bösen beständig neu und in vielen Wenden manifestieren wollen. Eigentlich ist es so, daß wir, wenn wir die Anteilnahme versagen, schlicht Opfer jener Menschen werden können, die meinen, sie verfügten nach wie vor über ausreichendes Urteilsvermögen, die uns faktisch aber verführen.

Damit spreche ich nochmals ein hartes Urteil über unsere führenden Persönlichkeiten aus. Wer sich in der Welt umschaut, kann feststellen, daß ein nicht unwesentlicher Teil derjenigen, die in leitenden Positionen stehen, soweit sie überhaupt Aussagen über Werte und moralische Maßstäbe machen, sich daran selbst nicht halten. Die Tatsache, daß Journalisten in diesem Punkt sehr viel Mißbrauch damit treiben, daß Menschen größere oder kleinere Fehltritte begehen, hängt damit eng zusammen. Wir neigen dazu, die Presse anzuprangern. Spiegelt ihre Haltung aber nicht gerade ein Problem unserer Gesellschaft, nämlich: daß wir unter unseren führenden Persönlichkeiten kaum noch Menschen finden, die integer nach moralischen Maßstäben leben?

Ich kann mir vorstellen, was jetzt gedacht wird: Damit wird aber eine ziemliche Aufgabe anheimgestellt. Denn wer sind wir, daß wir uns anmaßen könnten, auf diesem Gebiet zu einem Urteils- und Unterscheidungsvermögen zu kommen? Stehen wir nicht ziemlich hilflos da? Wenn es denn so ist, daß die Führenden es nicht schaffen, dann werden wir es doch erst recht nicht schaffen! Mir scheint es angebracht, darauf näher einzugehen.

In unserer Kultur gibt es – so denke ich – mehr Anknüpfungspunkte, die uns auf diesem äußerst wichtigen Gebiet des antizipierenden Kurssuchens selbständig und als normale Bürger des 20. Jahrhunderts vorankommen lassen, als wir oft denken. Sie birgt nämlich ein Gedankengut, das nahezu von allen Menschen geteilt wird: die Idee von der Würde des Menschen. Sie ist so universell und jedem Menschen zugänglich, daß ich mir nicht vorstellen kann, darüber diskutieren zu müssen. Wenn es in der Welt überhaupt etwas gibt, das uns verbindet, dann ist es diese Idee.

Die Idee von der Würde des Menschen ist ein moralischer Maßstab par excellence, ein Leitbild, das nicht nur Menschenbild, sondern auch Gesellschafts-, wenn nicht gar Weltbild ist. Das der Würde des Menschen zugrundeliegende Menschenbild besagt, daß jeder Mensch innerlich autonom ist, von Grund auf ein mündiges Wesen, mit eigener Stimme, unverwechselbar und wesentlich. Das ist in unseren modernen Demokratien unter anderem im Wahlrecht zum Ausdruck gebracht. Im allgemeinen zeigt es sich darin, daß jeder Mensch als eigenständig und unersetzlich gilt. Auch dieser Gedanke ist jedem zugänglich, denn wer kennt nicht den Augenblick, in dem ein Nahestehender das Erdenleben verläßt und im wirklichen Sinn des Wortes eine unerfüllbare Leere hinterläßt.

Nun, wenn das so ist, dann ist auch die Übereinkunft richtig, daß alles, was mit Beherrschung und Unterdrückung zu tun hat, menschenunwürdig ist, die Würde des Menschen antastet. Dies wurde in den universellen Erklärungen zu den Menschenrechten als «Menschheitsangelegenheit» festgelegt. Dieser überragende moralische Maßstab der menschlichen Würde hat eine lange Vorgeschichte. Vom Traum bis zur vollständigen Utopie hat dieser Maßstab in den Jahrhunderten,

Würde des Menschen

die uns vorausgegangen sind, einen langen Entwicklungsweg hinter sich gebracht. Auf diesen Weg können wir vertrauen. Wollen wir diesen moralischen Maßstab in unserem antizipierenden Steuern verankern, so wird das für den Entwicklungsgang der Menschheit von einmaliger Bedeutung sein. Das bietet dann nicht nur Trost, sondern – so denke ich – auch ein großes Stück Sicherheit.

Aber das ist noch nicht ausreichend, noch nicht das letzte Wort im Zusammenhang mit der menschlichen Würde. In den letzten Jahren wird viel über das Ausmaß der Individualisierung diskutiert, das unserer Kultur zuträglich erscheint. Manche sagen nicht zu Unrecht: Die Individualisierung ist so weit fortgeschritten, daß wir vollständig die Solidarität aus dem Auge verloren haben. Denn der zentrale und universelle Wert, den wir innere Autonomie nennen, verweist nicht ausschließlich nur auf einige «ursprüngliche» Rechte, die dem einzelnen in der Gesellschaft zustehen; er verweist auch auf «ursprüngliche» Pflichten oder, besser gesagt: die Verantwortung, wie die Verantwortung dafür, individuelle Talente im Dienst der anderen zu entwickeln, oder die Pflicht, anderen zu helfen, wenn sie dessen bedürfen.

Die menschliche Würde ist also erst vollständig, wenn die innere Autonomie nicht nur Forderungen nach sich zieht, sondern auch die Bereitschaft, Verantwortung zu übernehmen. Jeder einzelne kann ein individualisiertes authentisches Vorbild dieses allgemeinen Prinzips werden. Individualisierung ist also nicht per Definition gut oder schlecht. Es geht darum, konkrete Individualisierungsprozesse nach dem Maßstab der Vollständigkeit zu beurteilen.

Wir können zwar den Anspruch auf innere Autonomie in Grundrechten festlegen, wie es in der Menschenrechtserklärung und zuvor in der Französischen und Amerikanischen Revolution geschehen ist; das ist aber nur der eine Teil. Es war sicher nötig, dies in dieser Form zu tun, weil schließlich diese Seite der inneren Autonomie erkämpft werden mußte und in manchen Kulturen auch heute noch erkämpft werden muß. Es muß aber noch mehr geschehen als nur das. Es muß festgehalten werden, daß es auch eine universelle Verantwortung des Menschen gibt, nämlich dafür, daß er sich für den Mitmenschen und die Gesellschaft einsetzt.

Das führt zu einem Dilemma. Der Mensch fragt aus Eigeninteresse nach dem Recht seiner inneren Autonomie. Dieses Eigeninteresse darf aber nicht so weit gehen, daß dadurch das allgemeine Interesse angetastet wird. Darin erst liegt der vollständige moralische Maßstab, wenn es um die Würde des Menschen geht.

Das gleiche Prinzip der inneren Autonomie ist auch auf unsere ganze Erde anwendbar. Ich habe bereits gesagt, daß im Begriff der inneren Autonomie ein Menschenbild steckt, aber auch ein Weltbild. In Anbetracht der Umweltproblematik werden wir uns auch hinsichtlich unseres Umgangs mit der Erde einen neuen moralischen Maßstab zulegen müssen, nämlich, daß auch unsere Erde innerlich autonom ist und genauso einmalig wie der Mensch.

Dies bringt einen ungeheuren Anspruch und einen unglaublich strengen Maßstab für unser antizipierendes Vermögen mit sich. Ist es dann noch in Ordnung, wenn wir unsere gegenwärtigen Probleme nur mit mehr wirtschaftlichem Wachstum angehen? Was ist gut oder falsch bei der Anwendung bestimmter Technologien? Solche Fragen werden meiner Meinung nach noch viel zu oft ausschließlich mit Blick auf die Folgen für den Fortbestand des Menschen betrachtet. Das ist zwar nicht unwichtig, aber vor dem Hintergrund meiner Aussage, daß auch die Erde innerlich autonom ist, ergibt sich ein neuer moralischer Maßstab, nämlich: Wir müssen die Erde in ihrem eigenen Entwicklungsgang respektieren. Ist es realistisch zu denken, daß auch unsere Gesellschaft innerlich autonom ist? Wir sehen unsere Gesellschaft viel eher als ein Instrument, das uns zur Verfügung steht. Der Gedanke, daß das gesellschaftliche System innerlich autonom ist, gehört genauso in das Gefüge dieses großen menschlichen Maßstabs der Menschenwürde. Das wird anhand eines Vergleichs leichter erkennbar:

Wir sprechen häufig davon, daß Kulturen oder Völker ihre eigene Identität haben. Was bedeutet das anderes, als daß auch ein gesellschaftliches System, also die Art und Weise, wie eine Kultur oder ein Volk sich sozial eingerichtet hat, eine eigene Identität hat, einzigartig ist und in seiner Einzigartigkeit respektiert werden muß? Ob wir nun vom französischen oder vom chinesischen Volk sprechen, immer handelt es sich um eine eigene Identität. Die Idee, die der Autonomie des gesellschaftlichen Systems am nächsten kommt, ist die Idee der Republik.

Das Urbild der Republik ist eine Gemeinschaft von Menschen, die sich selbst steuert. Ist innerliche Autonomie nicht das gleiche wie Selbststeuerung? Selbststeuerung oder Selbstverwaltung ist merkwürdigerweise ein Wort, das in letzter Zeit zunehmend in den Mittelpunkt des Interesses gerät: sich selbst steuernde Prozesse im Menschen, in Organisationen und in der Gesellschaft. Die Republik ist auf makrosozialer Ebene das Vorbild par excellence für einen sich selbst steuernden Organismus. Sie ist das Bild für ein gesellschaftliches System, in dem die Bürger sich die Verantwortung für die

Gesellschaft mit denjenigen teilen, die sie regieren. Wichtig ist dabei, daß es einen Wechsel zwischen denen, die regieren, und jenen, die regiert werden, gibt. Derjenige, der regiert wird, behält dabei seine Verantwortung; er kann also nicht sagen: Sie, die Regierung, trägt Schuld! Und ebenso muß der Regierende Bürger bleiben.

Auch die Republik hat eine lange Vorgeschichte, bis zurück in die griechisch-römische Zeit. Die Uridee ist durch eine Reihe von Metamorphosen gegangen. Der letzte Schritt, den wir darin gegangen sind, war die Einführung des modernen Rechtsstaats in der Französischen Revolution. Nun ist es interessant, daß uns mit dem Gedanken der sich selbst steuernden autonomen Gesellschaft ein System moralischer Maßstäbe gegeben ist, mit dem auf verantwortliche Weise geprüft werden kann, ob der Entwicklungsgang dieses Organismus zum Guten oder zum Bösen geführt hat. Die moralischen Maßstäbe sind in dem bekannten Motto der Französischen Revolution «Freiheit, Gleichheit, Brüderlichkeit» formuliert.

Es klingt beinahe naiv, das zu sagen, es handelt sich aber um solch grundlegende, zeitgemäße Prinzipien für das gesellschaftliche System, daß wir sie beinahe übersehen. Fragen wir nun, wie wir als normale Bürger in unserer turbulenten Gesellschaft etwas unternehmen können, dann sollten wir unser Verhältnis zu den Politikern, die unserer Meinung nach nichts davon begriffen haben, ins Auge fassen. Wo stehen wir in bezug auf unsere Erwartungen an die Zukunft? Nirgendwo. Ist es denn nicht so, daß nur, indem wir es wagen, diese moralischen Maßstäbe anzulegen und zu handhaben, Zukunft und Hoffnung für die Entwicklung des gesellschaftlichen Systems besteht? Kurz gesagt, wenn es darum geht, heutzutage kurssuchend steuern zu wollen, so haben wir dazu

Bild für die Autonomie: die Republik

mehr Möglichkeiten, als wir es üblicherweise vermuten. Vielleicht ist es nur etwas weniger spektakulär, als wir gedacht haben.

Spektakulär oder nicht, prinzipiell haben wir die Möglichkeiten, moralische Phantasie zu üben. Das kann noch nach zwei Richtungen vertieft werden, in Richtung der Leitbilder und in Richtung des Wahrnehmens der Wirklichkeit. Leitbilder – darauf wies ich bereits hin – existieren zunächst als Begriffe oder Vorstellungen in unserem Verstand. Wir können versuchen, sie mit Hilfe unserer kreativen moralischen Phantasie zu verstärken und lebendig werden zu lassen. Wir beginnen sozusagen im Bereich der Moral, mit unserem Urteilsvermögen zu träumen. Dazu brauchen wir als Übungsmaterial beispielsweise die schon genannte Dreiheit von «Freiheit, Gleichheit, Brüderlichkeit». Es stellt sich dann heraus, daß sie nicht nur begrifflich, sondern als drei geistigmoralische Qualitäten zu erfahren sind.

Dazu bedarf es des Denkens, jedoch nicht eines intellektuellen Denkens, wie wir es täglich benutzen und das ich als «Punkt-Denken» bezeichnen möchte. Das Punkt-Denken ist ein Denken, das mich zum Zentrum hat, aus dem ich mich aus eigenen Gedanken forme – die uns seit Descartes selbstverständliche Denkweise. Als moderne Menschen gehen wir davon aus, daß wir es sind, die unsere Gedanken hervorbringen; das nenne ich das Punkt-Denken. Um aber in den Bereich des Träumens zu kommen, bedarf es dessen, was ich peripheres Denken oder das «inklusive Denken» nennen würde. Das besagt, nicht von einer Definition auszugehen, sondern zu versuchen, die Qualität eines Gedankens zu erfassen.

Ich habe bereits beschrieben, daß etwas mitzuschwingen beginnt, wenn man Fragen hat oder aus dem Schlaf erwacht.

Angenommen, man quält sich um den Komplex der Freiheit und bewegt die Frage: «Wie um Himmelswillen soll es weitergehen?» Man kann dann erfahren, daß langsam, aber sicher etwas in einem anklingt, daß einem Gedanken «kommen», daß man moralische Qualitäten erlebt, die damit zusammenhängen. Man bemerkt, daß man tatsächlich in ein Gebiet kommt, in dem man lernt, ein Gefühl für die dort herrschenden Qualitäten und Verhältnisse zu entwickeln.

In diesem Gebiet gibt es wiederum Teilgebiete. So erfährt man beispielsweise, daß Freiheit im Bereich der Wissenschaft eine ganz andere Qualität hat als unternehmerische Freiheit. Es wird deutlich, daß auch Unfreiheit – also das Gegenteil dazu – viele Gesichter hat. Gerade indem man mit seinem Urteilsvermögen im Spannungsfeld zwischen polaren Gegensätzen beweglich bleibt, entdeckt man mit der Zeit, daß der nackte intellektuelle Begriff allmählich den Raum für ein Denkbild mit allerlei Schattierungen freigibt. So schweift man von einem Gebiet zum anderen und bemerkt, daß sie nicht nur abstrakte Gedanken, sondern Realitäten sind, die wirklich existieren.

Schon die griechische Tradition ging davon aus, daß Ideen Realitäten sind, mit denen man sich verbinden kann. Das gilt auch für das Träumen über die drei, für das gesellschaftliche System zentralen moralischen Werte: «Freiheit, Gleichheit und Brüderlichkeit». Sind sie für unser gesellschaftliches System essentielle Werte, so können wir auch darüber träumen, auch gemeinsam. Ich will so naiv sein zu sagen, daß es Spaß macht, gemeinsam Aufsätze über Freiheit, Gleichheit und Brüderlichkeit zu schreiben. Das ist nicht altmodisch, denn auch für Politiker, Manager und Wissenschaftler ist es gut, die Begriffe Freiheit, Gleichheit und Brüderlichkeit in ihrer Zugehörigkeit zu einer geistigen Domäne kennenzulernen. Ihre geistige Qualität ist dann beispielsweise darin wiederzufinden, wie wir unser Ausbildungssystem und unsere Betriebe eingerichtet haben, in der Art und Weise, wie wir als Völker miteinander umgehen usw. Man kann die geistige Qualität durch das Schreiben von Aufsätzen darüber entdecken, wie das Ausbildungssystem, das Gesundheitssystem oder der internationale Handel in zehn Jahren unter dem Gesichtspunkt der Gleichheit, der Freiheit oder der Brüderlichkeit aussehen sollten. Allerdings sollte man dabei nicht den Fehler begehen, die Aufsätze morgen schon in Politik umsetzen zu wollen, man schreibt sie nur als Hilfsmittel zum Träumen, zum «Idealisieren».

Wiederum ein delikates Wort. Denn Idealisieren ist zur Zeit verpönt. Ohne Idealisieren gibt es aber keine Ideale und Leitbilder, auf deren Basis man antizipieren und auf moralisch verantwortliche Weise steuern könnte.

Wenden wir den Blick noch ein wenig in eine andere Richtung. Setzen wir mit dem an, was ich gerne «das Lesen von Zeiterscheinungen» nenne, und versuchen wir, Aspekte des Weltgeschehens, die uns «etwas angehen» – die mehr oder weniger spontan unser Interesse wecken –, auf ihren moralischen Gehalt hin zu untersuchen. Dies mag zwar nicht leicht, aber sicher nicht unmöglich sein. Dabei ist es sinnvoll, einige Anweisungen im Hinterkopf zu behalten: Es handelt sich ausdrücklich weder um eine kritische Analyse noch um das Verbreiten von Lösungen – die mögliche Meinung, etwas besser zu wissen als ein anderer, ist absolut uninteressant. Alle Versuche, die betreffende aktuelle Erscheinung eindeutig zu definieren, führen nur zu sinnlosen Abstraktionen. Es geht gerade darum, den mehrdeutigen Charakter der Erscheinung ins Auge zu fassen, und das gelingt nicht durch Definieren, sondern durch *Charakterisieren*. Das bedeutet, bezeichnende Züge und typische Eigenschaften, die ins Auge springen, sorgfältig und konkret zu beschreiben. Dabei können Hilfsfragen nützlich sein wie zum Beispiel: Was erscheint eigenartig? Worin liegt der Kern der Sache? Welche Erscheinungen fallen in der Peripherie des Themas auf?

Das Charakterisieren gelingt, wenn ihm etwas vorausgegangen ist. Zunächst sollte ein möglichst zutreffendes Bild von der Situation gezeichnet werden. Zutreffend heißt, daß das Bild so lebendig, so vollständig und so konkret wie möglich ist; es soll nicht den Charakter einer Metapher bekommen. Aufgabe ist es, die Fakten für sich selbst sprechen zu lassen. Dem Charakterisieren sollte eine Art «handwerklicher Registrierung» vorausgehen, Voraussetzung dafür, unsere sympathischen oder antipathischen Gefühle dem betreffenden Thema gegenüber zu überwinden. Erst danach kann das eigentliche Charakterisieren beginnen. Das Charakterisieren kann sich über mehrere gesellschaftliche Erscheinungen ausdehnen, die miteinander verwandt sind. In letzter Zeit beschäftigten mich auf diese Weise zwei große Weltkonferenzen, die eine in Südamerika zu Umweltfragen, die andere in Ägypten zur Bevölkerungsfrage. Charakteristisch war für beide Konferenzen die Diskussion einer bunten Versammlung politisch und geistig Führender. Weit auseinanderliegende Ideologien und Lebenseinstellungen kamen miteinander ins Gespräch. Was kann daraus abgeleitet werden?

Können Fragestellungen mit einer so großen moralischen Spannung, wie sie bei diesen beiden Konferenzen auf der Tagesordnung standen, nur gelöst werden, indem in aller Öffentlichkeit über die verschiedenen Menschen- und Welt-

Idealisieren

bilder gesprochen wird, wie sie die Konferenzteilnehmer mitbringen? Diese Frage drängt sich auf, wenn man den Verlauf beider Konferenzen verfolgt. Ich weiß nicht, wie die Antwort auf diese Frage lautet. Wichtig ist aber, daß sie wie von selbst aus bestimmten Erscheinungen hervorgeht. Man könnte meinen, das verborgene Signal beider Konferenzen lautete: Es wird Zeit, daß die Weltgemeinschaft engagiert über die verschiedenen ideologischen und lebensanschaulichen Ausgangspunkte, die es gibt, ins Gespräch kommt. Wenn man die Erscheinung dieser beiden Konferenzen charakterisiert, so kann man erkennen, daß es in der Welt möglicherweise eine neue Tendenz gibt, die zugrundeliegenden Ausgangspunkte miteinander ins Gespräch zu bringen. Schließlich kann man ein solches Urteil als Arbeitshypothese benutzen, um andere Erscheinungen zu betrachten.

Die dazugehörige Übung, die der wünschenswerten Vielfalt wegen bevorzugt in einer Gruppe von vier bis sieben Menschen ausgeführt wird, hat folgenden Ablauf: Einer der Anwesenden skizziert eine Situation oder ein Ereignis, in das er direkt oder indirekt einbezogen war und dessen Prioritäten zu erkennen schwierig war. Man muß darauf achten, daß die Skizze nicht ausufert; das Bild muß überschaubar bleiben – es soll eine Miniatur sein; aber die Situation muß dennoch vollständig und lebendig sichtbar bleiben. Im übrigen zeigt sich in der Praxis, daß allein schon das Erzählen eine spannende Übung ist.

Ist der Erzählende fertig, folgt eine kurze Diskussion, um das Bild gegebenenfalls zu vervollständigen. Maxime ist dabei, daß jeder Anwesende wahrnehmen kann, worum es geht – jede abstrakte Information muß vermieden werden. Die Anwesenden notieren anschließend, jeder für sich und ohne darüber zu sprechen, in Stichpunkten die charakteristischen Aspekte, die ihnen aufgefallen sind. Diese Aspekte werden dann nacheinander ausgesprochen, ohne daß die anderen sie kommentieren. Es folgt ein Gespräch über diese Charakteristika, das von der Frage ausgeht: Welche moralischen Maßstäbe haben in der beschriebenen Situation eine Rolle gespielt, und welche hätten eine spielen sollen oder können? Der letzte Teil dieser Frage eröffnet die Möglichkeit, auch eine denkbare Wende, die in der Situation enthalten ist, zu entdecken.

Zum Schluß möchte ich noch auf zwei mögliche Fallen hinweisen. Die erste kann am besten so umschrieben werden: Im Unterscheiden ist man fortwährend mit der Frage konfrontiert, ob die jeweiligen Erscheinungen nur für einen selbst, für die eigene Zukunft oder für alle von Bedeutung sind. Das reißt einen ständig hin und her. Das muß so sein, denn es gibt Dinge, denen man mit dem gleichen antizipierenden Bewußtsein begegnet, und Dinge, die per se nur einen sehr persönlichen Anspruch haben. Es gibt aber auch Erscheinungen, die – so, wie ich das beschrieben habe – man prüfen kann, indem man sie nach außen trägt; man kann dann sehen, ob dafür auch Symptome in der Welt zu finden sind; dann haben sie wohl eine Bedeutung für alle. Deshalb finde ich es so wichtig, die Übung für das antizipierende Bewußtsein mit anderen zusammen zu machen. Normale Bürger können einander dabei helfen zu unterscheiden, was persönlich und was für die Gemeinschaft wichtig ist.

Die zweite Falle ist viel delikater. Steht man vor der Unterscheidung von Gut und Böse, so bedeutet das, daß man sich in einem Bereich aufhält, in dem man dem Bösen auch ausgeliefert sein kann. Es ist vorab überhaupt nicht klar, ob man

Persönliche Ansprüche

das richtige Urteil fällt oder verführt wird. Warum sollte es nicht auch zur Freiheit des Menschen gehören, sich anstelle des Guten für das Böse zu entscheiden? Ist es nicht gerade diese Freiheit, die Jahrhunderte lang in Frage stand, weshalb geistig Führende sich auf den Standpunkt stellten, daß diese Wahl dem normalen Menschen nicht überlassen werden darf – er vor ihr gerade geschützt werden sollte?

Ich sage dagegen: Es sollte gar nichts geschützt werden! Das bringt zwar das Risiko mit sich, daß wir in die Falle laufen, uns in den Dienst des Bösen zu stellen. Aber es gibt keine Entwicklung ohne Gegenkräfte. In unserer Kultur haben verschiedene Kräfte die Aufgabe, alles durcheinanderzubringen. Natürlich kann man sein antizipierendes Bewußtsein auch in den Dienst der Geister der Verwirrung stellen. Und außerdem, auch wenn ich mich ausschließlich in den Dienst des Guten stellen wollte, so bin ich immer noch an mich selbst gebunden. Wir wissen alle, daß wir es auch mit unseren Schattenseiten zu tun haben, mit Teilen unserer Seele, die noch finster sind.

Nehmen wir an, ich hätte ganz aufrichtig und nach Ehre und Gewissen für mich festgestellt: Ich möchte so antizipieren, daß ich mich vollständig in den Dienst einer guten Macht stelle. Ich meine die gute Macht beispielsweise auch in der Art und Weise sehen zu können, wie wir die Freiheit in der Gesellschaft einrichten sollten. Nun fange ich an, bemerke aber, daß ich mit meiner eigenen Freiheit nicht umgehen kann, daß ich gar nicht imstande bin, Träger dieser Freiheit zu sein. Dann schließt sich der Kreis von Gesellschaftsbild und Menschenbild. Wir können nur dann dabei behilflich sein, das Gesellschaftsbild antizipierend zur Verwirklichung zu bringen, wenn wir als Bürger die großen moralischen

Maßstäbe kennen. Aber sie müssen zugleich auch in uns selbst wirksam sein, sonst funktioniert es nicht.

Dieses Vermögen müssen wir entwickeln, denn kaum schon sind wir echte Freiheitsmenschen, Gleichheitsmenschen oder Brüderlichkeitsmenschen. Kurz gesagt, hier liegt die eigentliche Entwicklungsaufgabe. Im nächsten Kapitel werde ich versuchen, den Blick auf die gegenwärtige Situation unseres gesellschaftlichen Systems zu lenken, und dabei diese mehr prinzipiellen Betrachtungen über die Hoffnung verlassen. Dann können wir die Frage stellen, wo dieses Problem der Wende in unserem gesellschaftlichen System wiederzufinden ist. Ich werde dazu das wichtige Jahr der Wende 1989 heranziehen. Ich werde mich darin ein wenig umschauen, ob wir das theoretisch Untersuchte auch praktisch als ein Zeitproblem wiederfinden können, vor dem wir alle stehen.

Zum Schluß noch dies: Was ich über innerliche Autonomie, Freiheit, Gleichheit und Brüderlichkeit vorgebracht habe, stellt nicht den Anspruch auf Vollständigkeit. Ich wollte nur illustrieren. Es gibt noch andere Werte und Normen. Moralische Maßstäbe gibt es wie Sandkörner am Meer.

Freiheit

Teil 2 **Hoffnung und Gegenwart**

3. Die turbulente Wende des Jahres 1989

Aus den Reaktionen auf meine letzten Betrachtungen ging hervor, daß es Meinungsunterschiede bezüglich der Frage gibt, ob den Begriffen Menschenwürde, Freiheit oder Brüderlichkeit Allgemeingültigkeit zuerkannt werden kann. Sind das nicht vielleicht Ideen, die in hohem Maße gesellschaftlich und kulturhistorisch bedingt sind? Gibt es denn überhaupt allgemeine Ideen? So, wie ich sie mit großer Bestimmtheit in den Raum gestellt habe? Das gleiche gilt für die getroffene Voraussetzung, daß es so etwas wie «die» Methode für die Entwicklung des antizipierenden Bewußtseins gibt. Schließlich könnte sich daraus die Auffassung ergeben, daß es möglich sei, alles richtig zu machen, wenn diese Methode nur richtig angewandt würde.

Ich bin froh um diese Reaktionen, die mich sehr beschäftigt haben und mir die Gelegenheit bieten, noch einiges zu verdeutlichen. Bezüglich meiner eigenen Position habe ich nichts im Unklaren belassen. Wenn es um Art und Ursprung allgemeiner Ideen geht, die auch als Universalien gelten können, dann finde ich meine Auffassungen vor allem in der griechischen Tradition begründet, namentlich in Platos Aussagen dazu. Diese Tradition geht davon aus, daß allgemeine Ideen in ihrer eigenen Wirklichkeit wurzeln, in der Welt der Essentialien, von Plato als Wirklichkeit der ewigen Urbilder bezeichnet. Zu dieser Wirklichkeit hat man – gemäß Plato – Zugang, wenn man sich in Kontemplation oder Meditation aus der täglichen Wirklichkeit zurückzieht. Unter bestimmten Umständen können die Urideen und Urbilder dann vor dem geistigen Auge erscheinen. Sie sind von der gleichen Realität wie unsere alltägliche Wirklichkeit.

Ich habe mich in diese Tradition gestellt, was nicht heißt, daß ich andere Auffassungen Platos uneingeschränkt teilte; beispielsweise diejenige nicht, daß die tägliche Wirklichkeit ohne Bedeutung und die gewöhnlichen Dinge des Lebens nur unvollkommene Manifestationen der Urbilder wären. Ich wollte auch nicht sagen, daß im Menschen keinerlei kultur- oder zeitbestimmte Auffassung, Interpretation oder Vorstellung von diesen Urbildern wirksam ist.

Neben der platonischen gibt es insbesondere noch die aristotelische Tradition. Um die Unterschiede in diesen Auffassungen, die hier von Bedeutung sind, zu klären, scheint es mir nötig, die Sichtweisen Platos und Aristoteles' mit einigen Worten deutlich zu machen. Ich hoffe zeigen zu können, daß diese beiden Traditionen bis zum heutigen Tag für ein Schisma in der Auffassung vom Menschen verantwortlich sind. So bestehen sie nebeneinander, und zwar in der Weise, wie die Menschen die Wirklichkeit betrachten und in ihr handeln.

Sowohl die platonische als auch die aristotelische Tradition wurzelt in der Kernfrage: Kann Ideen überhaupt Realität zuerkannt werden? Was ist Realität? Das ist eine Frage, die den Menschen immer beschäftigt hat und wohl noch lange beschäftigen wird. Plato beantwortete sie folgendermaßen: Die ewigen Urbilder sind die erste und unmittelbare Realität. Der Rest, die tägliche Wirklichkeit, ist höchstens eine unvollkommene oder indirekte Manifestation dieser Urbilder. Die Realität, auf die Plato verweist, kann auch als die essentielle Welt bezeichnet werden.

Aristoteles ging dagegen von einem ganz anderen Gesichtspunkt aus. Ihm galt als erste Realität, was sich in den einzelnen Dingen manifestiert, was die Dinge sind; in meinen Worten: die Erscheinungsformen. Die allgemeinen Ideen waren für ihn nur insoweit von Bedeutung, als sie etwas über das Gemeinsame einer bestimmten Gruppe von Erscheinungen aussagen können.

Interessant ist nun, daß die Position Aristoteles' doppeldeutig ist. Einerseits erkennt er an, wie dies in der griechischen Zeit üblich war, daß die irdische Wirklichkeit – die Welt von Raum und Zeit – vergänglich ist. Zugleich mußte er aber auch feststellen, daß dies noch nicht alles sein kann. Gibt es denn keine Gesetzmäßigkeiten, die über das Vergängliche hinausreichen? Seine Antwort darauf: Ja, wofür er das – später so bezeichnete – Formprinzip heranzog.

Aristoteles benutzt in diesem Zusammenhang auch das Wort Seele, was das Ganze nur noch komplizierter macht. Er meint damit, daß in der Welt der Vergänglichkeit ein Urprinzip mit doppelter Funktion waltet. Einerseits verleiht es der ungeformten Materie Wirklichkeit, eine Kräftewirksamkeit. Andererseits fungiert das Urprinzip als ein Orientierungspunkt, als eine Art Formel, nach der sich die Dinge richten – auch als das Prinzip der Entelechie bezeichnet. Nun kommt das Pikante, denn er benutzt für das Formprinzip das Wort «eidos», ein Wort, das in seinen verschiedenen etymologischen Bedeutungen sowohl von Plato als auch von Aristoteles benutzt wurde. Das Wort eidos bedeutet einerseits Imagination, vor dem geistigen Auge stehend, wir würden es mit Denkbild

3. Die turbulente Wende

übersetzen; es entspricht der platonischen Auffassung von der Idee. Andererseits bedeutet es auch Form oder Art. Dazwischen liegt noch eine dritte Bedeutung. Hier entspricht es der Vorstellung von einer Formel, die für die Dinge der Wirklichkeit normierend ist.

Es ist des öfteren festzustellen, daß zur griechisch-römischen Zeit wörtliche Übereinstimmungen sehr unterschiedliche geistige Realitäten bezeichnen. Es wird also nicht ganz klar, was genau Aristoteles vor Augen gehabt haben mag; es wird allerdings klar, daß er eine von Plato abweichende Position bezogen hat. Letzterer geht von einer Welt der Urbilder aus. Seine Arbeitsmethode ist die der meditativen Kontemplation. Ersterer dagegen geht von der Welt der Erscheinungen aus. Seine Arbeitsmethode ist die der konkreten Wahrnehmung. Es wird auch deutlich, daß in diesen Unterschieden die Quelle für das Zweistromland der weiteren Entwicklung entspringt.

Auf unserem Exkurs in dieses Zweistromland ist die Scholastik des Mittelalters die erste Station. In der Scholastik kommt die Debatte zwischen Plato und Aristoteles erneut in Form des Streits über die universellen Ideen, vor allem über die «Gottesidee», in Gang. Existiert Gott? Kann Gott Realität zuerkannt werden? Oder existiert nur so etwas wie die Dreifaltigkeit von Vater, Sohn und heiligem Geist, die jeder für sich genommen existent sind, während Gott nur der Name für das Zusammenfassende ist, selbst aber keine Realität hat? Damit setzte sich die frühe Scholastik auseinander. In der frühen Scholastik war die Verbindung zwischen Theologie und Philosophie noch sehr eng.

Zwei Antworten sind denkbar. Die eine ist die Antwort des Nominalisten, der sagt, Gott sei nur ein Name. Das gleiche

Platonische und aristotelische Tradition

gilt dann auch für andere allgemeine Ideen, die nur Namen sind. Demnach gibt es wohl Bäume und Menschen, nicht aber «den» Baum oder «den» Menschen. Die Realisten stehen mit ihrem entgegengesetzten Standpunkt für die andere Antwort. Für sie ist gerade die allgemeine Idee essentiell, ganz in Übereinstimmung mit der platonischen Tradition. Das Wort Realist besagt allerdings in diesem Zusammenhang ganz anderes als der Begriff Realismus, den wir in unserer modernen Kultur kennen. Denn heute ist derjenige Realist, der sich nur dem Irdischen, dem sinnlich Wahrnehmbaren widmet, das gezählt, gewogen und gemessen werden kann.

Nach der Scholastik wird der Nominalismus langsam, aber sicher in der Kultur tonangebend. Der Realismus, in seiner ursprünglichen Bedeutung «geistiger Realismus», gerät in den Hintergrund. Bevor sich der Nominalismus aber wirklich durchsetzt, gibt es noch eine Zwischenstation, nämlich die Schule von Chartres im 11. und 12. Jahrhundert. Dort wird die platonische Tradition noch einmal aufgenommen; sie wird zum Neo-Platonismus. Zu dieser Zeit geht es in der Diskussion aber nicht mehr nur um allgemeine Ideen und darüber, ob sie Realität sind oder nicht. Die Schule von Chartres ist zugleich eine Mysterienschule, die die Diskussion auf die Menschheitsentwicklung konzentriert. Die Aussage von Plato, daß man durch Kontemplation Zugang zur Welt der nicht-sinnlichen Wahrnehmungen erhalten kann, wird in Chartres aufgenommen und zu einem Entwicklungsweg umgeformt. Die Schule von Chartres warnt eigentlich den künftigen Menschen: «Wenn Du nicht in Dir selbst ein geistiges Auge erweckst, wirst Du in Zukunft der Welt der Erscheinungsformen ausgeliefert sein. Diese Welt wird den Menschen in den platten Materialismus versenken.» Hier wurde noch einmal an die eigentliche Bedeutung der Ideenwelt erinnert. Danach konnte der Nominalismus seine Position stärken. Descartes unternimmt zu Ende des 16. Jahrhunderts einen nächsten wichtigen Schritt. Mit seiner Philosophie vollzieht sich die Trennung zwischen der Welt des Geistigen und der Welt des Materiellen endgültig. Descartes behauptet, daß nur die äußere Welt studier- und wahrnehmbar ist. Er beschreibt sie zugleich als Mechanismus und sagt dazu, daß die mechanistische Auffassung der Welt in einen zusammenhängenden Gottesbegriff eingebettet sei. Descartes war sicher kein Atheist, im Gegenteil. Er kommt nicht nur zur Feststellung, daß der Mensch ein denkendes Wesen ist, sondern auch, daß Gott existiert. Er ist mit seinem Denken noch ganz in der Theologie verwurzelt.

Descartes spricht den berühmten Satz: «Cogito ergo sum» – Ich denke, also bin ich. Das ist eine unglaublich befreiende Perspektive. Eigentlich sagt er: Es sind nicht die Götter, die in uns denken; wir denken selbst. Der Triumphzug des selbständigen menschlichen Denkens, der seinen Ausgang in der Zeit der Griechen nahm, kann nun wirklich beginnen. Zum Schluß mündet das in den allgemeinen Kernsatz, daß der Mensch eigene Gedanken hervorbringt und dadurch Mitschöpfer wird.

Descartes bringt uns mit der Spaltung, mit der er die Welt der Ideen (Geist, Bewußtsein) von der Welt der Dinge trennt, der modernen empirischen Wissenschaft einen Schritt näher. Diese konzentriert sich nun ganz auf die Welt der Dinge. Schließlich zeigt sich, daß der Gegensatz zwischen Aristoteles und Plato in der modernen Wissenschaft erneut auftritt, wenn auch in säkularisierter Form. Ist damit der kosmische Aspekt verschwunden, so zeigt der irdische unvermindert ein

Zweistromland, wie es bis heute überall in der Wissenschaft zu finden ist, zum Beispiel im Unterschied zwischen der induktiven und deduktiven Methode oder den beweisführenden und experimentellen Untersuchungen.

Einen nächsten wichtigen Sprung stellt der Fortschrittsoptimismus dar, der sich im 18. und 19. Jahrhundert entwickelte. Durch die Entstehung der praktischen Wissenschaften stellt sich innerhalb der nominalistischen Tradition heraus, daß auch der Gesichtspunkt, die Welt sei durch Ideen zu verbessern, handfest wird. Die praktischen Wissenschaften, die Einsichten in den Zusammenhang der irdischen Wirklichkeit verschaffen, geben dem Menschen zugleich den Schlüssel in die Hand, eine bessere Welt zu bauen. Der Fortschritt wird zum großen Ideal. Damit ist die Diskussion von der intellektuellen Ebene in den Bereich des täglichen Handelns vorgedrungen. Sie erlangt eine moralische Dimension, weil es nicht mehr nur darum geht, mit Ideen etwas zu erklären. Der Mensch kann mit Ideen nun auch etwas unternehmen, zum Guten oder zum Schlechten.

Um das Ende dieses Exkurses zu erreichen, ist noch ein kleiner Schritt notwendig, der in unserem Jahrhundert vollzogen wurde, nämlich im Post-Modernismus. Im Post-Modernismus ist in bezug auf die Ideen ein absoluter Relativismus üblich. Die klassischen Wissenschaften boten wenigstens noch den Halt, es sei so etwas wie objektive Kenntnis oder objektive Wahrheit möglich, wenn auch im Rahmen einer empirischen Wissenschaft. Darüber hinaus gab es den Halt, daß man mit Kenntnissen etwas für die Allgemeinheit, zugunsten der Menschheit tun könne. Diese letzte Sicherheit geht im Post-Modernismus verloren. Hier wird davon ausgegangen, daß jeder seine eigene Wahrheit hat. Wir können zwar gemeinsam Ideen entwickeln, weil wir miteinander kommunizieren, aber eine andere als die kommunikative Funktion wird den Ideen nicht mehr zuerkannt. Es gibt nicht nur Fragen nach der Wahrheit, sondern auch ethische Fragen in bezug auf richtig und falsch. Klassischerweise gehören diese Fragen in den wissenschaftlichen Bereich der Ethik. Die entsprechenden Antworten wurden in einer Sittenlehre zusammengefaßt. In der klassischen Pädagogik ging es darum, diese Sittenlehre auf das Kind zu übertragen. Man galt als erwachsen, wenn man, mit den Normen und Werten der geltenden Sittenlehre ausgestattet, in die Welt ging. Auch in diesem Punkt bricht der Post-Modernismus radikal mit der Vergangenheit. Wie die Wirklichkeit als zufälliges Ergebnis unserer Denktätigkeit betrachtet wird, so wird auch unser Empfinden von dem, was richtig und falsch ist, nur als eine Nebenerscheinung unserer genetischen Ausstattung betrachtet. Es mag vielleicht geschickt sein, über ethische Absprachen zu verfügen; aber auch nicht mehr als geschickt. Wenn wir zum Beispiel zufällig miteinander vereinbaren sollten, uns die Köpfe nicht einzuschlagen, so wird daraus moralisches Gedankengut. Wer dann in seiner genetischen Ausstattung die Konstellation in sich trägt, dies auch tatsächlich nicht zu tun, der befindet sich auf der richtigen Seite; wer diese Konstellation nicht hat, der wird kriminell und steht auf der falschen Seite. Es sei denn, wir drehen diese Vereinbarung, wenn es uns passender erscheint, um. Das ist die Konsequenz des Post-Modernismus: ein absoluter Relativismus in bezug auf Wahrheit und Richtigkeit.

Auch wenn ich darüber etwas scherzhaft gesprochen habe, so respektiere ich den Post-Modernismus doch sehr, weil er eine logische Konsequenz ist; eine letzte Station im

Exkurs, den ich angedeutet habe. Ich vermute aber, daß schon seit geraumer Zeit eine neue Auffassung über Wahrheit und Richtigkeit im Anmarsch ist. Ich weiß nicht genau, wann es anfing, vermute aber, daß der andere Blick auf die Welt schon zu Beginn unseres Jahrhunderts, beispielsweise in der sozialistischen Jugendbewegung, als ein Verlangen lebte. Er ist dann in den Jugendunruhen der sechziger Jahre wieder anzutreffen. Diese Generation, die an tiefgreifenden Konzepten und visionären Denkbildern interessiert war, wollte gegen den Pragmatismus Ideen setzen. Das war aber nur ein kurzzeitiges Knospen, das schnell wieder welkte.

Allan Bloom – ein amerikanischer Professor, der einige Studentengenerationen sehr genau beobachtet hat – beschreibt in «The Closing of the American Mind» (1987) [deutsch unter dem Titel «Der Niedergang des amerikanischen Geistes» erschienen], wie die Generation der sechziger Jahre von einem starken gesellschaftlichen Bewußtsein geleitet wurde – durch die Einsicht geprägt, daß sich die Dinge ändern. Allerdings trocknete dieser Impuls in den folgenden Generationen wieder aus. Die Studenten, denen er später begegnete, waren introvertiert und versuchten nur noch, ihre eigene Wahrheit zu finden. Das beunruhigt mich nicht, denn es ist kein Beweis dafür, daß es nur eine einmalige und kurzlebige Aufwallung war. Erneuerungen manifestieren sich in Wellenbewegungen, die «an den Strand heranrollen und sich wieder zurückziehen».

Auch in der wissenschaftlichen Literatur gibt es Anzeichen dafür, daß neue Gesichtspunkte an der Reihe sind. Ich verweise auf die Systemtheorie, die bereits nach dem Zweiten Weltkrieg aufkam und wieder große Gesamtheiten betrachtet. In der Systemtheorie geschieht das noch vollkommen nominalistisch und empirisch, weshalb auch der aufkommende

Holismus in vielen anderen Wissenschaften, wie beispielsweise der Psychologie, beachtenswert ist. In meinem eigenen Fachgebiet, der Organisationslehre, ist es schon lange nicht mehr üblich, Organisationen nur mechanisch zu betrachten. Zunehmend wird von Organismen gesprochen und sogar von über den individuellen Menschen hinausgehenden Realitäten ausgegangen. Man spricht in diesem Zusammenhang über Organisationen und Institutionen als Entitäten mit überpersönlicher Identität.

Auch in der Wertediskussion sind neue Klänge zu hören. Im hitzigen Streit um die juristische Stellung des ungeborenen Kindes, wie er in den Niederlanden während einer Phase der Regierungsbildung stattfand, unterbreitete der damalige Justizminister Hirsch Ballin seinen Standpunkt. Er befürchtete, daß Menschen sich schämten, wenn sie davon erfahren, ein geistig behindertes Kind zur Welt zu bringen. Das führte zu einer persönlichen Kontroverse mit seinem Kollegen, dem damaligen Innenminister. Die Grundfrage wurde danach kaum noch angesprochen. Hirsch Ballin hat sie zwar in einer Rede noch gestreift, diese wurde aber nur auszugsweise publiziert. Führt man sich die ganze Rede vor Augen, so wird deutlich, daß sie einen ausgewogeneren und aufrichtigeren Duktus hat, als es aus dem publizierten Teil hervorgeht. Er sagte: «Eine Wissenschaft, die sich seit dem 17. Jahrhundert auf eine rein verstandesmäßige, rationale Grundlage stellt und daraus ein Paradigma macht, kann keine Werte generieren. Eine solche Wissenschaft kann für die Begründung moralischer Maßstäbe nicht von Nutzen sein.»

Hirsch Ballin stellt damit implizit die Frage, wo denn Normen und Werte entstehen. Sind Werte, wie im Post-Modernismus, nichts anderes als zufällige Absprachen, um unser

Handeln mehr oder weniger zu regulieren? Oder besitzen Werte eine eigene Bedeutung, gehören einer eigenen Welt oder Domäne an? Hirsch Ballin meint als Katholik natürlich, daß letzteres zutreffen würde. Ohne dies näher zu begründen, ist er vollkommen ehrlich und stellt sich damit in eine legitime Tradition, die man respektieren kann. Allerdings ist die praktische Konsequenz bedenklich. Sie geht der Grundhaltung konform, die besagt: Da Werte prinzipiell nicht menschlicher, sondern göttlicher Herkunft sind, ist die Antwort des Menschen in dieser Hinsicht belanglos. Dieser Standpunkt – man könnte meinen, Hirsch Ballin habe sich mit dem Papst abgestimmt – ist auch in der päpstlichen Enzyklika «Splendor veritatis» (Glanz der Wahrheit) zu finden, die sich mit dem Gewissen und der Möglichkeit des Menschen auseinandersetzt, sich selbständig um moralische Werte zu bemühen. Der päpstliche Standpunkt ist nicht weiter verwunderlich: Der Mensch kann und darf kein entscheidendes Urteil darüber fällen, was gut oder schlecht ist. Das individuelle menschliche Gewissen kann nie Norm für die Frage sein, was gut und böse ist, geschweige denn für richtiges Handeln im sozialen Leben. Sogar Moraltheologen können hierzu keinen endgültigen Standpunkt einnehmen; das kann nur die kirchliche Lehre selbst.

Die Antwort von Hirsch Ballins Kritikern lautet: Es ist also klar, man treibt uns in eine Art Pattsituation. Einerseits sagt er: Werte seien nicht von dieser Welt, zu gleicher Zeit macht er es unmöglich, zu den Werten ein eigenständiges Verhältnis aufzubauen. Es erscheint begreiflich, daß viele Menschen sich wohl eher unbewußt dem von ihm formulierten Anspruch widersetzen. Es muß darum gehen, ein vertieftes Schisma zu vermeiden, eine Brücke zu schlagen.

3. Die turbulente Wende

Unter den Wissenschaftlern, die sich auch mit den neuen Gesichtspunkten auseinandersetzen, nenne ich gerne einen – ohne den anderen damit Unrecht antun zu wollen – Wissenschaftler, der im Zusammenhang mit dem Brückenschlag zwischen der essentiellen Welt und der Welt der Erscheinungsformen einen wichtigen Beitrag geliefert hat. Rupert Sheldrake wird häufig als Revolutionär bezeichnet oder auch als neuer Darwin. Er hat eine beträchtliche Zahl von Büchern geschrieben, darunter «The Presence of the Past» (1988) [deutsch unter dem Titel «Das Gedächtnis der Natur» erschienen], in dem er das Prinzip der morphogenetischen Resonanz herausarbeitet. Er entdeckte in seinem Forschungsgebiet, der Biologie, die Bedeutung dessen, was er als morphogenetisches Feld umschreibt; etwas, das der sinnlichen Wirklichkeit entzogen, darin aber wirksam ist. Ich denke, daß das morphogenetische Feld dem aristotelischen Formprinzip sehr nahe kommt.

Rupert Sheldrake zeigt, wie merkwürdig es ist, daß in der sinnlich wahrnehmbaren Welt manche Erscheinungen in Verbindung mit dem morphogenetischen Feld anzuklingen scheinen. Es handelt sich um eine Wechselwirkung: Das morphogenetische Feld scheint sich verstärken zu können – es wird zum kollektiven Gedächtnis, wodurch sich zugleich einzelne Erscheinungen im Falle der Reproduktion in diesem Feld leichter bewegen können. Es entwickelt sich also eine Art Gewöhnung, durch die sich Resonanzen auf der Erde im morphogenetischen Feld besser orientieren können. Es scheint so, als würden sich hier die beiden Seiten des aristotelischen Formprinzips als Kräftewirkung und Richtschnur wiederfinden. Das Interessante ist, daß Sheldrake von einer Wechselwirkung zwischen dem morphogenetischen Feld und der Welt der Resonanzen spricht.

Morphogenetische Resonanzen

Aus meiner Sicht ist das ein wichtiges Prinzip, das fähig wäre, die Pattsituation zu überwinden, von der ich gesprochen habe. Wenn man es auf das menschliche Leben überträgt, so ergibt sich die Möglichkeit, auch in der sozialen Wirklichkeit von einem Formprinzip oder von Kraftfeldern und von Resonanzen zu sprechen. Der Mensch kann sie zueinander in Beziehung setzen. Er resoniert auf Urbilder, auf Formprinzipien, auf Essentialien. Aus ihnen schöpft er für sich selbst seine Gewohnheiten und trägt zugleich zu deren Entwicklung bei. Das ist in der Psychologie nicht unbekannt. Jung hatte bei seiner Beschreibung der Archetypen – meiner Meinung nach – etwas Vergleichbares im Kopf.

Urbilder sind unerbittlich. Ich betone das nachdrücklich und weiß, daß sich viele Menschen über derartig absolute Behauptungen ärgern. Es wird als normativ und unwissenschaftlich erlebt. Aber das Erkennen und Anerkennen der Bedeutung von Urbildern muß gar nicht normierend sein. Es ist gerade das Spannende daran, daß jeder Mensch sich auf ganz eigene Weise zu einem Urbild in Beziehung setzen kann, so wie jeder individuelle Mensch auch eine besondere und einmalige Ausprägung des Urbildes «Mensch» ist. Urbilder müssen nicht «eingeführt» werden, nein, es sind Realitäten, die einfach wirksam sind. Ihr Erkennen bietet Einsicht in den Zusammenhang von Erscheinungen, die wir häufig als verwirrend erfahren. Von Urbildern auszugehen erscheint mir auch nicht unwissenschaftlich. Es ist für mich eine wissenschaftliche Gepflogenheit, mich an Urbildern zu orientieren. Es mag sein, daß diese Haltung gegenwärtig nicht gerade aktuell ist. Das ändert aber nichts daran, daß Urbilder objektiven Charakter haben und es eine Äußerung wissenschaftlicher Integrität ist, seine entsprechende Orientierung auch zu verantworten.

3. Die turbulente Wende

Ich will nicht sagen, daß damit schon alle Probleme gelöst wären, möchte aber die Aufmerksamkeit auf eine merkwürdige Situation unseres Jahrhunderts lenken. Einerseits findet man einen absoluten Relativismus hinsichtlich des Wahren und Richtigen, während es andererseits Keime gibt, die in eine ganz andere Richtung weisen. Manche Menschen meinen aufgrund dessen, daß eine Wende bevorstehe. Sie stellen in der gegenwärtigen Wirklichkeit fest, daß es zu einer Wende kommen muß, die eine neue Orientierung auf die Welt der Ideen notwendig oder sogar unvermeidlich macht. Sie weisen dann auf eine Anzahl von Lebensbereichen hin, in denen alles außer Kontrolle geraten ist, in denen ohne neue Maßstäbe keine Zukunft mehr möglich sei. Mir scheint, sie haben nicht unrecht.

Ich möchte die Betrachtungen über das Prinzip Hoffnung fortsetzen, indem ich der Frage nachgehe: Kann in unserer Zeit von einer Wende gesprochen werden? Gibt es in der Wirklichkeit Signale, die eine solche Annahme rechtfertigen?

Wenn es überhaupt ein Jahr gibt, das als Jahr der Wende bezeichnet werden kann, dann ist es wohl das Jahr 1989; nicht zuletzt wird erst seitdem ernsthaft in breiteren Kreisen an einer neuen Ethik gearbeitet. Da seitdem schon einige Zeit verstrichen ist, scheint es mir interessant, dieses Jahr aus dem Blickwinkel des «Lesens von Zeiterscheinungen» zu betrachten. Das bedeutet, daß wir uns mitten in ein Wirrwarr von Gegensätzen stellen, unter denen sich uns die Wirklichkeit zeigt. Wenn wir diese Gegensätze lesen können, können wir vielleicht auch die Frage beantworten, ob es eine wirkliche Wende gibt. Wenn ja, ob diese Wende eine zum Guten oder zum Bösen sein wird. Ich halte beide Optionen für möglich.

Das Wendejahr 1989

Es ist bemerkenswert, daß das Jahr 1989 so schnell den Titel «Wendejahr» erhielt. Als die Mauer in Berlin gefallen war, war offensichtlich sofort deutlich, daß es sich um mehr als nur ein zufälliges Ereignis gehandelt hat. Der Begriff Wende sollte zunächst allerdings nur für Mittel- und Osteuropa gelten. Bald gab es aber Menschen, die meinten, daß es sich um eine weit umfassendere Wende handele. Jedenfalls können wir sicher sein – unabhängig davon, wie wir die Wende interpretieren –, daß 1989 etwas Außerordentliches passiert ist, und sei es nur das Ende einer Ordnung, die in Malta festgelegt worden war und seit dem Zweiten Weltkrieg die Welt in zwei Lager teilte, die mit dem Fall der Mauer in Berlin hinfällig wurden. Der Gegensatz zwischen Kapitalismus und Kommunismus war für diese Aufteilung historische Grundlage. Mit dem Fall der Mauer geriet die bi-zentrale Weltordnung zu einer multizentralen.

Es ist ebenso auffallend, daß die Wende bald schon als eine positive bezeichnet wurde. Ich möchte den mittlerweile als internationalen Guru bezeichneten Francis Fukuyama als Vertreter dieser Auffassung von einer positiven Wende heranziehen. Er sagte bereits im Frühjahr 1989 voraus, daß der Kommunismus in sich zusammenbrechen würde. Nun kann man sagen, daß es dazu nicht mehr viel bedurfte, denn in Mittel- und Osteuropa hatte sich schon einiges in dieser Richtung ereignet. Dennoch hatte zu diesem Zeitpunkt niemand erkannt oder den Mut gehabt zu sagen, daß dies so kurz bevorstünde. Die Begründung Fukuyamas – später in dem Buch «The End of History and the Last Man» (1992) [deutsch unter den Titel «Das Ende der Geschichte – Wo stehen wir?» erschienen] festgehalten – ist gleichermaßen geradlinig wie bizarr. Er sagt: «In dem Moment, in dem das kommunistische

System in sich zusammenbricht, stellt sich nur ein System als das überlegene heraus – und zwar das westliche. Bis jetzt haben wir im Westen für den Sieg der liberalen Demokratie in Verbindung mit einer freien Marktwirtschaft gekämpft. Das ist jetzt aber nicht mehr nötig, das kommunistische System, gegen das gekämpft wurde, ist in sich zusammengebrochen.«... Ende der Geschichte?! Große Sprünge, neue Ideologien, neue große und visionäre Systeme werden nicht mehr nötig sein und sich auch nicht mehr entwickeln!? Was nun noch auftreten wird, das wird aus Abwandlungen bekannter Ordnungen bestehen, durch freie Marktwirtschaft und liberale Demokratie gekennzeichnet! Er sagt voraus, daß dieses System anschließend in Folge der Stagnation zugrundegehen wird, er meint dann allerdings, in diesem Moment werde ein eigensinniger Mensch auftreten, der dieser Stagnation entgehen will und etwas ganz Neues entstehen läßt.

Ich hätte Fukuyama nicht angeführt, wenn seine Vision nach 1989 nicht das politische Leben in der multizentralen Weltordnung in hohem Maße beeinflußt hätte. Westeuropa versuchte, Osteuropa und die ehemalige Sowjetunion zur Einführung der Marktwirtschaft und der Demokratie zu zwingen. Die Wende zum Guten, wie sie von Fukuyama interpretiert wurde, brachte auch eine neue Politik: Osteuropa schnellstmöglich in das westliche Lager zu bringen. Diese Politik wurde besiegelt, als Präsident Clinton im Juli 1994 in Berlin mit Bundeskanzler Kohl zusammentraf und unter dem Brandenburger Tor eine von vornherein als historisch angekündigte Rede hielt. Ton und Tragweite dieser Rede möchte ich kurz in Erinnerung rufen.

Clinton begann mit der Aussage, daß er nach Berlin gekommen sei, um das Fest der Einheit zu feiern; nach Berlin,

Bürgermut

weil dort das Herz Europas so schmählich zerteilt lag. Er fuhr dann fort und sagte: «Die Berliner haben den Bürgermut gehabt zu zeigen, daß keine Mauer so beständig sein kann, daß sie das Streben nach Freiheit aufhält. Dieser Bürgermut war und ist notwendig, und ich bitte Sie, junge Menschen in Deutschland, auch jetzt diesen Bürgermut zu zeigen. Sie haben die Zukunft vor sich. Glauben Sie an eine Welt, in der Sie als junge Menschen in Frieden mit anderen Menschen leben können!» Dann schloß er seine Rede und schaute seinen Mitredner Helmut Kohl an. Sie standen unter dem Brandenburger Tor und blickten nach Osten. Anschließend sagte Clinton: «Alles ist möglich, laßt uns zusammen unserem Schicksal entgegengehen.»

Was ist in Wirklichkeit passiert? Die Welt ist daraufhin keine Einheit geworden. Das Auffallendste ist gerade das Fehlen eines Zusammenhangs. Sogar die Einheit zwischen dem ehemaligen Ost- und Westdeutschland ist noch weit entfernt. Dennoch feierte Clinton in Berlin ein Fest der Einheit. Es ist auch beachtlich, daß er von Bürgermut sprach. Ich denke, daß er damit den Nagel präziser traf als mit seiner Aussage von der Einheit. Die Wende von 1989 war eine Wende, die aus der Initiative der Bürger entstanden war. Daß davon inzwischen nicht mehr allzu viel übrig ist und daß sogar ein so unumstritten integrer Bürger wie Vaclav Havel, nachdem er Präsident der Tschechoslowakei – später der Tschechischen Republik – geworden war, mit seinem Bürgermut so große Schwierigkeiten bekommen hat, schmälert nicht, daß das Jahr 1989 tatsächlich das Jahr des Bürgermutes war.

Ich möchte noch eine weitere Person anführen: Professor Huntington. Dieser Politologe hat bemerkenswerte Worte über das Jahr 1989 ausgesprochen. In gewisser Weise schließt er sich Fukuyama an, sagt aber auch, dieser habe weniger gemeint, die Geschichte nähme ein Ende, sondern vielmehr, daß ein Ende der großen politischen Ideologien bevorstünde, vor allem was den Gegensatz zwischen Kapitalismus und Kommunismus angeht.

Huntington hält es für wahrscheinlich, daß neue Konflikte in der Welt entstehen werden; Konflikte zwischen Kulturen, die ihre Basis in weltanschaulichen, religiösen und fundamentalistischen Standpunkten haben. Huntington geht sogar so weit zu behaupten, je offener die Welt werde, desto deutlicher würden die Unterschiede zwischen den Menschen. Seiner Meinung nach haben Völker die Neigung, ihre Identität auszudehnen und damit andere Identitäten zu verdrängen. Man fühlt sich nicht mehr in erster Linie als Franzose, Engländer oder Niederländer, sondern als Europäer. Nach Huntington vergrößert das allerdings die Spannungen. Die niederländische Königin Beatrix hat bereits in ihrer Weihnachtsbotschaft von 1989 zur Wende eine Warnung ausgesprochen. Sie sagte, daß es natürlich sehr schmerzlich gewesen sei, Jahrzehnte lang in zwei getrennten Lagern gelebt zu haben, aber doch auch sehr bequem. In gewisser Weise hätte die Mauer die Welt sicherer gemacht. Die Menschen auf der anderen Seite wären gewissermaßen Feinde gewesen. Das war klar und deutlich. Es wäre nur darum gegangen zu verhindern, daß dieser Feind plötzlich vor der Tür steht. Nachdem nun die Mauer gefallen sei, stünden wir vor der Frage, ob der bisherige Feind vielleicht doch Mitmensch sei. Kurz, wir müßten unser Feindbild tiefgreifend revidieren.

Die Wende, von der Fukuyama und Clinton so schnell gesprochen haben, hat sich offensichtlich nicht verwirklicht.

Wende zum Guten?

Denn was haben wir seither getan? Wir sind nicht von unserer «win – loose»-Strategie abgekommen. Wir haben mit dem Gehabe des Siegers nur *eine* Zielsetzung verfolgt, nämlich den Osten so schnell wie möglich mit unserer Marktwirtschaft und Demokratie zu beglücken. In diesem Zusammenhang möchte ich nochmals Peter Drucker erwähnen, der bereits in den fünfziger Jahren einen neuen Führungsstil propagierte und 1989 in einem Interview des *The Economist* die Frage, wie er die neunziger Jahre einschätze, folgendermaßen beantwortet hat: «Es werden nicht die Jahre der Konkurrenz sein, denn das Konkurrenzprinzip ist überholt. Das Prinzip, das nach den Ereignissen von Berlin entscheidend sein wird, ist das Prinzip der Reziprozität, der Gegenseitigkeit.» Das ist eine bemerkenswerte Aussage, ausgesprochen von einem Menschen, der sich im Herzen des Kapitalismus aufhält. Bis heute haben wir dieses Gegenseitigkeitsprinzip nicht angewandt. Wir haben das Denken in «win – loose»-Verhältnissen beibehalten. Tagtäglich kann man hören, daß Unternehmer über harte Konkurrenz klagen, die allerdings nichts anderes ist als eine strukturelle Überkapazität, die reduziert werden muß. Überkapazität ist etwas ganz anderes als Konkurrenz. Kurz, auch so jemand wie Drucker weist auf eine Wende hin, die allerdings ebenso wenig realisiert wird.

Abschließend möchte ich zur Beurteilung der Frage, ob nun die Rede von einer Wende zum Guten oder zum Schlechten sein kann, die Worte des niederländischen Entwicklungshilfeministers Pronk zitieren. Er gab 1994 einen Essayband «De kritische grens» [Die kritische Grenze] heraus, in dem er seine Erfahrungen als Entwicklungshilfeminister beschreibt. Pronk sagt: «Wenn ich die Situation vor 1989 mit der Situation danach vergleiche, komme ich zu der Schlußfolgerung, daß sich die Welt vollständig auf den Kopf gestellt hat.» Er erkennt, daß sein Weltbild zusammengebrochen ist. Vor 1989 dachte er in Begriffen struktureller Lösungen. Die Welt war machbar, und die wirtschaftlichen Gegensätze waren handhabbar. Es war im Prinzip möglich, durch Finanztransfers und Regierungsmaßnahmen anstehende Probleme zu lösen. Nach 1989 gerieten sowohl Pronk als auch die Welt durcheinander. Er stellt fest, daß die Konflikte zwischen Staaten und ethnischen Gruppierungen übermächtig werden. Wo Huntington auf die schlummernden Konflikte zwischen den Kulturen hinweist, richtet Pronk die Aufmerksamkeit auf die Auflösung der Grenzen. Seine Schlußfolgerung ist, daß er den roten Faden verloren hat, daß es keine Grenzen mehr gibt, daß er nicht mehr weiß, ob strukturelle Lösungen noch wirksam sein können. Man könnte sagen, er hat sich plötzlich zum radikalen Holisten bekehrt, indem er behauptet, daß es keine Grenzen mehr gibt und alles mit allem zusammenhängt. Aber eine Antwort auf die Frage, wie es weitergehen kann, hat er nicht.

War es nun eine Wende zum Guten oder zum Schlechten? Meine vorläufige Schlußfolgerung ist: Ich weiß es nicht, vielleicht ist es noch zu früh, ein Urteil zu fällen. Andererseits ist es so, daß wir aufgefordert sind, sie nicht einfach vorübergehen zu lassen. Denn wenn etwas feststeht, dann ist es für mich das: Es ist eine vollkommene Illusion, in der heutigen multizentralen Weltordnung auf eine Autorität zu warten wie die Vereinten Nationen oder eine ähnliche Instanz, die feststellen soll, ob es nun eine Wende zum Guten oder zum Schlechten wird, und festlegen, wie es nun weitergeht.

Im niederländischen Handelsblatt erschien vor einiger Zeit ein Artikel, der bei mir Resonanz fand, weil dort mit Blick auf Autoritäten festgestellt wurde, daß es in keiner Periode seit dem Zweiten Weltkrieg so wenig Orientierung und so wenig Regie gab wie zur Zeit. Wenn das so ist – und ich denke, es ist in hohem Maße der Fall –, dann ist das Warten auf ein erlösendes Wort, auf die problemlösende Richtung, wie Autoritäten es anbieten, Illusion. Anders gesagt, ich denke, Clinton hatte mit seiner Aussage recht, daß von uns allen als Bürgern erwartet wird, uns einzusetzen und den Mut aufzubringen, nach Vermögen zu handeln. Daraus ergibt sich natürlich die Frage: Wie geht denn das? Gibt es nicht mehr dazu zu sagen? Ich denke, es ist so, und weiterhin, daß wir nicht mit leeren Händen dastehen und im Rahmen der komplexen Probleme der Steuerung mehr Möglichkeiten zur Verfügung haben, tätig zu werden, als wir bisher dachten.

    Zunächst gibt es so etwas wie die Einsicht in die Art der Dynamik, um die es geht. Das scheint ganz bizarr, aber in einer Zeit, in der man nicht genau weiß, ob es in die eine oder in die andere Richtung geht, ist es gut, sich vor Augen zu führen, mit welcher Art Dynamik man sich auseinanderzusetzen hat. Will man seine Verantwortung als Mensch, als Bürger annehmen, so ist es von größter Bedeutung, darin Orientierung zu finden. Die Art der Dynamik, die, wie ich es sehe, charakteristisch für die aktuelle Situation ist, kann mit zwei Worten beschrieben werden: Instabilität und Turbulenz.

    Das Wort Instabilität hat zu Unrecht einen negativen Klang. Auch hier möchte ich einen Autor zu Hilfe rufen: Ilya Prigogine, Nobelpreisträger, Chemiker und Autor des Buches «Orde uit chaos» (1988) [deutsch unter dem Titel «Die Gesetze des Chaos» erschienen]. In diesem Buch sagt er unter anderem, daß die heutige Wirklichkeit als ein Zustand charakterisiert werden kann, der weit aus dem Gleichgewicht geraten ist. Das ist an sich weder falsch noch verwerflich, sondern gehört zum Leben selbst. Wir müssen also den Gedanken, nur das Streben nach Gleichgewicht sei normal, verabschieden. Ein weit aus dem Gleichgewicht geratener Zustand, der auch als Chaos bezeichnet wird, kann eine sinnvolle Dynamik bekommen. Nebenbei füge ich hinzu, daß die Chaostheorie meines Erachtens in Managerkreisen viel zu oberflächlich und leichtsinnig gehandhabt wird. Die Dynamik des Chaos im sozialen Leben wird erst dann sinnvoll, wenn den Menschen in ihm Leitbilder erkennbar werden, die sie zur gemeinsamen Kurssuche verpflichten. Ohne eine derartige Verpflichtung kann nur von Vakuum gesprochen werden. Und ob dieses in der sozialen Wirklichkeit immer sinnvoll ist, wage ich zu bezweifeln.

Wie dem auch sei, Prigogine beschreibt, daß in den Naturwissenschaften seit Jahrhunderten eine bestimmte Betrachtungsweise dominant war, nämlich die, alles mit Begriffen eines natürlichen Strebens nach Gleichgewicht zu erklären. Die moderne Physik lehrt, daß wir vielmehr die Tatsache zum Ausgangspunkt wählen müssen, daß Zustände weit aus dem Gleichgewicht sein können. Solche Zustände sind nicht abnorm, und wir sollten nicht versuchen sie zu beherrschen.

Das scheint eine sehr nüchterne Feststellung zu sein. Wenn wir aber sehen, wie sich Regierungen, Unternehmer und Manager verhalten, so ist zu bemerken, daß wir noch weit von dieser Einsicht entfernt sind. Die Wiederherstellung des Gleichgewichts ist das Bestreben der meisten Regierungen und Unternehmen. Für die meisten Führenden ist eine Gleichgewichtsstörung etwas, das so schnell wie möglich überwunden werden muß. Was Prigogine meint, und dem schließe ich mich gerne an, das ist, daß in einer Situation, in der Wenden zur einen oder anderen Richtung auftreten können, die Kunst darin liegt, vom Schöpferischen in der Störung des Gleichgewichts auszugehen. Man muß lernen sie auszunutzen, statt sie vermeiden oder beherrschen zu wollen. Das bedeutet, daß wir der Wirklichkeit gegenüber eine ganz andere Haltung einnehmen müssen, eine Haltung, die von vielen Menschen auch mit dem Wort «bewegen» umschrieben wird. Wir müssen vom «uns im Ungeordneten ‹bewegen›» ausgehen. Vielleicht bringen wir überhaupt kein Gleichgewicht mehr zustande; auch das wäre denkbar.

Das ist der eine Gesichtspunkt. Der andere ist, daß wir das Konzept der Turbulenz für die Art und Weise, mit der wir die Realität steuern wollen, zur Hilfe nehmen müssen. Auch das ist kein neuer Begriff. Turbulenz wurde – soweit ich weiß – zuerst in den sechziger Jahren von den Forschern Emery und Trist in dem Artikel «The Causal Texture of Environments» (1965) wissenschaftlich beleuchtet. Emery und Trist zeigten, daß alle Umfeldausprägungen, in denen Menschen und Organisationen operieren, einem Kontinuum einzuordnen sind, das einerseits von absolut statischen Feldern, andererseits von sogenannten turbulenten Feldern begrenzt wird. Ein turbulentes Feld liegt in der Situation vor, wenn Raum und Zeit so chaotisch werden, daß die üblichen Steuerungsmechanismen nicht mehr anwendbar sind, das heißt, wenn die Positionen im Raum nicht mehr deutlich sind und nicht länger als Markierungen fungieren können.

Betrachten wir dazu die Verhältnisse in der Welt: In dem Moment, in dem wir die bi-zentrale Weltordnung hinter uns ließen und in die multizentrale Weltordnung eintraten, wurde deutlich, daß sich die Positionen, die es zuvor gegeben hatte, verschoben haben. Wonach kann ich mich nun orientieren? Muß ich mich weiterhin nach Washington oder nach Moskau richten? In Organisationen spielt sich das gleiche ab. Klassische Organisationen mit ihrer pyramidalen Form, ihren Organisationsschemata und klaren Funktionsbeschreibungen, in die jeder fein säuberlich einzuordnen ist, lösen sich auf. Auch die Beziehungen zwischen Organisationen nehmen neue Formen an. Es entstehen strategische Allianzen, wechselnde Bündnisse der Zusammenarbeit und Netzwerke, die es mit sich bringen, daß Positionen stark in Bewegung geraten.

Aber auch die Orientierung in der Zeit verschiebt sich, es gibt auch eine Chaotisierung der Zeit. Fragt man Unternehmensplaner, wie lange ihre Planungen noch gültig sind, so lautet die Antwort: Äußerst kurz! Einer der großen Fachleute auf diesem Gebiet, Henry Mintzberg, hat in seinem Buch «The Rise and Fall of Strategic Planning» (1994) ausgeführt, daß die Epoche der strategischen Planung vorbei ist, in der man im voraus berechnen konnte, was geschehen wird, um dann die entsprechenden Mittel einzusetzen.

Die Kombination von Instabilität und Turbulenz bringt eine Wirklichkeit hervor, die so stark und nachhaltig in Bewegung gerät, daß die Gefahr der Fragmentierung und Desintegration wächst. Dann kann von struktureller Unsicherheit und Unvorhersagbarkeit gesprochen werden. Das genau ist die Situation, die ich bereits im Zusammenhang mit dem antizipierenden Bewußtsein beschrieben habe. Kennzeichnend für das antizipierende Kurssuchen ist es nun einmal, daß die üblichen Vorhersagen, vor allem, wenn sie nur Varianten von Trendprojektionen aus der Vergangenheit sind, für das Steuern keinen Ansatzpunkt mehr bieten. Daß ich hier auf das antizipierende Steuern hinweise, ist natürlich kein Zufall. Denn, wie im Fall der geträumten Zukunft, so ist es auch angesichts von Instabilität und Turbulenz notwendig, unserem steuernden Bemühen eine neue «Beseelung» zugrundezulegen, persönliche anstelle von durch die Umstände konditionierte Beseelung; kurz, Beseelung, die nicht von außen, sondern von innen aufgebaut wird.

Was ist denn der Fall? In einem Zustand, der weit aus dem Gleichgewicht geraten ist, generiert das Umfeld Verwirrung und Gegensätze. Es kommen keine eindeutigen, beseelenden Impulse mehr aus dem Umfeld, geschweige denn, daß die «Umstände» einen synergetischen Effekt hätten. Im Gegenteil, wer gewohnt ist, sich in seinem strategischen Verhalten von Anpassung oder cleverem Agieren leiten zu lassen, der bemerkt, daß seine Energie verlorengeht. Die Turbulenz wächst ihm über den Kopf. Das rührt vor allem daher, daß die eigene Position nicht länger abgesichert, der Verlauf der Dinge nicht mehr beherrscht werden kann. Die Folge ist, daß trotz aller fanatischen Anpassungsversuche die Isolierung immer mehr zunimmt. Das Überleben in solchen Situationen besteht dann auch nicht im Absichern des eigenen Territoriums und Aufstellen eigener Programme, sondern in der andauernde Suche nach und dem Handhaben von einer Beziehung zum Ganzen. Das bedarf innerer Signale, das heißt Kriterien, aufgrund derer geurteilt werden kann; man kann auch sagen: Bewußtseinsmomente, die das Wesentliche vom Unwesentlichen unterscheiden. Was in solchen Momenten innerlich in uns «aufleuchtet», das bekommt den Charakter des Signals.

Unser Steuerungsvermögen wird also innerlich anstelle von äußerlich. Die Kriterien, die wir dafür benötigen, liegen in unseren Urteilen über die Wirklichkeit. Das ist eine faszinierende neue Aufgabe, denn wir müssen lernen Kurs zu suchen, anstelle von präzise zu wissen, wo wir uns gerade in Raum und Zeit befinden. Wir müssen innerlich abtasten, wohin wir unterwegs sind. Kurs zu suchen, das wird die Alternative zur klassischen Orientierung in Raum und Zeit. Kurssuchen bedeutet, daß man nur eines zur Verfügung hat, und zwar das Unterwegssein, und nur anhand der kleinen miteinander gemachten Schritte erfahren kann, ob eine Richtungsänderung vollzogen werden muß oder nicht.

Ich komme noch einmal zurück auf meine Beschreibung der Wende und vor allem darauf, was Pronk dazu gesagt hat. Ist es denkbar, daß die Frage danach, ob eine Wende zum Guten oder zum Schlechten gerichtet ist, in hohem Maße davon abhängt, inwieweit wir in der Lage sind, Instabilität und Turbulenz schöpferisch umzusetzen? Ist es denkbar, daß das Thema der Grenzenlosigkeit, wie es in den Anmerkungen Pronks aufleuchtet, das Thema ist, das wir miteinander anpacken müssen? Ich werde versuchen, das mit einigen Beispielen deutlich zu machen.

Es gibt in der Welt viele Varianten von Grenzenlosigkeit oder Grenzauflösung. Es gibt eine aus meiner Sicht sehr beeindruckende Variante, die Grenzenlosigkeit auf dem Gebiet unseres moralischen Unterscheidungsvermögens. Ich habe schon ausgeführt, daß das Urteilsvermögen das einzige Orientierungszeichen ist, das uns noch zur Verfügung steht; und gerade beim Urteilsvermögen entwickelt sich nun eine nahezu unübersehbare Grenzenlosigkeit. Betrachtet man die beiden letzten Jahrzehnte, so kann man feststellen, daß die Unfähigkeit klar zu beurteilen, was gut und böse ist, enorm wächst. Ich wage sogar zu behaupten, daß wir in diesem Punkt eine Art Saltomortale machen. Es sieht so aus, als wäre die Welt der Moralität so in Bewegung gekommen, daß alles kopfsteht.

Einerseits – und das ist mittlerweile allgemein bekannt – sehen wir, wie, was klassisch als die «Unterwelt» bezeichnet wird, massiv an die Oberfläche drängt und sich schon vehement mit der «Tageswelt» oder normalen Welt vermengt hat. Das durfte 1989 noch nicht ausgesprochen werden. Wer es damals gesagt hätte, dem hätte man entweder nicht geglaubt oder ihn als Unheilspropheten abgetan. Seitdem aber ist es in der ganzen Welt klar geworden, daß die Kriminalität in die «Tageswelt» eingebrochen ist.

Vor einiger Zeit bin ich eine Woche lang mit der Amsterdamer Polizei auf Streife gegangen und habe dabei ein Bild davon bekommen, wie verschiedene Dinge ineinander verwoben sind. Die Vermengung der Unterwelt mit der Tageswelt ist keine Unheilsbotschaft einiger weniger Menschen, die uns weißmachen wollen, daß es schlecht um die Welt bestellt ist. Wer auf diese Art eine Woche durch eine unserer Großstädte geht, der erlebt deutlich, wie die klassische Unterwelt und die normale Welt einander völlig durchdringen.

Schaut man sich im Bijlmer – einem Amsterdamer Viertel, in dem neunzig verschiedene Nationalitäten zusammenleben – um, dann sieht man, wie real das ist. Ich besuchte dieses Viertel an einem schönen Sommertag; zurück blieb ein schizophrenes Gefühl. Einerseits hat der Bijlmer einen gewissen Charme; es gibt viel Grün und viele Wasserflächen. Es halten sich dort Menschen auf wie Sie und ich, fröhlich, als ob nichts los wäre. Zugleich erlebt man dort – wenn man seine Augen offen hält – die Unheimlichkeit dunkler Gänge in U-Bahnhö-

3. Die turbulente Wende

fen und unsicherer Parkhäuser, in denen sich Dealer und Profiteure der Kriminalität aufhalten. Das ist wirklich sehr unheimlich. Man betritt ein Hochhaus, und eine hübsche Frau tritt mit zwei Kindern aus dem Aufzug. Man fährt aber nicht mit dem Aufzug nach oben, sondern benutzt das Treppenhaus und strauchelt über Unrat und Junks. Zwei Welten direkt nebeneinander. Derjenige, mit dem ich dort auf Streife bin, macht mich darauf aufmerksam, daß dort einige Jugendliche sitzen. Wir gehen vorüber, und er grüßt sie ganz normal. Er weist mich danach darauf hin, daß sie die junge Frau, wenn sie zurückkommt, vermutlich überfallen werden. So funktioniert das!

Ich möchte damit keine Unheilsbotschaft überbringen, sondern das Bild einer Welt zeigen, die kopfsteht und in der das Normale und das Kriminelle nicht mehr voneinander zu scheiden sind. Die Unterwelt hat die Tageswelt durchdrungen. Es ist gut möglich, wenn man in einer großen Stadt ein ordentliches Restaurant betritt, daß dieses Restaurant mit Geldern aus der kriminellen Szene finanziert ist. Ich möchte damit niemanden davon abhalten, ein Restaurant zu betreten. Es ist aber gut, sich solch einer Möglichkeit bewußt zu sein.

Andererseits wurde mir – nun wiederum anhand eines Buches – das Umgekehrte klar. Von Jennifer Toth, einer amerikanischen Journalistin, erschien 1993 «The Mole People». Sie hatte den Mut, während eineinhalb Jahren in den Tunnels verlassener New Yorker U-Bahnstrecken umherzugehen, anfänglich in Begleitung, später allein. Nun wird man fragen: Was gibt es in den unterirdischen Metrotunnels zu suchen? Nun, dort leben zwischen acht- und zehntausend Menschen. Es ist eine Welt, von der man zunächst vermutet, daß ihre

Unter- und Tageswelt

Bewohner der Ausschuß der Nation sind. Das Gegenteil ist der Fall. Jennifer Toth hat die Menschen, die dort leben, systematisch interviewt und diese Interviews sehr präzise wiedergegeben. Das Resultat ist eine außerordentlich beeindruckende Darstellung der Erfahrungen von Menschen, die im klassischen Sinn überhaupt keine Unterwelt bilden. Sicherlich gibt es unter ihnen Drogenabhängige und Kriminelle. Es ist aber eine Welt, die größtenteils aus Menschen wie Sie und ich besteht. Sie tauchen aber nicht mehr an der Oberfläche auf, weil sie sie aus dem einen oder anderen Grund abgehakt haben. Ihre Ideale haben sie aber erstaunlicherweise nicht verloren. In ihren Gemeinschaften gelten eigene Normen und Verhaltenskodizes. Die Unordnung ist dort nicht größer als in den Eingangsbereichen der Hochhäuser des Bijlmer. Es gibt Normen und sogar Erzählungen über die Zukunft. Es gibt Menschen in dieser Gemeinschaft, die sich – merkwürdigerweise – darauf vorbereiten, die Führung zu übernehmen, wenn «die da oben» es nicht mehr schaffen. Am beeindruckendsten fand ich die Beschreibung der Geburt eines ersten Kindes unter der Erde. Die Freude über diese Geburt verbreitete sich wie ein Lauffeuer in der ganzen Gemeinschaft.

Für mich zeigen diese beiden Bilder – das des Amsterdamer Viertels, in dem die Unterwelt an die Oberfläche gekommen ist, und das des «Maulwurfvolkes», mit dem die Tageswelt nach unten abgetaucht ist – auf dramatische Weise, mit welcher Wende wir es zu tun haben. Ich sage nicht, daß dies eine direkte Folge des Jahres 1989 ist, es ist aber die dramatischste Form zu zeigen, was es bedeutet, wenn Grenzen fallen. Zunächst bejubelten wir diesen Fall, die Tatsache, daß sich mit dem Fall der Mauer die Grenze zwischen Ost und

3. Die turbulente Wende

West öffnete. Wir jubelten darüber, daß Europa ein Kontinent ohne Grenzen werden würde. Ich komme aber zunehmend zu dem Schluß, daß auf allen Ebenen, der geographischen, der zwischenmenschlichen wie auch der moralischen, der Fall von Grenzen ein gewaltiges Problem der Instabilität und Turbulenz nach sich zieht. Das wirft die Frage auf, wie wir in einer Welt, die so grenzenlos geworden ist, integer steuern können. Das ist für mich die Frage nach einer neuen Art von Integrität, nach einer neuen Kunst des Steuerns, die wir lernen müssen, um in diesem Wirrwarr, zu dem sich Gut und Böse verschoben haben, aufrecht und schöpferisch zu bleiben. Die Frage, wie wir darin steuern und integer bleiben können, ist Gegenstand der nächsten Betrachtung. Es war mein Anliegen, die Wende des Jahres 1989 in ein umfassendes Bild zu bringen.

4. Wirtschaft und Politik

In den ersten beiden Betrachtungen habe ich der Erkundung der Domäne allgemeiner Ideen viel Raum gewidmet. Das war vor allem wichtig, um zu entdecken, was die allgemeine Idee der Hoffnung umfaßt, aber auch, um der strategischen Arbeitsweise im Umgang mit der Hoffnung als Entwicklungskraft im Leben ein Fundament zu geben. Mit der dritten Betrachtung traten wir in das Reich der paradoxen Erscheinungsformen. Wir pflegen, es «die» Wirklichkeit zu nennen. Es wird aber wohl deutlich geworden sein, daß das nur ein Ausschnitt der Wirklichkeit war. Ich habe versucht zu zeigen, daß wir in diesem Bereich augenblicklich eine turbulente Zeit durchmachen. Ich habe das Jahr 1989 zum Ausgangspunkt genommen, das allein schon dadurch ein Wendejahr ist, weil in diesem Jahr die bi-zentrale Weltordnung ein Ende fand.

Als diese Ordnung in sich zusammenfiel, traten wir in die multizentrale Epoche ein. Die beiden Machtzentren, die einander das Gleichgewicht hielten, gibt es in diesem Sinne nicht mehr, dafür aber eine Vielzahl neuer Machtzentren. Das führt dazu, daß sich die klassischen Strategien des Machtgleichgewichts als immer weniger effektiv erweisen, denn die Welt ist sowohl unübersichtlicher als auch verschiedenartiger geworden. Das soll nicht heißen, daß die Mächte und ihre Zentren verschwinden, denn auch heute noch werden in hohem Maße Machtstrategien verfolgt.

Wenn man nur die Entwicklung der Vereinten Nationen verfolgt, so sieht man schon, daß trotz einer diffuser werdenden Welt ein neues Augenmerk für Machtstrategien entstanden ist. Was als humanitäre Intervention beschrieben wird, ist eigentlich ein neuer Schritt im Machtdenken, um die Probleme in einem bestimmten Land in den Griff zu bekommen. Wir sehen aber auch, wie schwierig das ist, wenn wir beispielsweise an Ruanda, Somalia oder Bosnien denken. Es ist zu beobachten, daß die Identität der Vereinten Nationen als solche ins Wanken gerät und daß die Strategien nur noch unter Nichtbeachtung der ursprünglichen Verhaltenskodizes verfolgt werden können. Die Vereinten Nationen ist eine Organisation, die von den Menschenrechten ausgeht; es ist aber erkennbar, daß bei den sogenannten humanitären Operationen einige Menschenrechte mit Füßen getreten werden, wenn in so diffusen Situationen wie in Somalia, Ruanda oder Bosnien angetreten werden soll.

Zuletzt habe ich gesagt, daß es noch nicht deutlich sei, ob wir mit einer Wende zum Guten oder zum Schlechten konfrontiert sind. Solange wir dies nicht entscheiden können, stehen wir der Frage gegenüber, wie in einer unübersichtlichen Wirklichkeit gesteuert werden kann. Ich habe dann in einem theoretischen Exkurs über Turbulenz gesprochen und das Prinzip des kurssuchenden Steuerns im Gegensatz zum kursbestimmenden Steuern eingeführt. In einem Gebiet voller Turbulenzen, wo Raum- und Zeitmaßstäbe sich verschieben, gilt es, völlig neue Orientierungspunkte zu suchen.

In jüngster Zeit gab es zwei Situationen, die das Kurssuchen beispielhaft illustrieren. Das erste Beispiel trug sich in den Niederlanden zu, wo das bekannte Problem des Wasserüberschusses dieses Mal nicht durch die großen Flüsse, sondern durch den starken Niederschlag verursacht wurde, der die Polderlandschaft ernsthaft bedrohte und an manchen Stellen bereits zu Überschwemmungen geführt hatte. Die drängende Frage war, wie mit dem großen Wasserüberschuß umgegangen werden kann. Normalerweise werden dann die Polder entwässert, indem das überschüssige Wasser in die Förde gepumpt und dort von den umgebenden Gewässern aufgenommen wird. In diesem Fall stellte sich aber heraus, daß das nicht überall möglich war; an einigen Orten standen Häuser unter Wasser. Das Fernsehen zeigte ein Gespräch zwischen zornigen Bewohnern und dem sogenannten Deichgrafen, der die Verantwortung trug. Es war interessant zu sehen, daß der Deichgraf nicht in Verlegenheit zu bringen war, sondern integer und autonom auf dem Deich stand, zur einen Seite die niedrig liegende Polderlandschaft, zur anderen Seite die Förde. Er sagte: «Die Normen, nach denen das System ausgelegt ist, waren für diese Situation nicht ausreichend. Solche Schwierigkeiten treten statistisch nur einmal in dreißig Jahren auf; das System konnte für diesen Fall also keine hinreichenden Maßnahmen vorsehen.

Das ist typisch für eine weit aus dem Gleichgewicht geratene Situation, für eine Turbulenz. Die Dynamik «überschwemmt» die Grenzen des Systems und schafft einen neuen, nicht vorhergesehenen Raum, in dem entsprechend gesteuert werden muß. Der Deichgraf: «Ich mußte abwägen. Ich habe dazu beide Risiken abgewogen; einerseits die überschwemmten Häuser im Polder, andererseits das nicht abfließende Wasser in der Förde. Dann habe ich den Beschluß gefaßt. Mir ist bewußt, daß dadurch einige Häuser überschwemmt wurden.» Er war innerlich frei und damit ansprechbar. Er ließ sich durch alle möglichen Vorwürfe, was er hätte machen sollen, nicht in Bedrängnis bringen. Er stand ganz einfach da und führte vor, wie er mit den in der Situation aufgestellten Maßstäben umgegangen ist.

4. Wirtschaft und Politik

Darum geht es mir. In einer solchen Situation gibt es keine vorprogrammierten Maßstäbe mehr. Man muß also neue suchen, mit denen man angesichts der aktuellen Verhältnisse umgehen kann. Anders gesagt: Man muß tun, was nach eigenem Urteil das Richtige ist, und sich anschließend den Betroffenen gegenüber verantworten.

Das zweite Beispiel: die Invasion auf Haiti. Jeder weiß, was passierte; deswegen nur einige Vorbemerkungen. Die Invasion auf Haiti war geplant und festgelegt. Es gab kein Zögern mehr; es gab nur noch ein Gespräch darüber, ob letztendlich Gewalt vermieden werden könnte. Genau in diesem Augenblick wurde – aus welchen Gründen auch immer – eine Delegation unter Leitung von Ex-Präsident Carter, Senator Nunn und Stabschef Powell (aus dem Golfkrieg bekannt) aus den USA entsandt. Viele meinen, daß nun verhandelt wurde. Nach meiner Meinung war das nicht der Fall, weil es für Verhandlungen keinen Spielraum mehr gab. Dennoch geschah etwas, und zwar das Interessante, daß genau in dem Moment, als das Gespräch den Richtlinien gemäß abgeschlossen sein sollte – in dem Moment nämlich, als Präsident Clinton den Befehl gab, die Flugzeuge starten zu lassen –, Carter das Gespräch fortsetzte. Er tat etwas, das nicht mehr seinen Richtlinien, aber seiner Meinung nach der Situation angemessen war. Er verließ den Gesprächsort und ging in den Präsidentenpalast – auch das vollkommen im Widerspruch zu seinen Richtlinien, denn die Amerikaner erkannten den Präsidenten nicht als solchen an, sondern sahen in ihm eine Marionette, einen Scharlatan. In der Folge ergab sich im Gespräch ein entscheidender Schritt, der die Situation in Bewegung hielt. Auch das bezeichne ich als ein Steuern im kurssuchenden Stil.

Kurssuche in paradoxer Wirklichkeit

Hat man einmal angefangen, auf dergleichen zu achten, so lassen sich zahllose Beispiele finden. Ich könnte auf die Ereignisse in Südafrika hinweisen, wo zu beobachten war, daß zwei Menschen – Mandela und De Klerk – in ähnlicher Weise Kurs suchten, auch auf den Mittleren Osten. Nach den Beratungen in Oslo wurde dort das mühsame kurssuchende Steuern von Rabin und Arafat sichtbar. Vielleicht sollte der Blick auch nach Nordirland gehen, wo zur Zeit durch eine völlig außerhalb aller formalen Strukturen stehende Initiative alles in Bewegung gerät. Immer ist dabei für mich das Essentielle, daß Systeme als solche nie Kurs suchen können. Systeme sind immer in ihren vorprogrammierten Normen befangen. Nur Menschen können innerhalb der Verhältnisse, die eine bestimmte Situation mit sich bringt, einen angemessenen Maßstab finden.

Essentiell ist weiterhin die Unmöglichkeit, im Nachhinein ein Ergebnis anhand zuvor festgelegter Normen zu überprüfen. Das Ergebnis ist eigentlich nie ein Endergebnis. Das hört man gegenwärtig auch in den Kommentaren, wenn zum Beispiel Enttäuschung über das Ergebnis der «Verhandlungen» von Carter ausgesprochen wird. Anscheinend gehen wir immer noch von unserem strategischen Bewußtsein der Macht von Menschen oder Systemen aus, Probleme lösen zu können. In einer turbulenten Wirklichkeit gibt es aber nie ein definitives Ergebnis. Es ist immer nur ein Schritt, den man beurteilt und verantwortet, um danach den nächsten Schritt zu tun. Aufgrund der Schritte ist im Nachhinein feststellbar, wie sich die Maßstäbe, die offenbar zugrundelagen, ausgewirkt haben.

Schließlich habe ich in der letzten Betrachtung dieses Kurssuchen anhand der wachsenden Kriminalität dargestellt und skizziert, wie die klassische Teilung zwischen Unterwelt und Tageswelt im Begriff ist zu verschwinden. Das Pikante daran ist, daß wir damit einen Bereich betreten haben, in dem es um die Maßstäbe selbst geht. In der Kriminalität geht es um Moral. Wir haben dann feststellen können, daß auch hier nicht mehr von vornherein präzise unterschieden werden kann, was gut und was schlecht ist. Dieser Dualismus ist nicht mehr anwendbar. Auch hier stellt das Kurssuchen den einzigen Ausweg dar.

Ich möchte die Erkundungen in der Welt der paradoxen Erscheinungsformen fortsetzen und das gesellschaftliche Muster betrachten. Ist es gerechtfertigt zu denken, daß die zur Frage der Kriminalität explizit aufgestellte Behauptung möglicherweise eine breitere Grundlage im gesellschaftlichen Bereich hat? Das ist nur gerechtfertigt, wenn wir ausdrücklich davon ausgehen, daß wir uns mit der Aufgabe beschäftigen, neue persönliche Maßstäbe zu finden.

Man kann nicht einfach an irgendeiner Stelle in den gesellschaftlichen Bereich eintreten. Zunächst müssen verschiedene gesellschaftliche Domänen unterschieden werden. Ich möchte drei von ihnen betrachten, nämlich das Wirtschaftsleben, das Rechtsleben und das Geistesleben. Die Kernfrage ist, ob diese gesellschaftlichen Domänen tatsächlich aus dem Gleichgewicht geraten sind.

Ich beginne mit dem Wirtschaftsleben, das in unserem gesellschaftlichen System eine außerordentlich dominante Rolle spielt. Es gibt sogar Menschen, die behaupten, daß unsere gesamte Kultur vom Wirtschaftsleben bestimmt wird. Ich möchte es aus globaler Sicht betrachten, weil es nur so möglich ist, ein Bild davon zu bekommen, wie es darum bestellt ist.

Das Gefüge, das wir Weltwirtschaft nennen, ist noch ziemlich jung. Man kann sagen, daß die Grundlagen des modernen Wirtschaftssystems vor etwa zweihundert Jahren gelegt wurden, als Adam Smith, der zu Recht Vater der modernen Ökonomie genannt wird, 1776 sein Buch «An Inquiry into the Nature and Causes of the Wealth of Nations» schrieb; eine Weltwirtschaft aber gab es damals noch nicht.

Bis 1970 waren es die nationalen Ökonomien, die einen mehr oder weniger intensiven internationalen Handel betrieben. Nicht die Produktionsstätten, allein der Handel war in Bewegung, weil seit dem Kolonialismus die in den Produktionsstätten benötigten Grundstoffe über die ganze Welt transportiert wurden. Das ist auch nachher noch, bis nach dem Zweiten Weltkrieg, grob gesagt bis Anfang der siebziger Jahre so geblieben. Erst dann entstand eine große Dynamik. Im Dreieck Europa – Japan – USA kam es zu umfangreichen Veränderungen, nicht zuletzt dadurch, daß die USA in Bewegung geriet. Im niederländischen Handelsblatt wurde in einem Artikel die Entstehung und der Niedergang von Bretton Woods beschrieben – bis 1972 dasjenige System, innerhalb dessen sich die gesamte Weltwirtschaft abspielte. Dieses System geriet in Bewegung, als der Dollar instabil und die Golddeckung fallengelassen wurde; 1973 kam die erste Ölkrise hinzu, die sich 1979 in anderer Weise wiederholte.

Mit diesen Veränderungen wurde erstmals deutlich, daß Japan – und in seinem Schlepptau auch die neuen industrialisierten Länder – eine bedeutende Rolle auf der Weltbühne einzunehmen begann; der Anfang dessen, wie wir jetzt wissen, daß viele Unternehmen ihre Produktionsstätten nicht mehr lokal fixieren, sondern dorthin verlegen, wo die wirtschaftlichen Verhältnisse am günstigsten sind. Es gibt heute bereits Unternehmen, die sich selbst als staatenlos bezeichnen. Sie sind genauso multizentral wie die Weltordnung auch.

Die Weltwirtschaft ist jung, vielleicht sogar so jung, daß sie ihre erwachsene Gestalt bislang noch gar nicht zeigen konnte. Im Wirtschaftsleben, so scheint mir, haben wir eine Zukunftsaufgabe vor uns. Wir müssen den «Mysteriencharakter» des Wirtschaftslebens enträtseln, womit ich meine, daß im Wirtschaftsleben eine verborgene Weisheit steckt, die wir noch nicht wirklich ergründet haben. Das mag ein merkwürdiger Gedanke sein, er stellt aber für mich eine wichtige Hypothese dar. Sie führt dazu, daß ich bei der Beurteilung des gegenwärtigen wirtschaftlichen Systems geneigt bin, eine gewisse Milde walten zu lassen. Die Zukunftsaufgabe darf von unserer Sorge um den gegenwärtigen Zustand nicht verstellt werden.

Eine der spektakulären Folgen des Jahres 1989 ist, daß es für unsere westliche freie Marktwirtschaft keine Ausflüchte mehr gibt. Mit dem Jahr 1989 hat sich die Wende zu einer einzigen Weltwirtschaft vollzogen, während es zuvor noch zwei Blöcke gab. Die freie Marktwirtschaft kann sich nun nicht mehr entschuldigen und mit erhobenem Zeigefinger auf den anderen Block zeigen. Sie muß nun ihre eigene Vitalität beweisen.

Die erste Enttäuschung ist die Feststellung, daß die freie Marktwirtschaft überhaupt keine echte freie Marktwirtschaft ist. Was wir als solche bezeichnen, ist in Wirklichkeit eine eigenartige, aber auch faszinierende Mischung aus Marktkräften und staatlicher Regulierung. Wir haben uns mit dieser Mischung abgefunden, was eigentlich befremdlich ist. Die sogenannte freie Privatinitiative nutzt, wenn es ihr gelegen kommt, ganz gerne die Möglichkeiten, die ihr der sonst so gescholtene Staat bietet. Umgekehrt – und das ist noch befremdlicher – zeigt der Staat, der seine Position dem Nichtfunktionieren des Marktes verdankt, mehr und mehr marktkonformes Handeln. Man kann feststellen, daß überall im Non-Profit-Sektor marktkonformes Handeln aufkommt, bis hin zu den Universitäten. Allein schon die Verwirrungen und Unklarheiten, die in der Praxis von der Politik oder besser durch den Mangel an Politik im Schnittpunkt von Marktgesetzmäßigkeiten und Regulierungen hervorgerufen werden, rechtfertigen die Frage, wie realistisch es ist, immer wieder den Lobgesang auf die freie Marktwirtschaft – Mischform oder nicht – anzuheben.

Eine bemerkenswerte Antwort kam unlängst aus einer völlig unerwarteten Ecke, nämlich aus dem Vatikan, präziser: aus der Feder des Papstes selbst. 1991 hat der Papst eine außerordentlich interessante Enzyklika «Centesimus annus» geschrieben – genau einhundert Jahre nach einer anderen berühmten Enzyklika «Rerum novarum» – , in der das erste Mal eine ausführliche Betrachtung des sozialen Lebens zu lesen ist. «Centesimus annus» stellt einen Rückblick auf diese einhundert Jahre dar.

1991 trennt aber auch nur zwei Jahre von 1989, und der Papst kommt nicht umhin, seinen Blick auf diese Wende zu richten. Er sagt, daß wir im Westen, wirtschaftlich gesprochen, keinen Grund haben, die Ereignisse von 1989 euphorisch zu sehen. Er behauptet, daß ein ökonomisches System, das überall auf der Welt Menschen an den Rand der Gesellschaft und der Existenz drängt, nicht gesund sein kann. Ein solches System muß per Definition instabil sein, denn kein

System kann sich erlauben, Millionen Menschen ins Abseits zu stellen.

Das sind krasse Worte. Wenn man dem hinzufügt, daß das gleiche System, von einem Wachstumssyndrom befallen, darüber hinaus einen gigantischen Raubbau an der Erde betreibt, so ist die Behauptung, die Weltwirtschaft sei gesund und im Gleichgewicht, wirklich unhaltbar. Das sind peinliche Feststellungen; sie sind aber wahr. Nun mag man einwenden, daß wir doch intensiv gegen die Umweltverschmutzung vorgehen! Wir setzen doch alle Hebel in Bewegung, allen Menschen wieder zu Arbeit zu verhelfen! Sicher ..., aber das tut der Tatsache keinen Abbruch, daß das Problem der Arbeitslosigkeit strukturell und wohl auch in den nächsten Jahren nicht lösbar ist.

Das gleiche gilt für das Umweltproblem. Es ist bestürzend zu sehen, daß nach einem kurzen Aufleben das Interesse für die Umwelt wieder nachläßt. Ohne Scham spricht man wieder über die Notwendigkeit wirtschaftlichen Wachstums, obwohl feststeht, daß sich an der Art der Produktion nichts Wesentliches verändert hat. Die Nebeneffekte werden noch katastrophaler ausfallen. Nun gibt es Menschen, die meinen: Im Wort Nebeneffekt liege schon der Schlüssel zu einem positiveren Urteil. Man könne doch nicht sagen, daß etwas schlecht ist, nur weil es Nebeneffekte hat. Nebeneffekte können wir beseitigen. Werfen wir dazu einen Blick auf die Medizin: Hier ist bekannt, daß bestimmte Behandlungen schädliche Nebenwirkungen haben. Deshalb ist doch noch nicht das gesamte Gesundheitssystem aus den Fugen! Es könne höchstens von vorübergehender Störung die Rede sein, so sagen jene.

Sicher, es ist viel in Bewegung. In nahezu allen Lebensbereichen wird nach neuen Lösungen gesucht. Und das sicher-

Freie Marktwirtschaft

lich nicht nur von jenen gesellschaftlichen Bewegungen, die von sich reden machen, von der Umweltbewegung, der Frauenbewegung, der Alternativmedizin, der Menschenrechtsbewegung oder der New Age-Bewegung. Überall sind Menschen tätig, zu Hause in kleinen Kreisen, in Vereinen, am Arbeitsplatz, in der Politik, in Unternehmer- und Gewerkschaftskreisen, in Ministerien, in Kirchen ... Ich habe gegenüber diesen Aktivitäten den größten Respekt und fühle mich mit vielen dieser Bestrebungen verbunden. Das heißt aber nicht, daß meine Frage hinfällig ist. Ich denke, die gegenwärtigen Anstrengungen können erst dann wirklich effektiv werden, wenn die Diskussion eine Ebene tiefer reicht und dort über die Fundamente des gesellschaftlichen Produktionssystems, das wir Wirtschaft nennen, selbst gesprochen wird.

Um deutlich zu machen, was ich meine, muß ich also eine Ebene tiefer bohren. Wie ist es um die Fundamente bestellt, auf denen das Gebäude der Weltwirtschaft ruht? Sehen wir uns tatsächlich nur mit vorübergehenden Nebeneffekten konfrontiert, oder brechen die Fundamente? Wenn man es genau betrachtet, so muß man zur Feststellung kommen, daß sie tatsächlich brechen.

Worin liegen die Fundamente? Jeder weiß, daß es die Märkte sind. Die freie Marktwirtschaft fußt auf Märkten. Den Lehrbüchern gemäß gibt es im Prinzip drei Märkte: den Grundstoff- und Endproduktemarkt, den Arbeitsmarkt und den Kapitalmarkt. Zugleich wird aber jeder Ökonom sagen, daß es in Wirklichkeit nur einen einzigen Markt gibt: den Endproduktemarkt; bei den anderen handele es sich um Scheinmärkte, beim Handel, der dort stattfindet, um Scheinhandel.

Nun gut, aber alle drei Märkte funktionieren strukturell nicht gut. Über den Arbeitsmarkt brauchen wir in diesem Zusammenhang kein Wort zu verlieren, von ihm kann man nicht behaupten, daß er nur vorübergehend aus dem Gleichgewicht geraten ist. Für den Grundstoff- und Endproduktemarkt gilt nichts anderes, denn auf diesem Markt findet keine echte Preisbildung statt – obwohl dies das Kernthema der freien Marktwirtschaft ist. Das geschieht deshalb nicht, weil auf den Grundstoffmärkten Angebot und Nachfrage real nur in sehr beschränktem Maß aufeinandertreffen. Diese Märkte sind von der Dominanz politischer Überlegungen oder Spekulationen gekennzeichnet.

Der dritte Markt, der Kapitalmarkt, ist ebenfalls aus dem Gleichgewicht. Jeder von uns kann sich an die Börsenzusammenbrüche von 1987 und 1989 erinnern, auch an die Entgleisungen des europäischen Währungsfonds. Weder der Markt noch der Staat sind in der Lage, hier wirklich zu regulieren. Als spektakulärstes Beispiel dafür kann der englische Investor Soros angeführt werden, der durch seine «privaten» Spekulationen in der Lage war, das britische Pfund aus dem EWF zu kippen.

Ich möchte noch einen Schritt weiter auf das Wirtschaftsleben eingehen und dessen Kern betrachten. Der Puls des Wirtschaftslebens liegt nicht im «Geldverdienen», sondern in der «Wertschöpfung». Zur Wertschöpfung gehört selbstverständlich auch der Gegenpol: die Wertvernichtung. Der Kernprozeß des Wirtschaftslebens ist also Wertschöpfung oder Produktion und Wertvernichtung oder Konsum. Jeder Unternehmer weiß, daß die Wertvernichtung bereits in dem Moment beginnt, in dem er seine Grundstoffe auspackt. Wertschöpfung und Wertvernichtung sollten bewußt in ihrer

Beziehung zueinander gesehen werden. Am Ende bleibt dem Unternehmer, wenn er es richtig anpackt, der Mehrwert; das ist die Frucht des wirtschaftlichen Prozesses.

Der eigentliche Prozeß findet unter den gegenwärtigen Bedingungen im Rahmen der «Geldwirtschaft» statt. Es gibt keine Naturalwirtschaft mehr, in der der Wert einfacher und direkter ermittelt werden konnte, als dies mit Hilfe des Zwischenmediums, das wir Geld nennen, möglich ist. Bis etwa in die siebziger Jahre ging das Schöpfen von «Mehrwert» – die Wertschöpfung, in ökonomischen Begriffen: die Realsphäre – der Geldsphäre parallel einher; die Geldsphäre spiegelte noch die Realsphäre. Hier und da gab es auch einmal Ausnahmen; so, wenn die Regierungen und Zentralbanken Finanzpolitik betrieben, indem sie durch Erhöhung oder Verringerung der Geldmenge Deflation bzw. Inflation bremsten.

Nebenbei bemerkt: Seitdem es die Weltwirtschaft gibt, funktioniert dieses klassische Instrument der Geld- und Budgetpolitik nicht mehr. Das ist ein nächster Beweis dafür, daß wir es nicht nur mit konjunkturellen Schwankungen zu tun haben. Wie auch immer, das stärkste Ungleichgewicht im Wirtschaftsleben rührt davon her, daß die Realsphäre der Güter nicht mehr auf die Geldsphäre abgestimmt ist.

Diese Spaltung vollzog sich Ende der siebziger, Anfang der achtziger Jahre. Die sogenannte internationale Schuldenkrise brachte dies 1982 das erste Mal eruptiv an die Oberfläche. Mexiko konnte seine Schulden nicht mehr bezahlen. In größter Eile wurden Bankdirektoren und Finanzminister zusammengetrommelt, um Auswege zu finden. Es stellte sich heraus, daß mit diesem Problem nicht nur Mexiko zu kämpfen hatte, sondern auch viele andere Länder. War es bis dahin noch nicht deutlich geworden, daß die Realsphäre und die Geldsphäre weit aus dem Gleichgewicht geraten waren, so hätte es deutlich werden müssen, als dann die Liberalisierung des Kapitalverkehrs durchgesetzt wurde. Die Liberalisierung des Kapitalverkehrs bedeutete, daß die Verhaltenskodizes an den Börsen ausgeweitet wurden, wodurch eine Reihe neuer Transaktionen möglich wurde.

Kapital wurde «commodity», eine Art von Massenartikel. Faktisch wurde damit dem globalen Spekulieren Tür und Tor geöffnet. In dem Moment, als dann die Börsen weltweit miteinander in Systemen verbunden wurden, die die Kommunikation rund um die Uhr on-line möglich machten, begann das große Spekulieren. Der Zusammenhang zwischen dem, was an der Börse geschieht, und dem, was an realen Gütern vorhanden ist, wurde vollständig und definitiv unterbrochen. Wer von diesem eigenartigen Spiel nicht profitieren kann, der muß sich mit dem einarmigen Banditen begnügen. Unser wirtschaftliches System ist zu einer «Spekulationswirtschaft» verkommen.

Das hat eine zerrüttende Wirkung. Die Dramen jener Menschen, die von einarmigen Banditen oder Börsenspekulationen abhängig oder süchtig wurden, bieten uns einen Einblick in die seelischen Auswirkungen. Wenn man die sogenannten «Investmentbanker» und Manager in den «dealingrooms» beobachtet, dann sieht man, wie auch sehr junge Menschen schon in kurzer Zeit physisch altern. Sie verbrauchen ihre Energie auf zerrüttende Weise. Wir sind in eine Phase eingetreten, in der das Wirtschaftsleben durch eine maßlose Geldsucht gekennzeichnet ist, was auf die Realsphäre der Güter eine vernichtende Wirkung hat. Der zerstörende Einfluß der Geldsphäre muß in den Organisationen – so habe ich es als Berater festgestellt – durch das als so harmlos bezeichnete «creative accounting» kompensiert werden, womit ich nicht meine, daß einzelne Controller fälschen. Nein, es ist Bestandteil des Systems geworden, daß man, schlicht um sich einzudecken, mit Valuta spekuliert, mit Liquiditäten handelt ..., und das nicht nur mit Groschen, sondern mit mehreren Millionen. Das bedeutet, daß ein nicht unbeträchtlicher Teil des «Mehrwerts» aus den Betrieben nicht der realen Anstrengung von Menschen, sondern dem Finanzspiel zu verdanken ist. Hier braucht nur eine Kleinigkeit schief zu gehen, und es ergeben sich existentielle Probleme. Diese überzogene Geldsucht verursacht auch Katastrophales in den Beziehungen zwischen den Menschen in den Betrieben. In vielen Unternehmungen beschäftigt man sich zu einem großen Teil nur noch mit dem Beobachten der Aktienkurse. In einigen Ländern hält sich das noch in Grenzen, nämlich dort, wo nur die Halbjahresergebnisse beurteilt werden. In den USA geht es häufig um Quartalsergebnisse.

Es ist die Rede von einer Jagd auf Aktien und Kapitalanteile. Daran beteiligen sich Menschen, die sich nicht mehr mit den Unternehmen verbinden, sondern nur noch kurzfristige Ergebnisse im Auge haben. Das führt dazu, daß das Management seine Energie darauf verwenden muß, den Forderungen des «return on investment» zu genügen. Der Nettoeffekt ist: kurzfristige Gewinnmaximierung und Abbau von Arbeitsplätzen, kurz, die Marginalisierung des Menschen. Der Gedanke, daß unter den gegenwärtigen Umständen eine wirtschaftliche Belebung mehr Arbeit mit sich bringt, ist Fiktion. Tatsächlich geht der Abbau von Arbeit weiter.

Wie ist das aus dem Blickwinkel der Strategie der Hoffnung zu beurteilen? Zunächst einmal sollte man nicht versuchen, die Situation, die weit außerhalb des Gleichgewichts ist, in klassischer Weise wieder in den Griff zu bekommen. Die Epoche der Machbarkeit und Beherrschbarkeit ist vorbei. Auch häufig stattfindende Gipfeltreffen können daran nichts ändern. Auch sollte man nicht versuchen, die maßlose Geldsucht oder besser: den Egoismus im allgemeinen einzudämmen. Erst recht sollten wir uns nicht in nostalgischer Weise auf Solidarität berufen. So gut das auch gemeint wäre, es bliebe wirkungslos. Es ist sinnlos, Geldsucht mit beschwörenden Formeln zu bekämpfen.

Auf den Egoismus kann man im Kontext der Strategie der Hoffnung sogar begeisternde Lobreden halten. Er spielt in der Menschheitsentwicklung eine bedeutende Rolle; ohne ein angemessenes Maß an Egoismus hätte der Mensch den gegenwärtigen Grad seiner Selbständigkeit nicht erreicht. Im allgemeinen gesprochen ist Egoismus also nicht falsch, er bedarf seines richtigen Ortes und seines richtigen Zeitpunkts. Das wußte Adam Smith auch, aber in diesem Zusammenhang wird er häufig falsch zitiert. Ihm wird nachgesagt, den Egoismus institutionalisiert zu haben. Das ist aber nicht richtig. Bevor er das schon genannte Buch «The Wealth of Nations» (1776) schrieb, publizierte er ein mindestens genauso aufregendes Buch, «The Theorie of Moral Sentiments» (1754). Darin stellt er sein Menschenbild als Moralphilosoph dar. Er anerkennt, daß der Egoismus für den Menschen eine bestimmte Funktion hat. Er zeigt aber auch, daß sich in jedem Menschen ein zweiter Mensch – der Zuschauer – verbirgt, der über den Egoismus wacht. Später beschränkte sich Adam Smith auf die Beschreibung des Menschen, soweit er im Wirtschaftsleben aus Eigeninteresse handelt. Das ist im Wirtschaftsleben völlig angebracht. Ohne Eigeninteresse gibt es kein Wirtschaftsleben.

Das Urphänomen aller wirtschaftlichen Prozesse ist der Tausch. Um zu einem Tausch zu kommen, muß es für beide Seiten dabei Vorteile geben, und zwar für beide gleich große. Fachspezifisch ausgedrückt: Die wirtschaftlichen Werte, die im Tausch aufeinander bezogen sind, müssen sich entsprechen. In diesem Fall kann von «Tauschgerechtigkeit» gesprochen werden. Das Problem liegt daher auch nicht im Eigeninteresse oder im Vorteilsprinzip, sondern in deren Kombination mit dem Paradigma der Selbstversorgung. Früh schon wird uns eingetrichtert, daß wir gut für uns sorgen müssen, um später unabhängig zu sein. Wir konzentrieren uns also auf dem Markt insbesondere darauf, Waren zu tauschen, auch wenn das nicht selten bedeutet, daß wir zu anderen Werten nicht mehr kommen.

In der täglichen Praxis führt dieses Verhalten dazu, daß jeder bestrebt ist, seinen eigenen Tauschvorteil zu maximieren. Das Traurige daran: Wir fahren damit fort, auch wenn die Tauschgerechtigkeit immer mehr verlorengeht. Offensichtlich ist die Selbstversorgungsmentalität tief in uns verwurzelt. Seit Urbeginn des Wirtschaftslebens, seit der Zeit also, als wir uns im Stammesverbund noch fischend und jagend wirklich selbst versorgten, ist die Selbstversorgungsmentalität erhalten geblieben, um nicht zu sagen: Eckpfeiler unserer Gesellschaft. Nach der industriellen Revolution erhielt diese Mentalität sogar noch einen kräftigen neuen Impuls. Sowohl die rechte wie die linke Seite des politischen Spektrums – als ginge es um einen gigantischen Pakt – vereinnahmte damals die Ideologie der produktiven Arbeit. Kerngedanke war und ist dabei, daß die Selbständigkeit von Mann und Frau nur über den uneingeschränkten Zugang zum Arbeitsmarkt zu erreichen ist. Dieser Arbeitsmarkt bedeutet: bezahlte Arbeit, insbesondere in Form von Lohnarbeit.

In meinem Aufsatz «Op weg naar een nieuwe cultur van de arbeid» (1992) [Auf dem Weg zu einer neuen Kultur der Arbeit] habe ich ausgeführt, welche prinzipiellen Gründe es gibt, an dieser Option zu zweifeln. Ich beschränke mich hier auf den Hinweis, daß die hartnäckige Neigung heutiger Politiker, an der Illusion der Vollbeschäftigung festzuhalten, das unmittelbare Ergebnis dieser Ideologie ist. Es ist unter den heutigen Gegebenheiten eine Illusion zu denken, der Staat sei in der Lage, jedermann bezahlte Arbeit zu ermöglichen. Selbst wenn dies möglich wäre, bleibt es eine Tatsache, daß das Ziel, sich durch die Teilnahme am bezahlten Arbeitsmarkt zur Selbständigkeit zu befreien, zweifelhaft ist, solange das staatliche Interesse daran rein statistisch ist und die Qualität der Arbeit und deren Bedeutung für den individuellen Lebenslauf nicht befragt wird. Dazu braucht man sich nur mit «out-placement»-Experten zu unterhalten ... Wir müssen zu der Feststellung kommen, daß Lohnarbeit eher abhängig als unabhängig macht.

In den sechziger Jahren wurde noch über die Humanisierung der Arbeit und die Aufgabenbereicherung gesprochen, und zwar vor dem Hintergrund der Selbständigkeit. Der Mensch wurde als «Geistkapital» des Unternehmens betrachtet. Auf dem Schmelztiegel des Pragmatismus wurde diese Betrachtungsweise vielfach zu einer ängstlichen Befangenheit, wie sie sich in der einseitigen «Abrechnungskultur» pro Arbeitsplatz oder Gruppe von Arbeitsplätzen zeigt. Die gegenwärtigen Fakten lehren, daß Selbstversorgung in dem Maße kontraproduktiv wird, wie die Weltwirtschaft deutlichere Gestalt annimmt. In einem global verzweigten System der Arbeitsteilung, das eindeutig Trägerin der Wohlfahrt ist, gibt es keine Unabhängigkeit. Die moderne Weltwirtschaft besteht tatsächlich aus einem unglaublich fein verzweigten Netzwerk gegenseitiger Abhängigkeiten. Und gerade dieses Phänomen bietet der Strategie der Hoffnung schier unbegrenzt viele Ansatzpunkte. Das Prinzip der Arbeitsteilung kann helfen, uns von dem Syndrom der Selbstversorgung zu befreien. Wir arbeiten alle füreinander. Kein Mensch ist im klassischen Sinn noch Selbstversorger. Wir tun aber, als wäre das noch so. Wir meinen: Ich liefere eine Leistung, und dafür bekomme ich Belohnung; ob Arbeitnehmer oder Arbeitgeber. Und damit kann ich mich selbst versorgen. Die Strategie der Hoffnung rechnet mit der Illusion ab, daß Selbstversorgung zur Autonomie führt. Wobei selbstverständlich die Randbemerkung angebracht ist, daß natürlich nicht jede Form von Abhängigkeit gewünscht und fruchtbar ist. Im Gegenteil, zwei ernstzunehmende Formen der Abhängigkeit sollten ausgemerzt werden: die Lohnabhängigkeit und die Beihilfeabhängigkeit. Sie sind faktisch Geschwister aus der gleichen Familie, man könnte sagen: ein letzter Rest der Sklaverei.

Natürlich gibt es verschiedene Möglichkeiten, solche Abhängigkeiten abzuschaffen, zum Beispiel dadurch, Menschen für das Unternehmertum zu begeistern. Unternehmende Menschen sind gerade in der Situation gegenseitiger Abhängigkeit einer der größten Aktivposten einer Gesellschaft. Echt unternehmend tätig zu sein, ist nicht gleichzusetzen mit geschicktem Umsegeln gegenseitiger Abhängigkeiten, sondern schöpferisches Nutzen des darin enthaltenen Freiraums durch Initiative und gegenseitiges Wecken von Talenten. Gegenseitige Abhängigkeit ist also keine Bedrohung, sondern eine Chance für geteiltes Unternehmertum.

In der Realität sollten wir uns dessen bewußt werden, daß die globale gegenseitige Abhängigkeit als neue große Herausforderung und als möglicher beginnender Genesungsprozeß von der maßlosen Geldsucht entgegentritt. Viele Menschen finden es unbequem abhängig zu sein; manche sehen darin sogar die Bremse des wirtschaftlichen Wachstums. Sie meinen: «Wäre ich als Unternehmer nur nicht so abhängig von meinen Arbeitnehmern, als Arbeitgeber vom Staat, als Betrieb von Kunden oder Lieferanten usw.!» Niemand scheint zu realisieren, daß gerade der Drang nach Unabhängigkeit das große Ungleichgewicht im Wirtschaftsleben hervorruft. Das bedeutet, wir könnten von unserer Geldsucht genesen, wenn es uns möglich würde, das Urbild der gegenseitigen Abhängigkeit – sagen wir – als «verborgenes Glück im Unglück» anzunehmen.

Die globale gegenseitige Abhängigkeit ist das eigentliche Mysterium des Wirtschaftslebens. Das Bewußtsein, daß niemand für sich selbst arbeitet, daß wir faktisch alle füreinander arbeiten, das ist «objektiver Altruismus». Der Prozeß der Arbeitsteilung besagt ein gegenseitig aufeinander Ausgerichtet-Sein. Ein Blick in die Praxis: Wir wären vollkommen allein und hilflos, wenn nicht ständig andere Menschen für uns tätig wären.

Unser Bewußtsein hinkt den Fakten hinterher. Als Selbstversorger sind wir noch immer damit beschäftigt, unseren eigenen Vorteil zu maximieren. In einer globalen Wirtschaft ist es aber niemandem mehr möglich, die schädlichen Wirkungen der Maximierung des Eigeninteresses abzuwälzen, wie das früher möglich war, zum Beispiel auf die Umwelt oder das Ausland. Die Nationalstaaten versuchen das immer noch, sie wälzen ihre Gleichgewichtsstörungen ab. Es wird höchste Zeit, daß wir damit aufhören und die Chance er-

Globale gegenseitige Abhängigkeit

greifen, geteiltes Unternehmertum auf globaler Ebene einzurichten. Mir ist bewußt, daß es einer gigantischen Anstrengung bedarf, zu einer neuen sozialen Architektur zu kommen, insbesondere in den Bereichen Preisbildung, Einkommensbildung und Kapitalbildung, aber auch auf dem Gebiet der Zusammenarbeit zwischen Unternehmen und Staat, Arbeitgeber und Arbeitnehmer, Produzenten und Konsumenten. Was hält uns davon ab?

Der zweite Bereich, den wir betrachten wollen, ist das sogenannte politische oder Rechtsleben. Man kann auch einfach von Zusammenleben sprechen, weil es hier darum geht, den gesellschaftlichen Umgang miteinander zu regeln. Auch dieser Bereich hat, wie das Wirtschaftsleben, eine bestimmte Architektur erhalten, zumeist Nationalstaat, manchmal auch als Einheitsstaat bezeichnet. Nun gibt es vielerlei Varianten des Nationalstaats, vom totalitären bis zum demokratischen. Wir leben in einem demokratischen Rechtsstaat als Nationalstaat. Deswegen werde ich meine Betrachtung auf diese Form beschränken, mit ihr sind wir am besten vertraut.

Auch der Rechtsstaat ist noch jung. Diese Staatsform wurde in Europa während der Französischen Revolution geboren. Ihre Geschichte verläuft parallel zu derjenigen der Vereinigten Staaten; beiden liegen die gleichen Ideale zugrunde. Während der großen Jubiläumsfeierlichkeiten zum 200. Jahrestag der Französischen Revolution – ebenfalls im Jahr 1989 – versuchte Mitterand mit aller Macht, die Geburt des demokratischen Rechtsstaats in Frankreich zu lokalisieren. Margaret Thatcher klopfte ihm auf die Finger und wies darauf hin, daß es die Quäker waren, die, von England nach Amerika übergesetzt, womöglich die echte Grundlage des demokratischen Rechtsstaats in Form der Unabhängigkeitserklärung legten. Dafür erhielt Frau Thatcher einen Platz hinter der Tribüne.

Wir werden den Rechtsstaat mit der gleichen Frage wie die Weltwirtschaft konfrontieren: Wie ist es um ihn bestellt? Wie sieht heute die Architektur der Demokratie aus? Auch hier muß die Antwort leider negativ ausfallen. Es ist um den Nationalstaat so schlecht bestellt wie um die Weltwirtschaft.

Nicht zuletzt deshalb, weil sich etwas Eigenartiges in das Aufgabenverständnis des Hausherrn dieser Architektur eingeschlichen hat, den wir nach Treu und Glauben angestellt haben, den Bau der Demokratie zu verwalten. Es ist nicht die Aufgabe dieses Hausherrn – Staat oder öffentliche Verwaltung –, uns einen möglichst hohen «Mietzins» abzuverlangen, wie uns das häufig so vorkommt. Nein, es ist ausdrücklich seine Aufgabe sicherzustellen, daß die Hausbewohner, die Bürger, in größtmöglicher Gerechtigkeit miteinander leben können. Im Prinzip möchte man davon ausgehen, daß es sich dabei um eine Angelegenheit aus freier und selbständiger Bürgerinitiative handelt; schließlich sind wir mündige Menschen.

Weil es aber auch notorische Boykotteure gibt, verliehen wir dem Hausherrn im Namen aller auch das «Gewaltmonopol». Der Schutz der Gerechtigkeit gegen ernsthafte Bedrohungen sowohl von außen als auch von innen ist mit anderen Worten Grundaufgabe des Staates. Das allerdings nur solange, wie das Parlament feststellt, daß diese Aufgabe auch tatkräftig in Regelungen umgesetzt wird, die dem allgemeinen Interesse dienen.

Theoretisch sind wir uns darüber sicher einig. Nun aber die Praxis, in der sich das Prinzip der Gerechtigkeit nicht ohne Doppelsinn erweist. Es zeigt sich, daß der Hausherr seine Aufmerksamkeit verlagert hat. Etwas pointierter ausgedrückt: Früher war er Nachtwächter mit sehr bescheidenen Ambitionen; jetzt ist er Projektentwickler, der kein Ende findet – vom Nachtwächterstaat zum Interventionsstaat. Das Spielfeld des Nationalstaats, die öffentliche Domäne, hat sich mit dieser Entwicklung enorm vergrößert. In der Folge ist auch der Staatsapparat, also die Zahl der Beamten und Behörden, gigantisch gewachsen. Nun ist die Frage: Womit beschäftigen sich all diese Machthaber? Manche meinen: «Berichte schreiben und Karriere machen!» Das erscheint mir dann doch zu sehr karikiert. Die Qualität der öffentlichen Verwaltung ist sicher immer zu verbessern, aber mir scheint doch ohne Zweifel, daß die meisten dieser Machthaber anständige und zuverlässige Menschen sind, was heißt, daß in diesem Zusammenhang die Alarmglocke noch nicht geläutet werden muß – wenn ich auch im Bereich der Integrität nichts ausschließen kann.

Die Frage ist: Womit beschäftigen sich diese Menschen? Nun, sie versuchen das Land zu regieren; und das ist auch richtig so. Aber die Art und Weise, wie dies geschieht, bietet genügend Raum für Kritik. Die öffentliche Verwaltung rudert sozusagen gegen den Strom. Bis zum heutigen Tag ist sie trotz der jüngsten Marktentwicklungen und trotz der Privatisierungen noch immer dem Führungsmodell verpflichtet, das wir seit Max Weber Bürokratie nennen. Charakteristisch an diesem Modell ist, daß es gegenüber einmaligen Situationen, ungeregelten Verhaltensweisen, Ausnahmezuständen, freien Initiativen und innovativen Veränderungen allergisch ist. Es verträgt nur Durchschnitt, Kategorien und Rubriken; kurz, es schwört auf standardisierte Bürger und ist deshalb per Definition menschenunfreundlich.

Solange der Staat einer homogenen Bevölkerung und gehorsamen Bürgern gegenüberstand, funktionierte das Ganze nicht schlecht. Beide Rahmenbedingungen sind aber nicht mehr gegeben. Wir leben in einer multiethnischen und sehr eigenwilligen Gesellschaft, in der die Bürokratie keinen Platz mehr hat. Dennoch beharrt die öffentliche Verwaltung auf dem einmal eingeschlagenen Weg, der mit dem Prinzip der Gleichbehandlung begründet wird. Unter den gegebenen Umständen der Pluriformität und Eigenwilligkeit zeigt sich aber, daß Gleichbehandlung nicht ohne weiteres mit Gerechtigkeit identisch ist. Des weiteren wächst in der Gesellschaft das Empfinden für Ungerechtigkeit eher, als daß es schwindet. Was uns bevorsteht, wenn dieses Empfinden von Ungerechtigkeit sich plötzlich explosiv entlädt, das können wir aus den Ereignissen von 1992 in Los Angeles ableiten. Bei aller fortgeschrittenen Technologie kann die moderne Gesellschaft schlagartig völlig entgleisen.

Das ist der Preis, den wir für die schlechte Ehe zwischen pluriformer Gesellschaft und uniformer Bürokratie – auch der Kluft zwischen Bürger und Politik – bezahlen müssen. Ob man diesen Preis hoch, vielleicht sogar zu hoch findet, ist dem Wesen nach abhängig davon, welche Bedeutung man der Einheit des Nationalstaats zuerkennt. Es gibt Millionen Menschen, die darauf sehr viel Wert legen, weil sich für sie im Nationalstaat ein institutionalisierter Einheitsverbund symbolisiert. Einerseits wird der Nationalstaat bedroht, weil im Wirtschaftsleben Entwicklungen im Gange sind, die die Grenzen des Nationalstaats absolut irrelevant machen. Die wirtschaftlichen Prozesse überschreiten die Staatsgrenzen, sie lassen sich von zufälligen Grenzen nicht behindern. Wie gesagt: Die Weltwirtschaft entstand erst in dem Moment, als

Uniforme Bürokratie

die Produktionsstätten mobil wurden. Für diesen Prozeß ist der Nationalstaat nur eine künstliche Barriere. Unternehmer, die – wie das gegenwärtig bezeichnet wird – «globalisieren», reagieren allergisch auf nationale Regierungen, die die wirtschaftlichen Prozesse einzudämmen versuchen. Es ist auch richtig, daß Unternehmer sich an nationalen Grenzen stoßen, womit ich nicht sage, daß sie vollständige Bewegungsfreiheit haben sollten, daß sie nicht durch Rechtsregularien geleitet oder regiert werden sollten – doch das nur nebenbei.

Andererseits geschehen in der Welt noch viele andere Dinge, die deutlich machen, daß die Souveränität des Nationalstaats relativ ist. Man sehe sich dazu nur den europäischen Einigungsprozeß an. Wir sind uns dessen noch kaum bewußt, daß ein Großteil der Gesetzgebungsvorgänge von Brüssel beeinflußt wird. Wir sollten auch nicht der Illusion anhängen, daß die Niederlande, aber auch Belgien, Frankreich oder Deutschland, eine fortbestehende exklusive Souveränität besäßen. Auch eine Reihe von Weltorganisationen wie die Vereinten Nationen, die NATO oder der GATT beeinflussen die Innenpolitik der betroffenen Länder.

Zudem wird der Nationalstaat von innen heraus bedroht. Es gibt Gruppierungen, die die Einheit und die Sicherheit gefährden. Auf ethnische Konflikte habe ich bereits hingewiesen, zu denken ist aber auch an Bürgerkriege und kriminelle Vereinigungen. Abgesehen von diesen akuten Bedrohungen wird die Kluft zwischen den Bürgern und der Politik immer tiefer, nagen die unbeachteten Empfindungen von Ungerechtigkeit immer weiter und – so lehrt uns leider die Erfahrung – bieten solchen Ungeheuern wie totalitären Regimen Nahrung.

Außerhalb Europas wurden die meisten Grenzen zwischen den Staaten während des Kolonialismus künstlich gezogen. Deshalb gibt es Völker, die danach streben, einen Nationalstaat zu bilden, was Unruhen nach sich ziehen wird. Der Zustand des Nationalstaats ist also labil, und es wird in Zukunft Veränderungen geben. Wahrscheinlich werden daraus neue Formen menschlicher Ordnung entstehen, wie zum Beispiel Regionen, die größer sind als heutige Nationalstaaten und deshalb mehrere Nationen umfassen; erste Anzeichen dafür sind die Regionen in West- oder Südeuropa. Es können aber auch Regionen entstehen, die kleiner sind als die heutigen Nationalstaaten. Daraus können interessante Entwicklung zum Guten oder Schlechten hervorgehen; zum Guten, insoweit Menschen sich dann mit einem Gemeinschaftsprinzip neu identifizieren können, zum Schlechten, insoweit Gruppierungen sich, mit oder ohne Gewalt, voneinander trennen, weil die Regionsinteressen untereinander unverträglich sind.

Ein nächster Schritt: Wie im Wirtschaftsleben kann man auch hier einwenden, daß vieles sicher nicht in Ordnung ist, daß das aber noch nicht bedeuten muß, die Fundamente des Nationalstaats seien untergraben. Daher lautet die nächste Frage: Wie ist es um die Fundamente bestellt?

Worin bestehen die Fundamente? Sie sind seit der Französischen Revolution in den Prinzipien der sogenannten Gewaltenteilung nach gesetzgebender, ausführender und kontrollierender oder rechtsprechender Gewalt festgehalten. Auf diesen Säulen ruht unser Rechtsstaat.

Es ist allerdings nur außerordentlich wenig von dieser Gewaltenteilung übriggeblieben. In Westeuropa ist die Säule der rechtsprechenden Gewalt wohl noch am ehesten intakt. In anderen Teilen der Welt zeigt sich hier ein anderes Bild. Ab und zu tauchen die erstaunlichsten und befremdlichsten

Berichte darüber auf, wie die rechtsprechende Gewalt ihre Unabhängigkeit zur Schau stellt.

Um die beiden anderen Säulen der Demokratie ist es deutlich schlechter bestellt. Welch zweifelhafte Formen haben die Verwicklungen von gesetzgebender und ausführender Macht zum Teil angenommen! Nicht umsonst spricht man wieder vom unabdingbaren Dualismus in den parlamentarischen Beziehungen – als wäre das eine neue Erfindung. Dieser Dualismus besagt, daß die Volksvertretung ein eigenes Mandat vom Wähler erhalten hat und deshalb der Regierung gegenüber ein eigenes und unabhängiges Urteil haben muß. Wie weit ist unsere parlamentarische Wirklichkeit davon entfernt!

Hinzu kommt, daß das Parlament nicht mehr als Forum der Urteilsbildung funktioniert, als Ort, an dem die Volksvertreter nach bestem Gewissen vereinbaren, was gerecht ist und wie diese Gerechtigkeit in einem bestimmten Gesetz ihren Niederschlag finden soll. Ich ziele damit nicht auf die Tatsache, daß es kaum noch echte parlamentarische Debatten gibt oder daß der durchschnittliche Parlamentarier nur einen vorbereiteten Text vorliest. Ich ziele auf die Tatsache, daß sich im Parlament nur noch Parteien begegnen. Eigentlich haben wir keine parlamentarische Demokratie, sondern eine Parteiendemokratie: Es begegnen sich im Parlament die Parteien, die wir gewählt haben, nicht die einzelnen Volksvertreter. In der Folge stehen die parteipolitischen Interessen derart im Vordergrund, daß nach einer parlamentarischen Abstimmung häufig zu hören ist: «The winner takes it all!», als gäbe es der Minderheit gegenüber, die «verloren hat», keine Rücksicht. Das Befremdliche daran ist, daß die Gesetzgebung auf diese Weise nahezu gänzlich

4. Wirtschaft und Politik

zu einem Instrument wurde, die Machtbasis der Parteien zu festigen. Auf diese Weise wird die Gesetzgebung zu einem Vehikel der Interventionsstrategie statt eines Systems von Prüfungsmöglichkeiten, im Rahmen derer Bürger selbständig handeln können. Daß die Qualität einer derartigen Gesetzgebung nicht selten viel zu wünschen übrig läßt, denn die Auswirkungen politischer Interventionen auf die Gesellschaft können nicht mehr übersehen werden, ist im Verhältnis zum Ganzen wohl nur ein peinliches Detail.

Bis vor kurzem hatten die Parteien ganz sicher noch eine bestimmte Funktion. Sie waren die Ströme, mit deren Flut wir die Selbständigkeit erlangten, ein Sammelbecken für die Menschen, die sich mit ihrer Ideologie, Vision oder ihrem Programm verbinden konnten. Bis Anfang der sechziger Jahre funktionierte das. Danach hat sich etwas radikal verändert; zum einen, weil in den sechziger Jahren die Selbständigkeitsbestrebungen auf vielen Gebieten und für viele Bevölkerungsgruppen in gewaltige und spontane Stromschnellen gerieten; zum anderen, weil die Parteien beschlossen, einer veränderten Strategie zu folgen, nämlich über das Parlament das, was wir später den Versorgungsstaat nannten, aufzubauen. Von diesem Moment an begegneten sie sich nur noch mit dem Ziel, die materiellen und juristischen Interessen ihrer Basis durch Machtbildung im Parlament zu vertreten.

Das ist etwas ganz anderes als die ursprüngliche Funktion des Parlaments, in dem freie, vom Volk mit einem Mandat versehene Vertreter einander in offener Debatte begegneten und im Dialog miteinander bestimmten, welche Gesetze geschaffen werden sollten. Das Dramatische ist natürlich, daß sich herausstellt, daß das Ideal des Versorgungsstaats, so respektabel es in bestimmten Punkten sein mag, durch die Entwicklungen im Wirtschaftsleben unbezahlbar und unerreichbar ist. Schon zu Beginn der achtziger Jahre wußten wir, daß er nicht mehr finanzierbar ist. Seither haben wir das Desaster! Keiner wagt es zu sagen, daß der Versorgungsstaat eine fundamentale Neuorientierung braucht. Aus Angst, ihre Basis und damit ihre Macht zu verlieren, sind die Parteien nicht frei genug, den Versorgungsstaat in Frage zu stellen. Das Resultat ist, daß das Prinzip der Gerechtigkeit in unserer Gesellschaft in Frage steht. Gerade die Menschen, die ein Auffangnetz brauchen, fallen hindurch. Dieser Prozeß wird von den berechnend gewordenen Bürgern beschleunigt, die diese Konstellation so gut wie möglich zu ihrem eigenen Vorteil ausbeuten.

Das ist die Situation, in der sich unsere Demokratie befindet, in der im Parlament ein Schauspiel aufgeführt wird. Denn wer nur ein wenig hinter die Kulissen schaut, der erkennt, daß im Parlament nur noch wenig Essentielles geschieht. Man könnte sagen, die Demokratie habe sich dorthin verschoben, wo die Beamten vor der parlamentarischen Debatte miteinander die die Politik vorbereitenden Maßnahmen treffen und entsprechende Kompromisse aushandeln. Dort werden sie so lange und so ernsthaft besprochen, daß das Parlament kaum noch Möglichkeiten hat, davon abzuweichen. Beratungsorgane und Gremien haben eine ähnliche Funktion bekommen. Sie bilden das sogenannte gesellschaftliche Mittelfeld, in dem Beschlußfassungen allerdings nicht demokratisch kontrolliert werden. Derartige Beschlußfassungen genügen den Anforderungen einer demokratischen Ordnung nicht.

Auch in diesem Punkt kann man sagen: «Nun ja, dann schrumpfen wir den Versorgungsstaat ein wenig, führen den

Dualismus wieder ein; dann kommt die Sache schon wieder in Ordnung, oder nicht?» So einfach wird es nicht gehen, und zwar, weil im Grunde unseres Zusammenlebens etwas fundamental aus dem Gleichgewicht geraten ist. Ich habe von den Kernprozessen im Wirtschaftsleben gesprochen, von der Wertschöpfung und Wertvernichtung. Einen ähnlichen Kernprozeß gibt es auch im Rechtsleben: die Bildung und Auflösung von Beziehungen. Es geht also nicht nur um den Rechtsschutz, wie man häufig denkt. Rechtsschutz ist höchstens ein Instrument, die menschlichen Verhältnisse so zu regeln, daß gerechte Beziehung und Verbindungen aufgenommen, aber auch wieder gelöst werden können. Das Auflösen einer Verbindung ist genauso wichtig wie das Aufnehmen. Häufig bleiben Menschen zu lange in einer bestehenden gesellschaftlichen Einrichtung hängen und verlieren ihre Identität.

Das mag abstrakt klingen. Sieht man aber die Laufbahnplanungen an, dann kann man feststellen, daß viele Menschen zu lange in bestehenden Positionen festgehalten werden. Des öfteren ist zu beobachten, daß Beziehungen schon lange in akzeptabler und gerechter Weise hätten entbunden werden müssen, um den Betroffenen neue Beziehungen mit anderen Menschen oder Organisationen zu ermöglichen. Eine Grundtatsache unseres Zusammenlebens ist, daß wir aufeinander angewiesen sind. Das Prinzip der Bildung und Auflösung von Beziehungen sollte mit der Dynamik des Lebens einhergehen.

Wir haben begonnen, die Rechte, die Grundlage für die Bildung von Beziehungen sind, als persönliches Eigentum zu betrachten. Wenn wir sagen: «Ich habe ein Recht», dann meinen wir, wir hätten ein Recht, das niemand antasten kann.

Wir sind auf dem Gebiet der Beziehungen unglaublich schlau geworden, Rechte zu beanspruchen. Wie ist es aber um die Pflichten bestellt? Die sind eher zu kurz gekommen. Das ist die Folge davon, daß die Machthaber dieses Versorgungsstaats noch eine Option hatten: Die Bürger zu mündigen Menschen zu machen. Viele Führende in öffentlichen Funktionen widmen ihr Leben der idealistischen Zielsetzung, die Menschen aufzuwecken. Das tun sie häufig in vorbildlicher Weise. Nein, der Staat ist nicht nur eine unheilbringende Maschine, sondern auch eine Welt, in der Menschen aus Fleisch und Blut Idealen nachstreben.

Zwischenzeitlich wissen die Bürger fast zu gut, wie mündig sie sein sollen. Das nennen wir Individualisierung; auch ein relativ junger Begriff, der merkwürdigerweise bereits einen negativen Beiklang hat. Häufig deswegen, weil damit auf die Tatsache abgezielt wird, daß die Menschen einseitig ihre individuellen Rechte fordern. Wie gesagt, die andere Seite der Medaille, die der Pflichten, gerät leicht außer acht, geschweige denn, daß der Bürger von der Möglichkeit und dem Wunsch durchdrungen ist, Verantwortung zu übernehmen – was ein nachfolgendes Stadium ist. In diesem Stadium gibt man der Gesellschaft etwas zurück.

Die Politik bezeichnet gegenwärtig diese Erscheinung verurteilend gerne als die Verlotterung unserer Solidarität. Ist das aber nicht eine ganz zwangsläufige Erscheinung? Einerseits wurden die Bürger mündig, andererseits wurde es den gleichen Bürgern verwehrt, ihre Verantwortung mit Hilfe des Parlaments wirksam werden zu lassen. Dieser Weg ist, wie wir sahen, verstopft. Warum sonst gibt es so viele Klagen über die Kluft zwischen Bürgern und Politikern? Warum sonst gibt es so viel Politikverdrossenheit, so viele Menschen, die nicht wissen, welche Partei sie wählen sollen?

Man kann es noch anders sagen, aber es bedeutet das gleiche: Das Zusammenleben im Staat hat bewirkt, daß die Gesellschaft, die zunächst aus Gruppen bestand und dann nur noch aus Individuen, pluriform wurde. Der Staat ist in diesem Prozeß zurückgeblieben, weil er sich nicht auf diese Pluriformität eingestellt hat. Es ist uns allen bewußt, daß unsere Gesetzgebung – vor allem auf dem Gebiet der sozialen Sicherheit – mit dieser Individualisierung nicht Schritt halten konnte. Wir beteuern verzweifelt, daß die Gesetzgebung individualisiert werden müßte. Das gelingt aber nicht. Der Staat ist noch immer auf Homogenität ausgerichtet. Von einem Machtzentrum aus kann ohne gesellschaftliche Weitsicht nicht gesteuert werden, wie das aber noch immer versucht wird. Das Dramatische ist, daß der Bürger inzwischen seinen eigenen Weg eingeschlagen und die Gesellschaft dadurch ihre eigene Dynamik entwickelt hat; zum Guten oder zum Schlechten, das ist hier die Frage. Der Staat ist ohnmächtig, diesen Strom einzudämmen oder ihm Richtung zu geben. Schließlich müssen wir zu dem Schluß kommen, daß die Gesellschaft weder machbar noch beherrschbar ist. Die gewählten Machthaber stehen in diesem Zusammenhang mit leeren Händen da. Aus diesen Gründen meine ich, daß mit dem Kernprozeß im politischen Leben etwas schief gegangen ist. Einerseits ist der Staat ohnmächtig geworden, andererseits können emanzipierte Bürger ihre persönliche Autonomie nicht in den Dienst der Gesellschaft stellen.

Wie das Wirtschaftsleben an maßloser Geldsucht leidet, so leidet unser Zusammenleben an einer maßlosen Sucht nach Autonomie, einem Verlangen, den eigenen Weg zu gehen,

Bildung und Auflösung von Beziehungen

ohne sich um den anderen zu sorgen. Man kann diese Sorge inzwischen abkaufen oder an Versicherungen übertragen. Die Substanz wirklicher Autonomie ist es aber nicht, meinen eigenen Weg zu gehen, sondern aufgrund meiner freien und inneren Wahl einen eigenen Beitrag zum allgemeinen Interesse zu leisten. Autonomie ohne Solidarität ist keine Autonomie, sondern Willkür.

Aus Untersuchungen ist bekannt, daß manche Menschen sich in sehr schwierigen Situationen, wie zum Beispiel im Konzentrationslager, in die Isolation zurückziehen und nicht mehr viel mehr machen, als sich mit sich selbst zu beschäftigen. Diejenigen dagegen, die ihre Autonomie so aufzufassen wissen, daß sie sich weiterhin in einen größeren Zusammenhang stellen – ob das nun Menschen, bindende Ideale, Visionen oder Träume sind –, sind imstande zu überleben. In solcher Haltung zeigt sich echte Autonomie: die eigene Autonomie einem größeren Ganzen zu widmen, das heißt sich zu entschließen, Verantwortung zu übernehmen.

Wie stellt sich das nun aus dem Blickwinkel der Strategie der Hoffnung dar? Vielleicht ist die Spannung zwischen Individualisierung und Solidarität das «verborgene Glück im Unglück» des Rechtslebens. Vielleicht sind wir dazu aufgerufen, unserer Mitmenschlichkeit neue Gestalt zu verleihen, endlich unser Bürgersein aktiv in die Hand zu nehmen und uns nicht darauf zu beschränken, einmal in vier Jahren zur Wahlurne zu gehen. Das muß gar keinen großen Maßstab haben, sondern kann an der Straßenecke die Übernahme von Verantwortung für die Umwelt sein, durch einen Umzug das Übernehmen von Verantwortung für ein multiethnisches Viertel; sich nicht daraus zurückzuziehen, sondern mit der Pluralität umgehen zu lernen.

4. Wirtschaft und Politik

Wie manche Menschen die gegenseitige Abhängigkeit nicht als Herausforderung annehmen können, so gibt es Menschen, die die Spannung zwischen Individualisierung und Solidarität, zwischen Autonomie und Verantwortung nicht als Chance, sondern als Bedrohung empfinden. Sie befürchten die Fragmentierung der Gesellschaft. Fragmentierung kann aber auch bedeuten, daß wir uns endlich von der anonymen Kollektivität und von dem Korsett verschlissener Konventionen befreien. Schließlich können wir uns auch nicht mehr hinter ihnen verstecken. Ist das denn schlecht? Eine Demaskierung des großen Versteckspiels könnte doch sehr heilsam sein für die Qualität neuer Beziehungen in unserer Gesellschaft. Jedenfalls ist Fragmentierung auch eine Art Nullpunkt, in dem es nicht nur Einsamkeit gibt, sondern auch die Perspektive für neue dauerhafte Beziehungen, in denen die echte eigene Wahl über den Konventionen steht.

Darüber hinaus dürfen wir nicht vergessen, daß Zusammenhalt in der traditionellen Gemeinschaft zumeist dem Herdentrieb folgte; und die Solidarität, die wir jetzt so bejubeln, enthielt viel falschen Schein. Solidarität war und ist sehr wählerisch: wir gegen sie, Arbeitgeber gegen Arbeitnehmer und umgekehrt, Männer gegen Frauen usw. ... Die einzige wirkliche Solidarität, die jetzt gefragt ist, heißt Menschheitssolidarität. Sie wird mit vielerlei Begriffen umschrieben: «die» internationale Gemeinschaft, «die» Weltgemeinschaft usw. Wenn wir sie ernst nehmen, müssen wir die Pluriformität wirklich ins Herz schließen. Sie heißt dann: vielseitiges Bürgertum, Weltbürgertum.

5. Kultur

Von dem angekündigten Durchgang durch unser gesellschaftliches System habe ich bislang zwei Bereiche ausgeführt, das Wirtschafts- und das Rechtsleben. Ich hatte zugesagt, mich noch auf einen dritten Bereich einzulassen, den ich mit dem eher klassischen Wort Geistesleben bezeichnet habe, moderner aber auch Kultur oder Kulturleben genannt werden kann. Gemeint ist der Bereich, in dem wir unser Geistesgut hervorbringen und pflegen.

Beiläufig habe ich die gegenwärtige Erscheinungsform dieses Bereiches schon einmal als «Make-up-Kultur» bezeichnet. Die Symbole und Monumente dieser Kultur finden wir in unseren modernen Industriestädten, in denen die spiegelnden Fassaden der großen Bürogebäude das Innere verbergen. In dieser Kultur werden wir mit einem merkwürdigen Sachverhalt konfrontiert: Je schöner die Außenseite, desto mehr wächst das Bedürfnis, die Innenseite der Wirklichkeit – und damit auch uns selbst – unter die Lupe zu nehmen, nach dem Motto: Wofür lebe ich eigentlich? Und: Welchen Sinn hat der Fortbestand unserer Gemeinschaft? Das sind Fragen, die das Wesentlichste betreffen. Das Eigenartige der Make-up-Kultur ist, daß es für diese Fragen keinen Raum gibt. Zu ihren Monumenten gehört zum Beispiel der Supermarkt, der uns zwar nicht so sehr die Oberflächlichkeit unserer Existenz vor Augen führt wie die spiegelnden Glasfassaden, dafür aber die Bequemlichkeitssucht. Alles ist zur Schau gestellt, man lade den Wagen voll und fahre wieder ab. Im Supermarkt wird man nicht aufgefordert, sich tiefgehend mit etwas zu verbinden. Die Ware muß nur zum Greifen einladen, und der Gedanke, daß man sich für etwas anstrengen muß oder daß Menschen, die das alles so bereitgestellt haben, sich anstrengen mußten, wird beiseite geschoben.

Bequemlichkeitssucht und Oberflächlichkeit, sind das nicht zwei Kennzeichen ein und desselben? Betrachtet man die Oberflächlichkeit unserer Existenz, dann muß man sagen, daß sie uns in einen permanent flüchtigen Zustand versetzt. Wie Schmetterlinge von Blüte zu Blüte, so flattern wir von Vorfall zu Vorfall, von Sensation zu Sensation und werden unfähig, uns mit etwas zu verbinden. Die Existenz gerät zur großen Reise entlang flüchtiger Momente. Solch ein Lebensstil ruft in uns das Gefühl wach, alles sei zufällig und es gäbe keinen Zusammenhang zwischen den flüchtigen Momenten.

Im Umkreis der Bequemlichkeitssucht stellt sich eine ähnliche Frage. Weil wir glauben, alles sei möglich, alles liege für uns parat, scheint es so, als bräuchten wir mit nichts Konsequenzen zu verbinden. Das führt zu der weit verbreiteten Unverbindlichkeit. Wir leben mit der Voraussetzung, daß alles möglich ist, daß man sich keine Sorgen zu machen braucht, daß es keine Grenzen gibt; und darüber hinaus, daß «alles, was möglich ist, auch gut ist». «Worüber sollten wir uns also noch aufregen?»

Diese Unverbindlichkeit suggeriert, unsere soziale Wirklichkeit sei eine Art moralloser Raum. Man beachte: Ich sage morallos, nicht unmoralisch; ein moralloser Raum also, in dem man für die Konsequenzen seiner Taten nicht verantwortlich gemacht werden kann. Alles bleibt ja unverbindlich. Man muß weder wählen noch Prioritäten setzen. Man wird auch nicht vor die Frage gestellt, ob bestimmte Dinge sinnvoll und andere sinnlos sind. Alles, was im Supermarkt als selbstverständlich gilt und was im Spiegelglas der Bürogebäude reflektiert wird,

Make-up-Kultur

ist dem Wesen nach von derselben Qualität. Beide spiegeln uns vor, wir lebten in einer sozialen Wirklichkeit, die keine moralischen Grenzen kennt, die sogar moralisch «leer» ist.

Das hat zur Folge, daß die Menschen zu keiner Reflektion herausgefordert werden, nicht dazu veranlaßt werden, nach Tiefe zu fragen und zu suchen. Meines Erachtens bedeutet das, daß die Menschen orientierungslos, ohne sinnvolle Bestimmung, als Vagabunden durch ihre Existenz gehen. Es gibt keine inneren Maßstäbe mehr, die uns helfen, in der turbulenten Wirklichkeit zu steuern.

Nun kann man natürlich fragen: Hat es nicht immer solche Vagabunden gegeben? Ist es denn so tragisch, wenn Menschen vagabundieren? In der Tat gab es zu allen Zeiten und in allen Kulturen Vagabunden. Clochards waren zeitweilig eine Sehenswürdigkeit – wenn ich das so ehrfurchtslos sagen darf. Es geht mir aber nicht um solche Vagabunden. Ich habe Menschen vor Augen, die durch die Unverbindlichkeit und Flüchtigkeit ihrer Existenz orientierungslos wurden, Menschen, die man als biographische Vagabunden bezeichnen kann. Sie sind ihrem Lebenslauf entwurzelt und haben keine Verbindung mehr mit dem Grund ihrer Existenz.

Wir sollten das nicht zu leicht nehmen. Betrachten wir das Problem der «midlife-crisis», das in den letzten Jahrzehnten gewissermaßen populär wurde, und wir sehen Menschen, die zu einem bestimmten Moment in ihrem Leben mit der Frage konfrontiert sind, wie sie ihre innere Orientierung wiederfinden können. Solche Menschen sind der Vagabundenexistenz, die sie bisher gelebt haben, müde. Viele kommen in dieser Lebenskrise mit sich selbst nicht ins Reine und bleiben bis ins hohe Alter Vagabunden. Dann kommt der Vorruhestand, und sie betonen, wie froh sie seien, endlich tun und lassen zu können, was sie wollen. Sie reisen von Campingplatz zu Campingplatz, und dann stellt sich heraus: Sie sind immer noch Vagabunden.

Es gibt auch viele junge Menschen, die sich in ihrer Existenz vollkommen orientierungslos bewegen. Die Tatsache, daß so viele Studenten während ihres Studiums in Schwierigkeiten geraten, so viele junge Menschen keinen Sinn mehr sehen, ihr Leben abhaken oder ihm sogar ein Ende setzen ..., ist Zeichen dafür, daß es viele Vagabunden gibt.

Es gibt bemerkenswerte Experimente in dieser Richtung. Es sind junge Menschen bekannt, die kein Verhältnis zu ihrer eigenen Leiblichkeit mehr haben. Der berühmte Popstar Michael Jackson läßt etwas von seiner Vagabundenexistenz erkennen, die er in seiner eigenen Leiblichkeit lebt. Viele junge Menschen – und nicht nur Popstars – zeigen eine beunruhigende Neigung dazu, mit ihrer Geschlechtlichkeit und Leiblichkeit zu experimentieren. Manche Videoclips zeigen, wie während eines Songs der Versuch unternommen wird, von einem Geschlecht in das andere zu wechseln; der Versuch, die Begrenzungen der eigenen leiblichen Konstitution zu überschreiten. Ich möchte das nicht dramatisieren, denke aber, daß solch eine Erscheinung die Auffassung unterstützt, daß der Mensch über eine innere Heimat verfügt, die mehr oder weniger stark ausgeprägt ist.

Wie bei den anderen Bereichen, die wir gestreift haben, will ich hier der Frage nachgehen: Hat das, was ich skizziert habe, etwas mit den Fundamenten zu tun, auf denen das Geistesleben ruht? Dazu müssen wir zunächst beschreiben, worin die Fundamente bestehen. Im Prinzip gibt es derer drei, nämlich: die Wissenschaft, die Kunst und die Religion. Das Geistesleben ruht auf diesen drei großen Säulen. Ich möchte vor allem die erste Säule – die Wissenschaft – betrachten, wie sie sich seit dem 15. und 16. Jahrhundert entfaltet und eine so dominante Position erworben hat. Hiermit sage ich nicht, Kunst und Religion wären bedeutungslos, im Gegenteil! Ein hinreichender Grund, den Blick auf die Wissenschaft zu richten, liegt darin, daß sie in den letzten Jahrhunderten den Anspruch erhob, Träger unserer Kultur zu sein.

Die moderne Wissenschaft behauptet mit Hilfe eines methodischen Systems, das auf systematischer Reduktion beruht, objektive Kenntnisse der Wirklichkeit zu sammeln. Die Wirklichkeit könne aus der zunehmenden Reduktion des Untersuchungsobjekts erklärt werden. Diese Methode hat zunächst zu der definitiven Trennung zwischen dem geführt, was wir nichtsinnliche (die metaphysische), und dem, was wir sinnliche Wirklichkeit nennen. Descartes wurde bereits als derjenige genannt, der dieses Husarenstück vollbracht hat. Seit dieser Trennung hat die moderne Wissenschaft unaufhörlich die empirische Wirklichkeit in immer kleiner werdende Teile zerlegt.

Das Primat der Objektivität wird dabei nur in sehr begrenzter Weise angewandt. Denn Objektivität bedeutet hier nicht, dem Untersuchungsobjekt durch das Sichtbarmachen seiner Essentialität oder seiner Vollständigkeit gerecht zu werden. Nein, in der gängigen Wissenschaft verweist die Objektivität auf eine Arbeitsmethode, die den Menschen ausschaltet. Präziser: Das menschliche Denken wird ausgeklammert, weil es als subjektiv und per Definition unzuverlässig gilt.

Es ist nicht zu widerlegen, daß das Denken an den Menschen gebunden ist, also an ein Subjekt. Das bedeutet aber in keinster Weise, daß deswegen immer Subjektivität walte und deshalb die Wirklichkeit verzerrt dargestellt würde. Die Wissenschaft hat sich dagegen für Instrumente, Berechnungsweisen, Modelle und statistische Relevanzen entschieden. Damit will sie den Eindruck erwecken, ihre Ergebnisse wären von den Irrungen des menschlichen Geistes unabhängig. Daß auf dieser Grundlage durchgeführte Untersuchungen, die schon auch einmal eine gewünschte Politik unterstützen, nicht selten von nur geringer gesellschaftlicher Bedeutung sind, darf aber nicht zum Ausdruck gebracht werden. Es ist auch ein Tabu, daß zum Beispiel beim Aufstellen von Hypothesen oder bei der Auswertung von Untersuchungsergebnissen fortwährend menschliche Interpretationen eine Rolle spielen.

Bemerkenswerterweise hat man in der Naturwissenschaft bereits zu Beginn unseres Jahrhunderts entdeckt, daß dies eine Sackgasse ist. In der sogenannten Quantenmechanik spielt das menschliche Bewußtsein eine bestimmende Rolle. Ohne menschliches Bewußtsein, so lehrt die Quantenmechanik, kann die Frage, ob etwas Materie oder Energie, Teilchen oder Welle ist, nicht abschließend beantwortet werden. In diesem Punkt ist der Mensch nicht mehr nur unparteiischer Zuschauer, weil er selbst über das Ergebnis der Aufgabenstellung entscheidet.

Es stellt sich offenbar auch als Illusion heraus zu denken, daß wir durch immer weitergehende Teilungen, durch die Wahl immer kleinerer Untersuchungseinheiten der Erklärung der letzten Dinge näher kämen. Eine der großen Entdeckungen der Quantenmechanik ist es, daß es keine isolierten Erklärungen gibt, vielmehr alles, auch das winzigste Teilchen, immer wieder in Beziehung zum Ganzen gesehen werden muß. Diese beiden Entdeckungen, daß das menschliche Bewußtsein beim Feststellen objektiver Ergebnisse eine Rolle spielt und es keine isolierten Erklärungen gibt, sind die wichtigsten in der Entwicklung der modernen Wissenschaft.

Objektive Wissenschaft

Diese Entdeckungen hätten eine Wende in unserem modernen Geistesleben bedeuten können, weil mit ihnen der Mensch wieder in sein volles Recht eingesetzt wird, aus dem er seit Descartes immer mehr ausgeschieden worden war. Die Frage ist natürlich, warum es dennoch nicht zu einer Wende gekommen ist. In diesem Punkt kann ich nur Vermutungen anstellen. Es wäre aber denkbar, daß es sehr unangenehm ist, zur Feststellung zu gelangen, daß das menschliche Bewußtsein einen entscheidenden Faktor darstellt, wenn Aussagen über die Wirklichkeit getroffen werden. Vielleicht ist es genauso unangenehm, feststellen zu müssen, daß isolierte Erklärungen nicht möglich sind.

Wie auch immer, der Stil der modernen Wissenschaft wurde beibehalten, und das bedeutet, daß wir das Bewußtsein weiterhin als Nebenerscheinung der materiellen Wirklichkeit betrachten. Das ist traurig, um nicht zu sagen tragisch. Es scheint so, als würden wir es nicht wagen, mit der doch so außerordentlich interessanten Feststellung zu leben, daß der Mensch das Maß aller Dinge ist. Ich bezeichne das als tragisch, weil darin ein uraltes Geheimnis steckt, das für das Geistesleben der alten Kulturepochen zentral war.

Das Geheimnis vom menschlichen Maß wurde in sogenannten Mysterienstätten verwahrt und gepflegt. Es wurden Einblicke in den Zusammenhang zwischen dem Menschen als Mikrokosmos und dem Weltall als Makrokosmos gesucht. Die sogenannten Eingeweihten bewahrten die Einsichten aus diesem Untersuchungsgebiet und übertrugen sie ihren Schülern. Es ging dabei weniger um abstrakte Gedanken als darum, die Beziehung zwischen Mikro- und Makrokosmos als Schulungsweg zu erleben. Man konnte auf diesem Weg das Geheimnis entdecken, wenn man sich nach innen wandte und in sich

5. Kultur

den Mikrokosmos aufspürte, woraufhin einem die Gesetzmäßigkeiten des Makrokosmos offenbar werden konnten. Diese Wissenschaft ist bis in die griechisch-römische Zeit erhalten geblieben. Zu griechischer Zeit gab es beispielsweise in Delphi einen Tempel, in dem ein später Abglanz der Mysterienkultur vorangehender Epochen gepflegt wurde. Von diesem Tempel, in dem auch ein Orakel gehütet wurde, sind einige Inschriften bekannt. Zwei davon sind für unsere Betrachtungen von Bedeutung. Die erste lautet: «gnotie se auton» – Erkenne dich selbst. Der Mensch, der den Tempel betrat, mußte diesem Aufruf oder dieser Ermahnung begegnen: Mensch, erkenne dich selbst. Es war die Ermahnung, aus Erfurcht vor den dort gehüteten Geheimnissen in sich zu gehen. Der Weg der Selbsterkenntnis ist uralte Praxis, wie sie in allen Mysterienstätten bis in die griechisch-römische Kultur gepflegt wurde.

Die andere Inschrift lautet: «meden agan» – Nichts im Überfluß. Modern gesagt: Alles in Maßen. Darin verbirgt sich kein Plädoyer, vielmehr besagt es: Mensch, wenn Du den Tempel verläßt und in die Welt gehst, wirke dort in Deinem eigenen Maß, das Du Dir in Selbsterkenntnis erworben hast.

Das ist eine wichtige Gegebenheit, die eigentlich bedeutet, daß der Mensch kein größeres Maß umfaßt, als sein Bewußtsein aus dem eigenen Verhältnis zu Mikro- und Makrokosmos bergen und in der Wirklichkeit handhaben kann. Kurz: Überschreite den eigenen geistigen Horizont nicht.

Diese Einsicht in das menschliche Maß ist langsam, aber sicher verlorengegangen. Mit dem Ende des Mittelalters war sie, zumindest in der großen Kultur, vollständig untergegangen. Etwas anderes aber kam an ihre Stelle. Darauf habe ich bereits kurz hingewiesen, als ich über die Schule von Chartres sprach, die im 11. und 12. Jahrhundert nicht nur in Frankreich, sondern in der gesamten europäischen Kultur eine starke Wirkung ausübte. In gewisser Weise ist diese Schule zu einem Vorbild für die Gründung der heutigen Universitäten geworden. Die Universität ist die moderne Variante der früheren Mysterienstätte. Deshalb wurde die heutige Wissenschaft in der modernen Universität geboren.

Tragisch ist, daß es nicht gelang, die Geheimnisse der alten Mysterienweisheit umzuformen und der modernen Kultur zu integrieren. Zur Pflegestätte der Wissenschaft wurde inzwischen die Universität, die zu einer Wissensfabrik degeneriert ist, aufgrund einer Wissenschaft, die sich auf das Enträtseln von Zusammenhängen in der empirischen Wirklichkeit beschränkt. Langsam, aber sicher verschwindet auch noch, was bis weit in dieses Jahrhundert üblich war, nämlich den Studenten eine akademische Grundhaltung mitzugeben. Bis vor kurzem betrachteten wir unsere Universitäten noch als Stätten, in denen junge Menschen sich entwickeln können. Es wurde den Studenten gelehrt, Probleme nicht nur von einer Seite aus zu betrachten, worin der Kern der akademischen Grundhaltung liegt. Das ist vor allem nach dem Zweiten Weltkrieg verlorengegangen, als die Universitäten zur Massenabfertigung übergingen. Daß die Studenten des Essentiellen, das die Universitäten zu bieten hatten, beraubt wurden, ist eine der peinlichsten Entwicklungen unserer universitären Politik.

Es ist mindestens genauso peinlich, daß wir bei den Dozenten nur noch wenig von den Fähigkeiten des Lehrmeisters finden, die zu den ursprünglichen Universitäten und sicher zu den klassischen Mysterienstätten gehörten. Gegenwärtig wird viel über die Qualität der universitären Ausbildung gesprochen.

Man kann vielerlei Maßstäbe an sie anlegen. Eines steht aber fest: Es gibt nahezu keine Dozenten mehr, die in der Lage sind, die Rolle des Lehrmeisters erfüllen zu können oder zu wollen. Der Dozent ist völlig in den Hintergrund getreten. Wer einen modernen Hörsaal betritt, bemerkt zuerst, daß der Overheadprojektor im Zentrum steht. Das Rednerpult, an dem einst der Hochschullehrer im Zentrum des Saales sprach, ist verschwunden. Ich habe nichts gegen Overheadprojektoren, aber sie bringen es mit sich, daß der Dozent beim Vortrag eigentlich in den Hintergrund gedrängt wird. Scherzhaft gesagt: Ein Dozent unterrichtet gut, wenn er in der Lage ist, die Folien in der richtigen Reihenfolge aufzulegen.

Bisher haben wir die Wertschöpfung und Wertvernichtung, den Kernprozeß des Wirtschaftslebens, auch den Kernprozeß des Rechtslebens, der Bildung und Auflösung von Beziehungen, betrachtet. In der gleichen Weise werden wir nun denjenigen des Geisteslebens beleuchten.

Den Kernprozeß des Geisteslebens bezeichne ich als Erneuerung. Erneuerung ist aber nicht das gleiche wie Verbesserung. Tatsächlich ist vieles von dem, was wir gegenwärtig Erneuerung nennen, nichts anderes als Verbesserung. Daran gibt es noch nichts zu tadeln; es wäre doch etwas zu einfach, die Vorgänge, die wir in den Unternehmungen zumeist als Innovation bezeichnen, mit Erneuerung gleichzusetzen. Erneuerung bedeutet, daß Grenzen verlegt werden. Präziser: Es kann nur dann von Erneuerung die Rede sein, wenn die Ausgangspunkte, die einem System oder Modell zugrundeliegen, in Bewegung geraten. In der Wissenschaft wird dieser Prozeß als Paradigmenwechsel bezeichnet.

Ob man nun den individuellen Lebenslauf eines Menschen, die Entwicklung einer Organisation oder diejenige des gesellschaftlichen Systems betrachtet, Erneuerung stellt immer einen revolutionierenden Eingriff in die bestehende Ordnung dar, sie bringt ein neues Paradigma in die Ordnung der Wirklichkeit. Erneuerung inspiriert Menschen, die dann die neuen Paradigmen in die Kultur tragen, auch in die mit ihr zusammenhängenden sozialen Organisationen.

Erneuerung steht Alterung gegenüber; mit ihr haben wir Schwierigkeiten. Es ist uns lästig, Dinge altern zu lassen. Alterung hat einen negativen Klang, danach, wie der alternde Mensch oft etwas mitleidig oder von oben herab behandelt wird. Für das Altern und Sterben der Menschen ist in unserer Kultur kein Raum mehr. Die Kunst des Alterns wird in unserer Gesellschaft wenig geschätzt. Wir tun uns schwer, eine Institution oder ein Unternehmen zu schließen, weil wir zu Recht an die Folgen denken, die das für davon abhängige Menschen hat. Unsere menschliche Betroffenheit ist aber etwas anderes als die Gesetzmäßigkeit von Organisationen. Organisationen haben kein ewiges Leben.

Das Interessante am Alterungsprozeß ist, daß die Wirkung von Paradigmen, die zu einem bestimmten Zeitpunkt die Kultur erneuern konnten, aufhören kann. Erst in den achtziger Jahren – und hier berühre ich kurz mein eigenes Fachgebiet, die Organisationsentwicklung – wurde die Aufmerksamkeit systematisch auf die dem Abbau von Organisationen einhergehenden Probleme gelenkt. Wir beherrschen diese Kunst noch immer nicht. Organisationen werden geschlossen oder saniert, aber nicht aus der bewußten Einsicht, daß Abbau nötig ist, um Neues zu ermöglichen.

Zurück zur Erneuerung. Mir scheint, daß nur wenig wirklich inspirierende Ideen in unserer Kultur auftauchen. Ist es übertrieben zu sagen, daß unsere Kultur an struktureller geistiger Armut leidet? Probleme werden häufig nicht beim Namen genannt und neue Ideen ganz einfach unterdrückt. Müssen wir wirklich feststellen, die Oberflächlichkeit und Bequemlichkeitssucht hätten solche Dimensionen angenommen, daß der Kernprozeß von Erneuerung und Alterung in seinem essentiellen Wesen angetastet wurde? Wenn das wahr ist, dann stehen wir einem außerordentlichen Drama gegenüber. Es ist eine Sache festzustellen, daß zunehmende Oberflächlichkeit und Bequemlichkeitssucht schlußendlich in maßloser Unverbindlichkeit kulminieren; zu sagen wohin das führt, eine andere. Ich meine, in diesem Punkt liegen Blockaden vor, die es verhindern, daß der Mensch sein Bewußtsein weiterentwickelt. In der nüchternen Sprache der Wissenschaft könnte ich mich mit dem Schluß begnügen: Auch in diesem Punkt ist das Gleichgewicht verlorengegangen.

Es schadet aber nichts, dem noch etwas hinzuzufügen, weil es schließlich um unser gemeinsames Erbe geht: die beklemmende Frage, was wir unseren Kindern hinterlassen und wie diese damit vorankommen. Nun nicht wissenschaftlich, sondern menschlich gesprochen: Wir konfrontieren die nachkommenden Generationen mit der Möglichkeit einer totalen Zerrüttung der Kultur. Wenn wir das menschliche Maß als Schlüssel aus der Hand geben, so geben wir zugleich die Möglichkeit für eine Transformation auf. Die Strategie der Hoffnung würde dann zu einem Sprung in die Finsternis mit verschlossenen Augen, womöglich gar zum Nihilismus verblassen. Mir scheint es nicht übertrieben, von einer Zerrüttung zu sprechen.

Die Bemerkung über die Ideenarmut in unserer Kultur hat den Kreis um die Make-up-Kultur geschlossen. Wie es Menschen gibt, die die gegenseitige Abhängigkeit und die Fragmentierung der Gesellschaft als Bedrohung empfinden, so gibt es auch Menschen, die den Verfall der Kultur beängstigend finden. Sie befürchten, daß dieser Verfall die vollständige Erosion von Normen und Werten nach sich ziehen könnte. Ihre Auffassung ähnelt meiner Skizze von der Kultur im Sinn eines leeren, morallosen Raumes, mit dem Unterschied, daß ich die Furcht vor einem bevorstehenden Untergang nicht teile – so unglaubwürdig vor dem Hintergrund des hier Ausgeführten dies auch klingen mag. Mir ist bewußt, daß mein Plädoyer eine Spannung zwischen Optimismus und Pessimismus erzeugt; und ich sehe sie nur positiv. Die Strategie der Hoffnung ist meiner Meinung nach zugleich auf Realismus wie auf Idealismus gegründet. Man muß die Wirklichkeit sehen können, wie sie tatsächlich nun einmal ist, und zugleich das Auge auf die Möglichkeiten richten, die im Schoß der Götter liegen. Gerade diese Spannung weckt, wenn sie ausgehalten wird, die Kreativität, die hier vonnöten ist. Hoffnung ist Leben im Spannungsfeld zwischen Zukunftserwartung und Zukunftsfurcht.

Als Gegengewicht und zur Vermeidung von Mißverständnissen wende ich mich nun wieder einer optimistischeren Tonlage zu. Auch Morallosigkeit ist als ein «verborgenes Glück im Unglück» zu betrachten. Provozierend gesagt: Morallosigkeit ist eine Station, die auf dem Weg zur Gewissensfreiheit passiert werden muß. Sie kann als Nullpunkt angesehen werden, als ein Nadelöhr. Die Erfahrungen, die wir damit sammeln, sind schmerzhaft. Der Verlust fester Traditionen, vertrauter Kodizes, Normen und Werte kann traurig stimmen. Solange keine fundamentale Neuorientierung stattfindet, bleibt das Gewissen gefangen.

Durch dieses Nadelöhr kann aber auch die Hoffnung schimmern, daß der Mensch in der Lage sein wird, von innen heraus, aufgrund persönlicher Beseelung, den Anschluß an überpersönliche moralische Orientierungen zu finden. Wie in den alten Mysterien gepflegt, ist dies ein innerer Entwicklungsweg. Im Gegensatz zu den alten Zeiten steht dieser Weg heute jedem offen. Um zu illustrieren, was ich meine, verweise ich auf einen Autor, der in einem hervorragenden Buch über «die lernende Organisation» eine bemerkenswerte Antwort auf die Frage gibt, wie Menschen sich in zerrütteten Situationen fruchtbar entwickeln können.

Peter Senge schrieb 1990 das Buch «The Fifth Discipline» [deutsch unter dem Titel «Die fünfte Disziplin» erschienen]. Er argumentiert: Menschen lernen im allgemeinen durch das Systematisieren von Erfahrungen. Wie verhält man sich aber in Situationen, in denen man die Folgen des eigenen Handelns nicht absehen kann? Er betrachtet also Situationen, in denen Zeit und Raum chaotisiert erscheinen. Senge sagt, daß der Mensch in solchen Situationen eine lernende Haltung entwickeln muß, die über das normale Lernen weit hinausgeht. Normalerweise halten wir Lernen für das Sammeln von Erfahrungen, das Entwickeln von Fähigkeiten oder Kompetenzen. Man befleißigt sich also bestimmter Handlungsfolgen, die mit Fähigkeiten oder Kompetenzen beschrieben werden können. Nach Senge müssen wir diesen Lernpfad verlassen, weil auf dem neuen Weg etwas ganz anderes von Bedeutung ist, das «Metalernen», nämlich: das Lernen zu lernen. Er nennt dieses Lernen «persönliche Meisterschaft».

Darin verbirgt sich ein lebenslanger Prozeß, in dem man nach und nach lernt, im Leben die Dinge zu tun, die von Belang sind. Es geht also darum, aus dem Leben ein kreatives Werk zu gestalten. Senge beschreibt Menschen, die diese persönliche Meisterschaft in ihrem Leben erreichen konnten,

Menschen, die eine Vision haben. Diese Vision ist aber mehr als eine zufällige Sammlung schöner Ideen, eher ein Aufruf. Durch ihre Vision hindurch wird spürbar, daß sie sich nach einem bestimmten Ziel, einer Bestimmung richten. Ihre Vision wird nicht als zufällig erfahren, sondern steht in einem direkten Zusammenhang mit dem, was die Betroffenen in ihrem Leben offensichtlich als Berufung erfüllt.

Kennzeichnend für solche Menschen ist auch, daß sie mit den Kräften der Verwandlung arbeiten. Sie halten Veränderungen nicht auf, sondern stehen der dynamischen Wirklichkeit positiv gegenüber. Es sind auch Menschen, die nie «ankommen». Sie fühlen sich darüber hinaus mit anderen Menschen und mit dem Leben verbunden, ohne etwas von ihrer Einmaligkeit preiszugeben. Sie stellen sich in den Dienst eines größeren Ganzen, ohne die Färbung dieses Ganzen anzunehmen – sie ruhen in sich selbst und bleiben echt. Sie fühlen sich aufgenommen in einen großen schöpferischen Strom. Das wird von Senge nicht näher beschrieben; man kann sich darunter aber einiges vorstellen. Diese Menschen sind also nicht nur schöpferisch im eigenen Lebensentwurf, in der persönlichen Aufgabenstellung, sondern auch in ihrem Umfeld, weil sie mit ihm eine aktive Beziehung aufgenommen haben.

Peter Senge beschreibt einen Lernweg, der verwandt ist mit demjenigen, der in den alten Mysterien gepflegt wurde. Dort nahm man Verbindung mit dem eigenen Bewußtseinshorizont auf, der dadurch zum inneren Lernhorizont wird. Man lernte nicht nur, den eigenen Bewußtseinshorizont zu begreifen, sondern ihn auch im Verhältnis zum größtmöglichen Horizont – dem Kosmos – zu betrachten. Zu lernen, sich in einer grenzenlosen Existenz zu orientieren, spielte in der

5. *Kultur*

Mysterienschulung immer eine große Rolle. Man trat in eine geistige Wirklichkeit ein und mußte damit auf die gewöhnlichen Begrenzungen der sinnlichen Wirklichkeit verzichten. Das bedeutete, auf die eigene schöpferische Kraft, auf das eigene Unterscheidungsvermögen angewiesen zu sein.

Mein Plädoyer zielt darauf, die Dynamik der Turbulenz von aus dem Gleichgewicht geratenen Situationen mit der Dynamik der Wirklichkeit, wie man sie in den Mysterienschulen kennenlernte, zu vergleichen. Peter Senge sagt, die einzige Antwort sei die persönliche Meisterschaft. Als ich das las, wurde mir klar: Offensichtlich gibt es Menschen, die eine klassische Botschaft auf moderne Weise darstellen können. Es ist wichtig, daß dies in einer heutigen Sprache geschieht, die an die Probleme der Menschen in Organisationen und im persönlichen Leben anschließt.

Natürlich ist es eine Frage, wie man die persönliche Meisterschaft üben kann. Peter Senge stellt zwar die Notwendigkeit dazu fest, führt in seinem Buch aber nicht aus, welche Vorgehensweisen es dazu gibt. Da er sich primär der Frage widmet, wie Organisationen lernen können, und die Notwendigkeit zur persönlichen Meisterschaft eher nur marginal berührt, kann darin kein Vorwurf liegen.

Wenden wir uns wieder dem Kernthema dieser Betrachtung zu, der Zerrüttung. Wie kann persönliche Meisterschaft in einer Situation drohender Zerrüttung geübt werden? Dazu muß genau betrachtet werden, was Zerrüttung besagt. Zerrüttung ist eigentlich keine Situation, vielmehr ein Prozeß, der seine Dynamik aus einer fortwährend wechselnden schöpferischen Spannung zwischen bestimmten Polen bezieht. Pole sind nicht nur die äußersten Positionen, die sich in einer dualen Beziehung einander gegenüberstehen, sie sind auch über eine gemeinsame Mitte miteinander verbunden. Damit ist Polarität keine eigentliche Dualität, sondern eine Dreigliedrigkeit. Entfällt ihr die schöpferische Spannung, die Mitte, so lösen sich auch die beiden Pole ab und geraten zum Gegensatz.

Wer persönliche Meisterschaft üben will, der steht vor der Gefahr einseitig zu werden, wenn er sich von dem einen oder anderen Pol zu stark angezogen fühlt. Allen gesellschaftlichen Kernprozessen liegen derartige Polaritäten zugrunde: der Wertschöpfung oder Wertvernichtung, der Bildung oder Auflösung von Beziehungen, der Erneuerung oder Alterung. Viele Erscheinungen dessen, daß etwas aus dem Gleichgewicht geraten ist, rühren davon her, daß einer der beiden Pole übermächtig geworden ist. In der maßlosen Geldsucht liegt ein Ungleichgewicht, ein einseitiger Egoismus; in der maßlosen Selbständigkeit liegt ein einseitiger Individualismus und in der maßlosen Unverbindlichkeit ein einseitiger Materialismus.

Einseitigkeit ist für sich genommen weder gut noch schlecht. In Entwicklungsprozessen kann sie sogar sehr funktional sein. Beispielsweise sind Differenzierung und Spezialisierung im Berufsleben Ausdruck sinnvoller differenzierender Tendenzen. Einseitigkeit kann aber auch disfunktional sein. Zerrüttung entsteht, wenn Einseitigkeiten so dominant werden, daß sie vom Bewußtsein nicht mehr in Beziehung zum größeren Ganzen, zum Hauptstrom gehalten werden können. Dann entsteht eine Wucherung, und die ist disfunktional.

Wucherungen können sich nicht endlos weiterentwickeln. Im äußersten Fall führen sie zum Tod. Der Wucherung wird in der Regel nach einem bestimmten Gesetz eine Art natürlicher Begrenzung gesetzt, oft in der Form einer Gegenkraft, die aus dem System selbst hervorgeht. Solche Gegenkräfte können häufig beobachtet werden; ihre Bedeutung wird aber oft unterschätzt. Aus dem Innern des Systems hervorgehend, bewegt sich etwas, das unbeachtet bleibt, manchmal auch verdrängt wird, dennoch aber wirksam ist. In der Psychoanalyse spielt das Bild der Verdrängung eine große Rolle. Entwickelt sich etwas einseitig in eine bestimmte Richtung, so wird zu einem bestimmten Zeitpunkt aus dem Unbewußten eine Gegenkraft hervorgerufen. Jede Einseitigkeit wird hinfällig, wenn das von ihr Unterdrückte plötzlich wirksam wird.

Ein Beispiel: Im ökonomischen System sind bestimmte Menschen aus dem Arbeitsprozeß ausgeschlossen. In der Regel meint man, diese Einseitigkeit sei noch beherrschbar. Plötzlich aber gibt es im Zusammenleben explosive Reaktionen, die im Gefühl der Ungerechtigkeit wurzeln. Die Ereignisse von 1992 in Los Angeles, als in der ganzen Stadt plötzlich emotionale Eruptionen aufbrachen, zeigen einen solchen Vorgang. Ähnliches, wenn auch in abgeschwächter Form, gibt es auch in Europa: Bauern, die mit ihren Traktoren zum Regierungssitz fahren, oder Studenten, die Bahnhöfe besetzen. Im Nu scheint das ganze System entgleisen zu können. Eine Variante ist der plötzliche Ausbruch einer Lungenpestepidemie. Immer handelt es sich um aus dem System geborene Reaktionen, die zunächst unbeachtet bleiben und das System noch mehr zerrütten.

Dieses Bild soll nicht erschüttern, sondern nur deutlich illustrieren. Offenbar gibt es ein in der Wirklichkeit vorhandenes Potential, das zu einem bestimmten Zeitpunkt korrigierend, selbstregulierend eingreift. Ich denke, Steuern in zerrütteten Umständen muß bedeuten, es nicht so weit kommen zu lassen, bis die selbstbegrenzende Gegenkraft wirksam wird, sondern zuvor schon mit dem Urteils- und Unterscheidungsvermögen umgehen und aktiv werden zu lernen. Wir müssen lernen, uns fortwährend zu fragen, was in einer bestimmten Entwicklung funktional und was disfunktional ist. Dann beschäftigen wir uns nicht mehr mit Richtig oder Falsch oder dem, was zulässig ist oder nicht, fragen nicht mehr nach Individualisierung oder Solidarität, ob wir Kapital anhäufen oder wirtschaftliches Wachstum anstreben sollen.

Das alles sind normative Fragen. Viel wichtiger ist es, situative Fragen zu stellen aufgrund der Einsicht in die Gesetzmäßigkeiten, die eine gewisse Dynamik bestimmen. Einseitigkeit ist für sich genommen weder richtig noch falsch, sondern eine Erscheinung, die wiederum Teil einer komplexen Wirklichkeit ist. Sobald die Einseitigkeit wuchert und sich von dem, was die Amerikaner den «mainstream» nennen, löst, isoliert sie sich vom Ganzen. Diese Isolation kann sowohl eine räumliche als auch eine zeitliche Dimension haben. Sie tritt an der Stelle auf, an der keine Verbindung zum größeren Ganzen mehr gegeben ist, oder in dem Moment, in dem sie außerhalb des Hauptstroms steht.

Sondert sich etwas vom Ganzen ab, so wird es ihm am Ende fremd. Manche Entwicklungen können so schnell ablaufen, daß sie dem «mainstream» vorauseilen. Alle Streßformen zum Beispiel sind Folgen einer Entfremdung vom Rhythmus des Zeitstroms. Ich benutze das Wort «fremd», weil das Geheimnis von Gut und Böse eigentlich nichts anderes ist als das Geheimnis des Fremden. Befreit man Gut und Böse von ihrem moralisierenden Gehalt und beschreibt sie mit den Begriffen der Funktionalität und Disfunktionalität, so tritt man zu ihnen in eine objektivere und konkretere Beziehung. Anstelle kategorischer Urteile, die sich auf externe, gewissermaßen über der Wirklichkeit stehende Autoritäten berufen, lernen wir es dann, Urteile zu entwickeln, die aus der Situation selbst stammen. Das Böse kann dann als etwas betrachtet werden, das für sich genommen gut sein kann, jedoch am falschen Ort oder im falschen Moment wirksam wird. Auf chaotische Situationen trifft das häufig zu.

In solchen Situationen wird Denken und Handeln nach dem klassischen Schema von Gut und Böse unmöglich. Dafür gibt es zwei Gründe. Der erste ist, daß im Zustand der Zerrüttung das Fremde nicht ausgegrenzt werden kann; der zweite ist, daß man keinen anderen für die Infiltration des fremden Elements schuldig machen kann. Es ist klassisch, das Fremde, das Disfunktionale als feindlich anzusehen, als etwas, das die Grenzen des eigenen Systems durchbricht und die Existenz bedroht. Die Außenwelt wird dafür schuldig gemacht, daß das eigene System unter Druck gerät.

Genau dieser Mechanismus ist in Situationen, in denen Raum und Zeit chaotisch werden, nicht mehr wirksam. 1989 ist auch in dieser Hinsicht ein symbolisches Jahr. Es markiert das Ende einer Epoche, in der dieser Mechanismus sowohl im persönlichen wie auch im sozialen Leben noch wirksam war. Ich illustrierte das anhand des bi-zentralen Weltbildes, in dem das eigene und das Fremde noch deutlich voneinander getrennt waren. An dessen Stelle tritt nun eine multizentrale Weltordnung, deren Machtzentren sich verschieben und ein pluriformes Bild zeigen. Es ist heute nicht mehr deutlich, wo Macht ausgeübt wird. Damit habe ich kein Urteil darüber gefällt, ob dies eine Wende zum Guten oder zum Schlechten ist.

Parallel zur Dynamik einer multizentralen Weltordnung wird auch das Böse multizentral. Man kann sich ihm nicht mehr fernhalten, seine Disfunktionalität breitet sich durch die ganze Gesellschaft aus. Das bedeutet, daß Einflüsse in das eigene System drängen, die nicht mehr zu eliminieren sind.

Seit 1989 wurde das Böse zu einer weltweiten Erscheinung, die sich nicht mehr an einem bestimmten Ort lokalisieren läßt. Es taucht unerwartet und grotesk dort auf, wo es am wenigsten erwartet wird. Zugleich wird das Böse anonym und diffus, es wird ungreifbar und zu einer Mentalität. In Konsequenz der herkömmlichen Beurteilung müßte man feststellen: Seit 1989 gibt es keine Hoffnung mehr, weil die Welt seitdem systematisch schlecht wird.

Seit wir die «Fremden» nicht mehr beschuldigen und unsere Probleme nicht mehr auf sie abwälzen können, ist die Zeit für eine neue Auffasssung von Moral reif. Sie kann nicht mehr auf Schemata beruhen, die die Welt in zwei Lager teilen, vielmehr geht sie von dem Gesichtspunkt aus, daß das Böse eine zu überwindende Disfunktionalität ist. Es ist zugleich eine Moral, die uns aufruft, eine neue Ethik zu entwickeln. Ich meine damit nicht, daß neue Normen und Werte formuliert werden müßten – das würde der alten Ethik nur einen neuen Namen verpassen. Es kann nicht um eine inhaltliche Erneuerung der alten Normen und Werte gehen. Es muß eine von Grund auf neue Auffassung von der Ethik entstehen.

In den nächsten Betrachtungen will ich diese neue Ethik untersuchen. Erich Neumann hat sie in einer gewissen Weise bereits skizziert. Das Faszinierende an Neumanns Buch «Tiefenpsychologie und neue Ethik» ist, daß es bereits 1948 die Konturen dieser neuen Ethik angerissen hat. Neumann beschreibt eine neue Umgangsform mit Gut und Böse, die sich etwa so kurz zusammenfassen läßt: Er stellt die Menschheitsentwicklung in großer Perspektive dar und meint, daß diese Entwicklung darauf gerichtet sei, den individuellen

Menschen hervorzubringen. Die große Frage ist dabei, so Neumann, ob es gelingen wird, einen nächsten Schritt auf dem Weg zu einer Gesellschaft freier Individuen zu tun.

Darin liegt eine unglaubliche Dramatik. Langsam, aber sicher wurde in der Menschheitsentwicklung das Eigeninteresse des einzelnen gewichtiger als das Interesse des Kollektivs. Der einzelne Mensch blieb nicht länger dem kollektiven Bewußtsein untergeordnet, vielmehr wurde er in seiner Eigenheit sichtbar. Sollte dies aber das Ende der Entwicklung sein, so droht eine enorme Einseitigkeit, die das Schicksal des Kollektivs nicht länger gewährleistet. Die Dramatik, die Erich Neumann skizziert, hat also mit der Umkehrung zu tun: Wird es dem einzelnen gelingen, seine erworbene Freiheit in den Dienst der weiteren Entwicklung des überpersönlichen Interesses, das wir Gesellschaft oder Menschheit nennen, zu stellen?

Dazu bedarf es einer neuen Betrachtungsweise von Gut und Böse. Denn früher, so Neumann, formulierte das Kollektiv die Regeln und Gebote für den einzelnen Menschen. Es wurden Normen und Werte aufgestellt, die in Form des menschlichen Gewissens wirkten. Eine externe Instanz legte fest, was richtig und falsch ist und wie sich der Mensch verhalten muß, um in Übereinstimmung mit dem Gruppeninteresse zu leben. Es ist nun die große Frage, ob es uns gelingen wird, diese externe Instanz durch eine innere, die Neumann als die «innere Stimme» bezeichnet, zu ersetzen.

Anzufügen ist Neumanns Feststellung, daß es auch in der Vergangenheit Menschen gegeben habe, die als Vorreiter ihre Gewissenskraft aus der inneren Stimme schöpften. In diesem Sinne wurden einzelne schon immer von ihrer inneren Stimme geführt. Wir stehen jetzt vor der Aufgabe, die innere Stimme als Quelle des Gewissens zum Eckpfeiler unserer persönlichen

Entwicklung auszubilden. Wir müssen unsere persönliche Meisterschaft, um nochmals Senge zu zitieren, so gestalten, daß die innere Stimme tragfähig wird und Motor eines moralisch schöpferischen Prozesses, in dem wir unser Verhältnis zu Gut und Böse, Richtig und Falsch verwandeln können.

Damit habe ich den Exkurs in die gesellschaftlichen Bereiche abgeschlossen. Zunächst stand die Frage an, ob es gerechtfertigt ist, die gegenwärtige Situation des sozialen Lebens als eine weit aus dem Gleichgewicht geratene zu bezeichnen. Die Erscheinungen und Prozesse, die beleuchtet wurden, sprechen eine deutliche Sprache. Die Antwort kann ohne jeden Doppelsinn «Ja» lauten.

Es gibt aber noch viel mehr dazu zu sagen. Bei näherer Betrachtung stellt sich als charakteristisch für den gegenwärtigen gesellschaftlichen Zustand heraus, daß er sich in drei Facetten differenziert: gegenseitige Abhängigkeit, Fragmentierung und Morallosigkeit. Diese Facetten haben jede für sich ihre eigene Heimat: die Ökonomie, die Politik und die Kultur. Selbstverständlich wirken sie durch die ganze Gesellschaft. Sie wurden als «verstecktes Glück im Unglück» beschrieben, worin sie sich sogleich als von einem statischen Zustand in ein dynamisches Dilemma wandelnd zeigen. Meine Darstellung dieser Verwandlung zielte auf die Vorbereitung der Frage, die dann zuletzt angesprochen wurde: Können und wollen sich die Menschen auf die moralische Wahl, die im dynamischen Dilemma liegt, einlassen? Sind wir imstande, die innere Stimme des Gewissens so zu mobilisieren, daß wir sowohl individuell als auch institutionell integer mit der Wahl umgehen können, die getroffen werden muß? Diese Frage führt zum dritten Teil der Betrachtungen über die Strategie der Hoffnung.

Teil 3 **Zukunft der Hoffnung – Ein Weg**

6. Die neue Ethik der inneren Stimme

Wenden wir uns nun der neuen Ethik zu. Wie wir bis heute über das Gute und Böse gedacht haben, und wie wir darüber in den kommenden Dezennien denken werden, das wird sich prinzipiell unterscheiden. Mit dem Verschwinden der bi-zentralen Weltordnung ist auch das Böse multizentral geworden. Es ist überall und nirgendwo, schlicht diffus – ein schleichendes Gift, das sich in der ganzen Gesellschaft ausbreitet. Man mag das als das Große Böse bezeichnen, im Unterschied zum Kleinen Bösen, das sich im Zwischenmenschlichen abspielt, wo Menschen einander auf persönlicher Ebene Unrecht tun. Das Große Böse wirkt selbstverständlich auch fortwährend im Menschen, aber es ist zugleich unpersönlich und anonym. Es nistet in der Kultur als Mentalität, als System.

Die düstere Wirkung des Großen Bösen rührt vor allem davon her, daß es einen Grauschleier der Moralosigkeit über das ganze soziale Leben legt. Es hält eine fremde, unbestimmte Düsternis Einzug in das heitere tägliche Leben der Make-up-Kultur. Äußeres Glänzen und Funkeln können daran offensichtlich nichts ändern. Das Gegengewicht dazu wird von anderswo, schließlich aus uns selbst, aus der selbstreinigenden Kraft der Gesellschaft kommen müssen.

Das anonyme Böse

Dazu reicht es nicht aus, ein paar Verbrecher festzunehmen. Das wird deutlich, wenn man die große Kriminalität ins Auge faßt. Die klassische Auffassung von der Kriminalitätsbekämpfung ging immer davon aus, daß zu einem Delikt auch ein Täter gehört. Deshalb erwartete man von Polizei und Justiz, daß sie den Täter im Namen des Volkes suchten, vor Gericht stellten, verurteilten und bestraften. Ende der Geschichte! Alles Düstere beseitigt! International operierende kriminelle Organisationen, die sich wie Tintenfische in unserer Gesellschaft bewegen und verzweigen, lassen sich allerdings auf diese Art nicht fassen. Kurz, das Große Böse, welcher Signatur auch immer, ist nicht ohne weiteres zu bezwingen, geschweige denn zu eliminieren. Das einzige, was dauerhaft effektiv sein kann, ist das Aushungern des Großen Bösen, ihm die Nahrung zu entziehen. In meinen Worten heißt das, das selbstreinigende Vermögen unserer Gesellschaft zu mobilisieren. Allerdings läßt zur Zeit nun gerade dieses Vermögen sehr zu wünschen übrig.

Ich habe bereits gesagt, die Haltung der Unverbindlichkeit wirke sich so aus, daß sich die Menschen in einem Raum der Moralosigkeit wähnen. Das anonyme Bösen ist dem nur förderlich. Es flüstert uns sozusagen ein, daß persönlicher Einsatz nicht mehr gefragt sei; nach dem Motto: «Es ist gar nicht so wichtig, was man tut», denn das Gute wird nicht belohnt und das Böse nicht bestraft. Wozu soll man sich dann noch engagieren?

Die Gegenkräfte spinnen ein Netz aus zwei unterschiedlichen Fäden, zum einen aus dem Slogan der Unverbindlichkeit: «Es muß einfach möglich sein!» zum anderen aus dem Slogan des anonym Morallosen: «Es macht doch sowieso nichts aus!» Früher wurden diese Gegenkräfte als die Mächte der Finsternis bezeichnet. Ihnen standen die Kräfte des Lichts gegenüber. Wir werden sehen, daß in der neuen Ethik diese statische Dualität in Bewegung kommt, so daß sie für Individuen wie für Institutionen handhabbar wird. Dazu werde ich den bereits ausgesprochenen Gedanken heranziehen, daß das Böse eigentlich nichts anderes als eine Einseitigkeit ist. Das Böse ist das Gute, allerdings zur falschen Zeit und an falscher Stelle.

Um das selbstreinigende Vermögen der Gesellschaft zu stärken, werden wir viel in junge Menschen investieren müssen. Sie treffen gegenwärtig auf zu viele Erwachsene mit Dollarzeichen in den Augen und Symbolen der Gegenkräfte auf der Stirn. Es sollte uns nicht wundern, daß sie mit der selbstverständlichen Haltung aufwachsen, die Folgen menschlichen Handelns wären rein zufällig. Hier geht es – wie beim Lottospiel – im gewöhnlichen Leben nicht um die Frage, ob man für das, was man tut, geradestehen kann; vielmehr um das Punktemachen. Und was dabei nicht gelingt, wird einfach als Pech abgetan.

Eine Folge dieser Selbstverständlichkeit ist, daß junge Menschen nicht mehr lernen, im Leben Prioritäten zu setzen. Um Prioritäten setzen zu können, muß man aber schließlich die Frage beantworten, ob etwas sinnvoll ist. Sichtbar wird zugleich – wenn uns die Zeichen nicht trügen – ein sich anbahnendes Bewußtsein dafür, daß man im Leben ganz sicher fundamentale Entscheidungen treffen muß. Leider nur werden viele dieser Entscheidungen auf der falschen Ebene getroffen. Sie orientieren sich nicht an Leitbildern, sondern werden auf strategischer, häufig sogar auf pragmatischer Ebene getroffen. Zu häufig werden solche Entscheidungen nicht als moralische Fragen erkannt, was zur Folge hat, daß die Willkür in der Gesellschaft zu- und die Bereitschaft abnimmt, die Konsequenzen des Handelns zu befragen. Um dem entgegensteuern zu können, ist es wichtig zu bemerken, welch einfallsreiche Kniffe das Böse benutzt. Ein erster Teil dieses Kniffs hat etwa folgenden Ablauf: Zeigen sich unvermutet negative Konsequenzen des eigenen Handelns – beispielsweise aus einer falschen politischen Entscheidung, einem buchhalterischen Fehler, aus der Umweltverschmutzung oder dem «Ausstoßen» von Menschen –, dann wird dies einfach als kleines Versehen bezeichnet; beiläufig wird dem Überbringer der schlechten Nachricht höflich gedankt. Man geht aber unverzüglich zur Tagesordnung über. Der zweite Teil stellt sich so dar: Das Böse zerstört das natürliche Schamgefühl. Zu beachten ist, die Rede ist nicht von falscher Scham, denn diese müssen wir so rasch wie möglich überwinden. Nein, ich ziele auf eine essentielle Eigenschaft, die menschenkundlich äußerst bedeutsam ist. Das natürliche Schamgefühl ist von vitaler Bedeutung, das Gewissen zu wecken. Scham tritt spontan in der Seele auf, wenn man einem anderen Menschen größeres oder kleineres Unrecht angetan hat. Mit diesem Gefühl verbindet sich unmittelbar das Empfinden: «Das nächste Mal möchte ich es besser machen»; es ist Grundlage für die Selbstkorrektur. In der Selbstkorrektur liegt wiederum der Kern des selbstreinigenden Vermögens der Gesellschaft. Eine Gesellschaft, die das Vermögen zur Selbstkorrektur verliert, liefert sich erst recht den Gegenkräften aus.

Das anonyme Böse will uns eigentlich suggerieren: «Mach dir nichts aus der Scham. Sie ist altmodisch, unsinnig und kindlich»; schließlich soll ja alles möglich sein!? Man braucht sich also für nichts zu schämen. Daß das Schamgefühl eine wichtige Quelle unserer Handlungsorientierung ist, daß es deutlich macht, ob man im Einklang mit den eigenen moralischen Maximen lebt, das wird dabei negiert. Damit ist die alte Ethik am Ende.

Die alte Ethik kommt gegen diese groteske Situation nicht an, sie braucht das Schamgefühl und hat zugleich die Neigung, es in Schuldgefühle umzuformen. Die alte Gebotsethik, die vorab schon festgelegt hat, wofür man sich schämen muß, bringt das Gefühl von Schuld mit sich, sobald wir die kodifizierten Werte und Normen verlassen. Ich meine, daß die heutige Kultur dieses essentielle menschenkundliche Fundament verletzt, darüber hinaus, daß deshalb etwas Neues entstehen muß und kann, eine Ethik, die nicht auf Schuldgefühlen, sondern auf dem freien Willen gründet, es besser zu machen.

Die neue Ethik bezeichne ich als eine «Unterwegs-Ethik» oder auch als eine Ethik der «Wirkungen». Sie bestimmt nicht mehr vorab, welche die richtigen und die falschen Wege sind, sondern läßt während des Unterwegsseins gewissenhaft beobachten, wie die Wirkungen des Handelns ausfallen. Dabei wird immer aufs neue versucht, vorübergehend gültige moralische Maßstäbe zu entwickeln – ich sage vorübergehend, weil die moralischen Maßstäbe entstehen und wieder vergehen müssen.

Damit soll nicht behauptet werden, die alte Ethik sei nun überflüssig geworden. Ich möchte von vornherein den Eindruck vermeiden, daß nun plötzlich und vollständig von der einen auf die andere Ethik überzugehen sei; alte und neue Ethik werden noch lange Zeit nebeneinander existieren müssen. Um die neue Ethik weiter auszuarbeiten, komme ich noch einmal auf Erich Neumann zurück, der meiner Meinung nach ihr eigentlicher Schöpfer ist. Neumann verknüpft seine psychiatrischen Einsichten mit einer großen gesellschaftlichen Vision. Ich betonte bereits, daß er schon 1948 sagte: «Wir sind auf dem Weg zu einer Gesellschaft freier Individualitäten.» Hinzuzufügen bleibt, daß er meinte, dieser Weg führe mitten durch die Konfrontation mit dem Großen Bösen.

Neumann beschäftigte sich als Psychiater auf besondere Weise mit dem Bösen im Menschen. Er spricht davon, daß die alte Ethik eine widersprüchliche Wirkung entfaltet habe. Einerseits muß der Mensch den in der Gesellschaft kollektiv angelegten Normen und Werten genügen, andererseits sieht er sich authentischen inneren Triebfedern ausgesetzt. Die alte Ethik bewirkt, daß alle innerlichen Eigenschaften und Neigungen, die nicht mit den kollektiven Anforderungen übereinstimmen, entweder unterdrückt oder verdrängt werden. Unterdrückung und Verdrängung sind die Mechanismen, die den Menschen in Übereinstimmung mit dem kollektiven Ideal bringen.

Neumann hat diese beiden Mechanismen deutlich gekennzeichnet. Einerseits spricht er von der «Scheinpersönlichkeit», auch «persona» genannt, andererseits vom «Schatten». Persona ist der Teil des Menschen, der geschaffen wird, um den Werten und Normen des kollektiven Ideals zu genügen. Was daraus hervorgeht, ist eine Scheinpersönlichkeit, weil nicht sicher ist, ob die kollektiven Werte und Normen mit dem tiefsten Kern des Menschen wirklich übereinstimmen.

Der Schatten entsteht dadurch, daß der Mensch seine Unvollkommenheit verdrängt. Was verdrängt wird, sinkt in das Unbewußte und wirkt dort weiter, begleitet den Menschen weiterhin als unbewußter Schatten durch sein Leben. Neumann meint, daß in Folge dieser Mechanismen ein

Schuldgefühl entsteht, das irgendwie kompensiert und von dem man – da es unfruchtbar ist – «gereinigt» werden muß. Nach der alten Ethik läuft diese Reinigung – individuell und kollektiv – so ab, daß der Schatten nach außen projiziert und als Sündenbock «in die Wüste geschickt» wird. Auf diese Weise wird die Gemeinschaft gereinigt. Mit den zuletzt von mir benutzten Begriffen könnte man sagen, daß alles, was dem Kollektiv als fremdartig gilt, auf diese Weise aus ihm entfernt wird.

Neumann geht davon aus, daß diese Abläufe unserer modernen Kultur nicht mehr angemessen sind, denn sie wirken nur so lange, wie der einzelne das Schicksal des Kollektivs als sein eigenes akzeptiert, sich als Teil des Ganzen fühlt, Probleme des Kollektivs als eigene Leiden erlebt. Nur unter dieser Bedingung ist der Zusammenhang zwischen dem Mechanismus, negative, gesellschaftlich nicht akzeptable Eigenschaften zu verdrängen, und den Vorgängen in der Gesellschaft sinnvoll.

An dieser Stelle muß eine neue Ethik entstehen, nach Neumann die Ethik der inneren Stimme, die ihre Wurzeln in der ungebrochenen Persönlichkeit hat. Ihr kann es nicht mehr darum gehen, eine Scheinpersönlichkeit in Übereinstimmung mit den Erwartungen der Gesellschaft aufrechtzuerhalten und ihr zuliebe das Unvollkommene in der Seele zu verdrängen. Nein, es geht darum, die ganze Persönlichkeit zu akzeptieren und damit auch ihre Schattenseiten. Erst wenn auch der Schatten akzeptiert wird, kann er der ganzen Persönlichkeit integriert werden.

Das ist Neumanns neue Ethik der inneren Stimme. Er fügt noch hinzu, daß der Mensch, der seinen finsteren Schatten als seinen Bruder annimmt, bemerken wird, daß auch seine

Nächsten einen derartigen Schatten haben. Durch dieses Erkennen wird er eher geneigt sein, sich mit dem Schicksal des Mitmenschen zu verbinden. Erich Neumann geht sogar so weit zu sagen: «Wenn diese Einsicht in der Kultur durchbricht, wird auch eine neue Solidarität entstehen.»

Ich verlasse Neumann nun, um meinen eigenen Faden wieder aufzunehmen. Es stellt sich die Frage: Sind wir, wenn wir eine persona aufgebaut haben, die den ethischen Anforderungen des Kollektivs genügt, und wenn wir darüber hinaus unseren Schatten erfolgreich verdrängt haben, auch schon integer? Meine Antwort: Nein. Wir müssen lernen, eine neue Form der Integrität zu entwickeln, die weiter reicht, als nur den äußeren Werten und Normen zu genügen.

Das Wort Integrität bedeutet im physischen Sinn: ungeschunden, im psychisch-moralischen Sinn: unparteiisch, innerlich frei. Nehmen wir diese beiden Bedeutungen als Ausgangspunkt, so hat Integrität einerseits mit Ganzheit oder Vollständigkeit zu tun, andererseits mit Authentizität oder Eigenständigkeit; beide Bedeutungen können in dem Wort Echtheit zusammengefaßt werden. Ich setze deshalb Integrität mit Echtheit gleich.

Es geht also eigentlich darum, in der neuen Ethik die Echtheit zum Ausgangspunkt des moralischen Handelns zu machen. Damit sage ich zugleich, daß Echtheit keine angeborene Eigenschaft ist, keine Charaktereigenschaft, die uns von Beginn unseres Lebens an gegeben wäre. Die Echtheit, von der ich spreche, muß errungen werden. Und das ist ein lebenslang dauernder Prozeß, in dem fortwährend überprüft werden muß, ob die innere Stimme tatsächlich Richtschnur des Handelns ist. Echtheit wird auf einem Weg der Prüfung erworben.

6. Die neue Ethik der inneren Stimme

Gegenwärtig geht es darum, die Unechtheit zu demaskieren. Wer die Augen offen hält, der sieht, daß das auch tatsächlich geschieht – wenn manchmal auch in karikierter Form. Häufig wird die Neigung zur Demaskierung, wie im Politischen und in der Journalistik, von einem gewissenlosen Verfolgungstrieb begleitet. Dennoch sind zwei Erscheinungen zu bemerken: einerseits die anonyme Wirkung, andererseits die Enthüllung des Bösen. Ein eigenartiges Paradox, in das wir da hineingeraten sind.

Der Übergang von der alten zur neuen Ethik ist dadurch gekennzeichnet, daß das Gewissen als externe Funktion durch das Gewissen als interne Funktion ersetzt werden muß. Die alte Ethik ist nicht einfach hinter uns; im Gegenteil, es ist unmöglich, die neue Ethik auf einmal realisieren zu wollen. Sie bedarf eines langen Weges. Wir können nicht davon ausgehen, mit ihr heute oder morgen ans Ziel zu kommen. Zwei Probleme treten in der Folge auf. Das erste: Wie kann der Gegensatz zwischen Gut und Böse so fruchtbar gemacht werden, daß sie sich versöhnen können? Sollte das unmöglich sein, so hätte das Nachdenken über eine Gewissenskraft in uns, das uns auf den langen Weg zwischen Echtheit und Unechtheit führt, keinen Sinn. Dann hätten wir auf ewige Zeiten mit dem statischen Dualismus zu leben.

Meinen Betrachtungen liegt die Unterstellung zugrunde, daß eine Verwandlung möglich ist. Was zu einem bestimmten Zeitpunkt gut ist, kann zu einem anderen auch böse werden; und umgekehrt. Ich habe bereits dargelegt, daß das Wesen des Bösen in der Entstehung einer disproportionalen Einseitigkeit liegt. Diese Option macht es möglich, etwas, das sich zu einem bestimmten Zeitpunkt vom Ganzen löste, wieder dem Ganzen einzubinden. Das zweite liegt in der Frage begründet, ob es überhaupt so etwas wie das individuelle Gewissen gibt. Niemand Geringerer als Papst Johannes Paul II. hat diese Frage kürzlich mit einem kompromißlosen Nein beantwortet. Er schrieb in der Enzyklika «Splendor veritatis»: «Das individuelle Gewissen kann niemals Norm für menschliches Handeln sein.» Warum nicht? Weil die Gewissenskraft des Menschen zu schwach ist. Das bedeutet, daß der Mensch vor seinem Scheitern bewahrt werden muß. Die einzige Garantie dafür liegt darin, daß er sich unter die Obhut der römisch-katholischen Kirchenlehre stellt.

So weit der Papst. Er meint sogar, daß dazu auch Moraltheologen keine Aussagen machen können, einzig und allein die offizielle kirchliche Aufsicht. Diese Haltung ist allerdings nicht nur auf die römisch-katholische Kirche beschränkt. Sie ist tief in unserer Kultur verankert und geht auf Augustinus zurück, der von 354 bis 430 nach Christus lebte. Augustinus wird von vielen Menschen als ein großer Geist angesehen, als der erste Philosoph nach den großen Griechen mit universaler Orientierung. Er überragte seine Zeitgenossen bei weitem und gilt vielen als der Vater aller Kirchenväter. Es ist interessant, sich sein Leben vor Augen zu führen.

Augustinus wurde in Nordafrika, in der Nähe von Karthago geboren. Er war ein wilder Junge. Als Jugendlicher führte er ein leidenschaftliches Leben. Zu einem bestimmten Zeitpunkt kam er mit dem Manichäismus in Berührung, eine ein Jahrhundert zuvor von Mani begründete und inzwischen schon weit verbreitete Weltreligion – vom Atlantischen Ozean bis beinahe nach China. Augustinus begegnete also dem Manichäismus, dem er etwa zehn Jahre verbunden blieb, bis er beschloß, sich nicht weiter mit ihm zu beschäftigen. Er reiste nach Europa und konvertierte nach einiger

Zeit in Rom zum Christentum. Schließlich kehrte er nach Nordafrika zurück, wo er zum Bischof geweiht wurde und sein Leben in Abgeschiedenheit verbrachte. Dort empfing er viele Menschen, die ihn von Rom aus besuchten und ihm die Frage stellten, wie es denn möglich sei, daß das römische Reich in sich zusammenfällt und an Immoralität zugrundegeht.

Augustinus beschreibt seine Bekehrung sehr ausführlich in dreizehn Büchern, den sogenannten «Bekenntnissen», sein inneres Ringen, wie er in die tiefsten Tiefen seiner Seele absteigt und, um mit den Begriffen von Erich Neumann zu sprechen, mit seinem Unbewußten und den Schattenseiten seiner Seele konfrontiert wird. Fortwährend sucht er in seinen Bekenntnissen nach einer Antwort auf die Frage, was Wahrheit ist. Das ist sein Lebensthema. Augustinus beantwortet sie damit, daß die Frage letztendlich vom Menschen nicht zu beantworten sei. Wahrheit über das Wesen des Menschen und über die Essentialien seiner Existenz sei in der menschlichen Seele nicht zu finden. Sie liege ausschließlich in Gott. Gott aber ist sinnlich nicht wahrnehmbar, höchstens in seinen Worten erkennbar, in denen er sich uns offenbart.

Augustinus zeichnet uns also einen Menschen, der in seinem Ringen nicht über eine innere Stimme verfügt. Letztenendes muß er sich der Stimme Gottes überlassen, die ihn von seinen Leiden erlösen und den rechten Weg weisen kann. Zugleich sagt Augustinus damit auch etwas über die Verbindung zwischen Gott als Schöpfer und dem Menschen als Geschöpf. Für ihn ist die Schöpfung vollendet. Wie ein Künstler seine schöpferische Kraft in einem Kunstwerk äußert, das von ihm losgelöst bestehen kann, so schuf Gott die Erde. Zwischen Gott als Schöpfer und seiner Schöpfung, zu der auch der Mensch zählt, liegt per Definition eine Kluft. Der Stellung des Geschöpfes Mensch entsprechen dann auch Gesetze und Gesetzmäßigkeiten, wie sie in der Schöpfung begründet liegen.

Daraus ergibt sich eine große Frage: Wie ist es möglich, daß derselbe Gott, der auch für Augustinus ein allmächtiger und guter Gott ist, auch das Böse in der Schöpfung zugelassen hat? Eine Frage, die bis heute ungelöst geblieben ist; auch Augustinus konnte sie nicht lösen. Wenn er sagt, das Böse sei die Verneinung des Guten und deshalb gar nicht existent, so bleibt das Rätsel dennoch bestehen. Wenn Gott allmächtig ist, warum hat er dann das Böse verursacht? Und, wenn er es nicht selbst verursacht hat, warum hat er es dann zugelassen?

Man kann das aber auch ganz anders sehen. Weit vor Augustinus, und zwar in griechischer Zeit, liegt ein Ereignis, das deutlich macht, daß es sicher schon so etwas wie ein individuelles Gewissen gegeben haben muß. Ich möchte dieses Ereignis anhand der beiden großen Tragödiendichter Aischylos und Euripides erläutern. Beide haben sich mit der Figur des Orest beschäftigt, und es ist interessant zu sehen, wie beide Schriftsteller den Umgang Orests mit dem Bösen behandeln; obwohl zwischen beiden nicht mehr als ein halbes Jahrhundert liegt.

Zunächst kurz zur Figur des Orest. Agamemnon wird von seiner Frau Klytämnestra und ihrem Liebhaber ermordet. Gemäß den geltenden kollektiven Normen jener Zeit und ihrer Ethik muß dieser Mord gerächt werden, was auch von den Göttern, die Bestandteil dieser Ethik sind, gebilligt wird. Orest ist es, der den Mord rächen muß; das heißt, er muß seine Mutter ermorden.

6. Die neue Ethik der inneren Stimme

Bei Aischylos hat die Auseinandersetzung des Orest mit dem Bösen einen überpersönlichen, kollektiven Charakter. Orest begegnet den sogenannten Furien, den Rache-Göttinnen. Diese verfolgen ihn und erinnern ihn an seine Aufgabe. Das trägt noch nichts Individuell–Menschliches an sich; das Urteil steht schon fest und kommt von außen. In dem Moment, in dem er von jeglicher Schuld freigesprochen wird, verwandeln sich diese Göttinnen in wohlgesinnte. Sie bleiben aber weiterhin Göttinnen, die Orest in überpersönlicher Weise achtet.

Bei Euripides ist das ganz anders. Seine Tragödie geht aus der individuellen Entscheidung des Menschen hervor, ist eine Tragödie von Haß und Liebe unter den Menschen, von menschlicher Leidenschaft. Nur das Ende scheint eine gewisse Ähnlichkeit mit Aischylos zu haben, wenn Apoll auftritt, der ein wenig wie ein Deus ex machina erscheint, ein Retter also, der aus dem Nichts kommt.

Das Essentielle an dem Übergang von Aischylos zu Euripides ist, daß das Böse bei ersterem noch überpersönlich ist und von den Göttern stammt, also noch eine kosmische Gestalt hat; der Mensch selbst steht in gewisser Weise außerhalb. Bei Euripides wird der Mensch dafür verantwortlich gemacht.

Euripides beschreibt die Geburt des individuellen Gewissens. Vor dieser Zeit gab es noch nicht einmal ein Wort dafür. Dieser Geburt gingen allerdings die berühmten Epen Homers, die Ilias und die Odyssee, voraus. In letzterem erzählt Homer vom jahrelangen Streifzug des Odysseus nach dem Trojanischen Krieg, womit er gewissermaßen der Möglichkeit des Menschen vorgreift, sich individuell zwischen Gut und Böse zu entwickeln, zwischen echt und unecht, auf einer Reise voller Prüfungen.

Odysseus wird als ein kluger Mensch beschrieben, der dennoch viele Prüfungen zu bestehen hat. Obwohl er fortwährend Schiffbruch erleidet, bleibt er auf seinem Kurs. Zu einem gewissen Zeitpunkt muß er die Enge zwischen Szylla und Charybdis passieren, die so gefährlich und berüchtigt war, daß sie kaum ein Seemann passieren wollte. Die Enge wird von zwei Felsen gebildet. Der eine ragt senkrecht aus dem Wasser bis in den Himmel empor. Auf ihm wohnt Szylla, die in einer Höhle den vorbeifahrenden Seeleuten auflauert. Sie ist ein Drache mit zwölf Pfoten und sechs langen Hälsen, mit denen sie alles Vorbeikommende ergreift und hoch hinauf in den Himmel wirft.

Charybdis bewohnt den anderen Felsen; auch sie ein Drache, der Wasser verschlingt und verschluckt. Ein in ihre Fänge geratener Seemann sinkt zuerst bis auf den sandigen Grund, bevor er von Charybdis verschlungen und später mit der bis hoch auf den Felsen spritzenden Gischt wieder ausgespuckt wird.

Deutlich ist hier von zwei Gefahren die Rede, von zwei einander entgegenwirkenden Kräften – wenn man so will: von zwei Einseitigkeiten. Es geht um zwei Prinzipien, die den Menschen bedrohen, ihm aber zugleich helfen, auf Kurs zu bleiben. Ein fesselndes Detail ist, daß Odysseus, nachdem es ihm gelungen war, zwischen Szylla und Charybdis hindurchzufahren, und er schon glauben konnte, endlich seine Prüfungen bestanden zu haben, wieder zurückgetrieben wird. Als einziges war von seinem Schiff noch der Mast übriggeblieben – Sinnbild des Ich. Am Mast festgeklammert, wird er zu Charybdis zurückgezogen. Im letzten Moment gelingt es ihm, sich an den Ast eines Feigenbaums zu klammern und dem Strudel in die Tiefe zu entkommen. Nachdem er zur

Ruhe gekommen ist, kann er seine Fahrt fortsetzen. Der Feigenbaum ist, wie bekannt, Sinnbild der Meditation. Es gelingt ihm also durch Meditation, der Bedrohung der Charybdis ein zweites Mal zu entkommen.

Offenbar will Homer auf die doppelte Gestalt des Bösen hinweisen: einerseits Szylla, die von ihrer hochgelegenen Höhle aus Vorbeikommende in den Himmel schleudert; andererseits Charybdis, die den Menschen in die Tiefe zieht, ihn anschließend wieder ausspuckt und auf den Felsen der Szylla wirft. Zweierlei Gestalten also, deren Einflußbereiche sich überschneiden und die sich gegenseitig bedingen, um zur vollen Wirksamkeit zu gelangen. In meinen Worten: Das Böse hat zwei Gesichter; auf der einen Seite die Einseitigkeit zum Licht, die sich im Himmelstrebenden, im Illusionären ausdrückt, auf der anderen Seite die Einseitigkeit zur Finsternis, zur Erde, die sich in Erstarrung äußert.

Das Bild Homers enthält einen Schlüssel. Anders als Augustinus, der ein statisches Bild vom Guten und Bösen malt, finden wir bei Homer ein dynamisches Bild. Zum einen ist hier nicht nur die Rede von *einer* Form des Bösen, sondern von deren zwei, zum anderen wird hier der Mensch als ein Wesen beschrieben, das mit beiden Formen des Bösen umzugehen hat.

Was Homer in poetischer Form als Prophetie niederlegte, wird viel später, nach der Erscheinung Christi auf Erden, von Mani und seinem Manichäismus wieder aufgenommen. Ursprünglich hieß Mani, der von 216 bis 276 oder 277 nach Christus lebte, Corbicius, Sohn aus einem persischen Geschlecht. Die Weltreligion, die Mani im 3. Jahrhundert als universale Religion für alle Menschen begründete, machte den Versuch, christliche Elemente mit Elementen aus den alten Religionen wie dem Buddhismus zu verbinden. Im

Manichäismus, der geraume Zeit eine starke Ausstrahlung hatte, ist die Absicht zu erkennen, die Prophetie der Odyssee in tatsächliches Handeln umzusetzen.

Charakteristisch für den Manichäismus ist, daß er lebensnah den kosmischen vom irdischen Aspekt des Bösen unterscheidet. Auf bildhafte Weise erzählt er die Geschichte von Licht und Finsternis, von zwei Reichen, die es bereits vor Beginn der eigentlichen Schöpfung gab, zwei vollkommene, umfassende und autonome Reiche. Man findet darin wieder, daß das Göttliche sich in der Zweiheit von Licht und Finsternis offenbart.

Tatsächlich heißt das, daß Licht und Finsternis aus dem Göttlichen hervorgehen. Die Schöpfung wird hier nicht wie bei Augustinus als statisches und endgültiges Ergebnis gesehen, sondern als ein Prozeß, der vom göttlichen Urkern ausgeht. Anders als bei Augustinus bleibt in der hervorgehenden Schöpfung der göttliche Ursprung in einer immer aufs neue wechselnden Form erhalten. Nichts von dem, was im Urprinzip oder in Gott enthalten war, geht verloren. Es kann auch keine Spaltung oder Kluft entstehen, weil das göttliche Innere sich auch noch in die spätere, differenziertere göttliche Offenbarung ergießt.

Diese Auffassung steht derjenigen, daß Gott – ob nach sieben Tagen oder mehr – die Schöpfung abgeschlossen hat, diametral gegenüber. Im Manichäismus sind diese beiden Reiche als Gegenbilder gezeichnet, zwei polare Prinzipien, die sich gegenseitig bedingen. In der kosmischen Legende des Manichäismus stellt sich dann heraus, daß sie sich aufeinander zu bewegen.

Jetzt wird es spannend. Denn neben diesen beiden Urprinzipien kennt der Manichäismus auch einen Entwicklungsprozeß in drei Epochen, die als «Äonen» bezeichnet werden. Im ersten Äon, das habe ich soeben skizziert, sind Licht und Finsternis noch voneinander getrennte Domänen, die einander zu bedingen scheinen und sich miteinander zu verbinden trachten. In dieser Verbindung findet eigentlich erst die wirkliche Schöpfungsgeschichte statt. Zu diesem Zeitpunkt wird dann auch der Urmensch geboren; mit ihm tritt zugleich der Tod auf.

Weiterhin spricht die kosmische Legende davon, daß eine Zeit kommen wird, in der sich Licht und Finsternis wieder trennen werden. Die Entwicklungsdynamik des Manichäismus kennt also zuerst getrennte Prinzipien, die sich verbinden und später wiederum trennen werden. Das ist der kosmische Aspekt von Licht und Finsternis, wenn man so will: von Gut und Böse. Dabei kann allerdings nicht einfach das Gute mit dem Licht und das Böse mit der Finsternis gleichgesetzt werden. Eine derartige Vereinfachung kennt nur der Monotheismus, der Licht mit Gott und Finsternis mit dem Satan identifiziert – das irritierende Bild vom Göttlichen, das sich in zwei Prinzipien differenziert hat, von denen jedes für sich böse Wirkung haben kann, wäre damit wieder hinfällig geworden.

Im Manichäismus ist die menschliche Seele der Schauplatz der Auseinandersetzung und Wechselwirkung zwischen Licht und Finsternis. Der Mensch muß lernen, mit beiden Kräften umzugehen, die in ihrer Einseitigkeit disfunktional sein können. Er gerät sowohl unter zuviel Licht als auch unter zuviel Finsternis aus dem Gleichgewicht. Modern gesagt: Man kann über sich hinauswachsen oder sich unterfordern. Das Über-sich-Hinauswachsen ist eine Form der Auseinandersetzung mit dem Bösen, bei der man zu leicht

Manichäismus

wird. Das Sich-Unterfordern führt unter bestimmten Umständen dazu, daß man zu schwer wird und den eigenen Entwicklungsweg nicht antreten kann. Das Bild vom Bösen ist im Manichäismus also differenziert, während unsere Kultur eigentlich nur an die Finsternis denkt, die vom Bösen ausgeht. Das Licht jedoch kann in seiner Einseitigkeit auch bösartig wirken.

Der Mensch gilt als Steuermann, der beide Kräfte ins Gleichgewicht bringen kann. In der Weltanschauung des Manichäismus kann der Mensch dies aus Freiheit und aufgrund seines eigenen Gewissens tun. Es gibt keine Instanz, die ihn aufforderte, sich nach gewissen Regeln zu verhalten. Es ist die Kraft der inneren Stimme, die – dem Manichäismus entsprechend – im Menschen wirksam werden muß. Wenn dies zu seiner Zeit auch nur einigen wenigen Führenden vorbehalten geblieben sein mag, so ist es heute jedem Menschen erreichbar.

Im Sozialen – und das ist wichtig zu sehen – war die Verbindung der beiden Prinzipien von Licht und Finsternis im 3. Jahrhundert nach Christus noch ohne große Bedeutung. Sie hat im Sozialen erst im 20. Jahrhundert ihren Anfang genommen. Man kann sagen, daß das kosmische Prinzip erst in diesem Jahrhundert das Soziale erreicht hat.

Dem Manichäismus ist die Seelenläuterung zentral, die nötig ist, den inneren Raum für die fruchtbare Wechselwirkung der Prinzipien zu bilden. Dieser Läuterung geht die Entwicklung des individuellen Gewissens einher, das eigentlich zwei Aspekte hat. Das Gewissen ist, wie ich schon ausgeführt habe, zunächst die Fähigkeit zu unterscheiden, zugleich aber auch die Fähigkeit zur Korrektur. Was einseitig zu werden droht, kann durch die Kraft des Gewissens wieder zum

Ganzen werden. Weil der alten Ethik, für deren Ausgestaltung insbesondere Augustinus verantwortlich ist, die Fähigkeit zur Korrektur nicht hinreichend ist, müssen ihr korrigierende Maßnahmen von außen zu Hilfe eilen. Der Mensch sei nicht imstande, selbst und mit anderen Menschen korrigierend einzugreifen. Neumann sagt dagegen, daß gerade das Leiden an der Einseitigkeit in uns die Kraft für korrigierende Bilder weckt. Die Korrektur ist für ihn nichts anderes als das Umformen des «Fremden» in etwas eigenes.

Der Manichäismus, aber auch die Gnostik – die historisch dem Manichäismus vorausging –, spricht von einem inneren Wissen, einem Wissen des Herzens, mit dem der Mensch sein individuelles Streben auf das Streben der göttlichen Welt abstimmen kann.

Das ist, was ich mit anderen Worten als das antizipierende Bewußtsein bezeichnet habe. Das Prinzip Hoffnung ist in der Möglichkeit begründet, nach dem, was im Schoß der Götter liegt, zu tasten. Hoffnung ist dann nicht eine Art Rettungsleine, die ich auswerfe, um mich an ihr entlangzuhangeln. Hoffnung ist das fortwährende Ringen, die Wolken der Einseitigkeit zu durchdringen, die sich zwischen mich und die Götter schieben. Bei meinem Suchen auf diesem Weg habe ich das gleiche Gedankengut in der Anthroposophie in eine moderne Sprache übersetzt gefunden. Rudolf Steiner schließt sich dem Gedanken an, daß es im Umgang mit Gut und Böse nicht um einen Dualismus geht, vielmehr um eine Dreigliedrigkeit: das Göttliche und seine beiden einander entgegenwirkenden Prinzipien, in die es sich differenziert hat und die als Entwicklungsprinzipien gelten können. Rudolf Steiner benutzt dafür eine Terminologie, die bereits Jahrhunderte alt ist. Er bezeichnet die beiden als das luziferische und das ahrimanische Prinzip, wobei sich ersteres auf das Licht, letzteres auf die Finsternis im erwähnten Sinn bezieht. Hinter diesen Prinzipien stehen konkrete geistige Wesen, die in der Entwicklung des Kosmos, der Erde und der Menschheit eine spezifische Rolle spielen. Diese Wesen werden Luzifer und Ahriman genannt und können sich in vielerlei Formen und auf unterschiedlichsten Ebenen in der Realität zeigen.

Die Pluriformität der göttlich-geistigen Realität, wobei es sich auch um die beiden Formen des Bösen handeln kann, ist bis heute höchst aktuell. Die manichäische Auffassung von der Verbindung beider Prinzipien tritt heute im Sozialen in Erscheinung.

Unser Rundgang durch die gesellschaftlichen Bereiche hatte zum Ziel, der Einsicht einen Ansatzpunkt zu liefern, daß wir seit 1989 zunehmend in einer «Verbindungskultur» leben. Unsere Kultur ist wesentlich durch Grenzenlosigkeit gekennzeichnet, im Sozialen durchkreuzen sich Gutes und Böses fortwährend; sie erscheinen in unterschiedlichen Gestalten, an unterschiedlichen Orten und zu unterschiedlichen Zeitpunkten. In einer solchen Situation muß es darum gehen, eine neue Beziehung zu ihnen aufzubauen. Der Kern dieser neuen Beziehung liegt in der Möglichkeit, mit dem Göttlichen Verbindung aufzunehmen und in Freiheit in einer Welt zu steuern, in der ständig Einseitigkeiten entstehen.

Die einander entgegenwirkenden Prinzipien können unterschiedlich bezeichnet weden. Neben Licht und Finsternis kann man auch an Polaritäten wie beispielsweise Verflüchtigung und Verhärtung denken. Alles, was zur Verflüchtigung neigt, kann als luziferisch, alles, was nach Verhärtung strebt, als ahrimanisch gelten. Deutlich wird dann, daß diese Polaritäten nicht eindeutig gut oder böse sind. Verflüchtigung ist weder gut noch schlecht, ebenso Verhärtung. Wichtig ist allein, wie sie in einer konkreten Situation wirken. Einmal ist Verflüchtigung eine Wirkung oder ein Prozeß, der uns aus der Realität herauszieht, ein andermal ermöglicht er uns das Atmen. Verhärtung kann in einer bestimmten Situation beispielsweise zu Bürokratismus führen, in einer anderen verhindert sie Formlosigkeit – unseren physischen Körper gäbe es ohne Verhärtung nicht. Psychologisch gesprochen hat das Luziferische mit übermäßiger Phantasie zu tun, eine extreme Einseitigkeit, die unter dem Einfluß Luzifers steht. Die verängstigte Beschränkung, die dem gegenübersteht, ist eine Einseitigkeit aus dem Einflußbereich Ahrimans.

Ich versuchte, mit einigen Beispielen deutlich zu machen, daß diese beiden Prinzipien trotz ihrer etwas altmodischen Bezeichnungen Urprinzipien sind, in denen das Böse steckt. Einsicht in solche Einseitigkeiten rüttelt uns auf für unsere Prüfungen, für den Erhalt unserer Identität, für das, was in der Welt geschehen soll; deshalb ist es nicht übertrieben, Luzifer und Ahriman als unsere Entwicklungshelfer zu bezeichnen.

Zum Schluß noch einige Worte zur inneren Stimme. Sie ist lange schon bekannt. So beschreiben die Evangelien die Prüfungen des Paulus vor den Pforten von Damaskus. Paulus spricht dabei von seiner inneren Stimme, wenn er sagt: «Nicht ich, sondern Christus in mir» – ein sehr bedeutungsvoller Satz, den man deshalb auch nur zögernd auszusprechen wagt. Ich denke, daß das Geheimnis der inneren Stimme nicht nur auf die menschliche Ich-Kraft deutet, sondern auch auf die Ich-Kraft, die in der Verbindung mit Christus entsteht – eine Kraft, die uns nicht so ohne weiteres zur Verfügung steht, sondern eine Kraft, die aus dem Leiden auf der Erde entsteht und – wie bei Christus – zur Überwindung der letzten irdischen Tatsache führt: des Todes.

Der Manichäismus ist ein christlicher Impuls. Im zweiten Äon, dem der Verbindung, entsteht mit dem Urmenschen zugleich der Tod. Das verweist auf den Auferstehungsmenschen im wahrsten Sinn des Wortes, kein leibhaftes, sondern ein geistiges Auferstehen. Die Auferstehung des Menschen im Geiste ist einmal – im Leben und Werk Christi auf Erden – «vorgemacht» worden. Paulus verweist darauf, wenn er sagt: «Nicht ich, sondern Christus in mir.»

Es kann nicht darum gehen, dazu eine externe Autorität anzurufen, vielmehr darum, einen Entwicklungsweg zu ahnen, der aus der Zerrissenheit des irdischen Lebens zur Ganzheit führt. Das Gewissen liegt dann in der Verbindung mit dem Göttlichen begründet. Der eigentlich wertbestimmende Faktor der neuen Ethik ist die innere Stimme, die, wie ich ausführte, mit und in Situationen umgeht. Das Gewissen möchte die Situationen wieder zur Ganzheit führen. Es korrigiert Einseitigkeiten. Das erst ist im wirklichen Sinn des Wortes Integrität.

6. Die neue Ethik der inneren Stimme

7. Das Gewissen im Lebenslauf und in der Entwicklung von Organisationen

In der ersten Betrachtung habe ich die von mir benutzten Quellen genannt und dabei betont, daß es zunächst noch etwas rätselhaft bleiben wird, wie sich die verschiedenen Begriffe, die mit der Strategie der Hoffnung in Verbindung stehen, aufeinander beziehen. Das soll nun geklärt werden.

Hoffnung ist eine universelle und fundamentale menschliche Fähigkeit, die, wenn sie mobilisiert wird, die Kraft verleiht, auf dem Grat zwischen Echtem und Unechtem zu balancieren. Hoffnung wird so zu einer verwandelten Lebenskraft. Echtheit ist dann die Qualität, in der ein Mensch, aber auch eine gesellschaftliche Institution, in seinen bzw. ihren charakteristischen Eigenschaften oder «Kernqualitäten» ohne jegliche Einschränkung konkret zum Ausdruck kommt. Es gibt sie nicht vorab, sie ist eine Errungenschaft, die erst nach einer Reihe von Prüfungen Gestalt gewinnt. Das Leiden – auch das Leiden am Bösen – wird so in der Form des Leidens am Einseitigen und Fremden zu einem essentiellen und positiven Bestandteil des Lebens. Menschenwürde ist ohne Leiden nicht zu denken. Darüber hinaus besitzen Menschen und Institutionen selbstverständlich noch weitere kennzeichnende Eigenschaften. Ihre essentiellen Qualitäten erhalten auf der Erde eine «Umhüllung» in Form eigener Beseelung und Leiblichkeit, mit denen sie ins Leben treten und eine mehr oder weniger dauerhafte Erscheinungsform annehmen. Menschen und Institutionen sind, so gesehen, geschichtete Entitäten. Der Begriff Integrität bezeichnet einen Austausch zwischen den verschiedenen Schichten, der ohne «Störungen» ist. Die beiden grundlegenden Komponenten der Integrität sind Vollständigkeit und Authentizität, auch Ganzheit und Ursprünglichkeit genannt.

So nahe einander Integrität und Echtheit liegen, es gibt kleine Unterschiede zwischen ihnen. Echtheit betrifft vor allem die Ausstrahlung, Integrität insbesondere die Qualität des Trägers und des Übertragenen. Mit der Echtheit konzentrieren wir uns auf die «performance», die Erscheinungsform, mit der Integrität mehr auf die «competence», die Identität. Selbstverständlich können beide Aspekte nicht voneinander getrennt werden.

Moral dagegen bezeichnet das sittliche Verhalten von Menschen und Institutionen, ist also ein Urteil im Zusammenhang mit Gut und Schlecht. Derartige Urteile gehören einem eigenen, von anderen Gebieten abgegrenzten Lebensbereich an, in dem es beispielsweise um Kategorien von Schönheit und Häßlichkeit oder Wahrheit und Lüge geht. Ethik ist das Maßstäbe setzende System von Urteilen und Aussagen darüber, wie wir uns zu verhalten haben. In der klassischen Ethik tragen derartige Aussagen über das soziale Leben den Charakter von Geboten, die ort- und zeitlos gültig sind. Im Rahmen der neuen Ethik entstehen und vergehen Normen und Werte – besser gesagt: Verhaltenskodizes – während des Kurssuchens mit moralischen Maßstäben.

Als Menschen oder Menschengemeinschaften mit Verantwortung für Institutionen verdanken wir die Fähigkeit, im Bereich der Moral unterscheiden zu können, dem Gewissen, unserem «moralischen Sinnesorgan». Das von außen gesetzte Gewissen besteht aus Werten und Normen – den Geboten –, die wir kraft Autorität akzeptieren oder annehmen müssen, ob sie nun von den Eltern, der Kirche, den Gesetzen, der Wissenschaft oder von allem stammen, was mit «Macht» auftritt.

7. Das Gewissen

Das Gewissen ist die innere Stimme, die kraft der eigenen Autorität spricht. Es fordert uns auf, selbst zu einer «Macht» zu werden, sowohl bezüglich der Motive, aus denen wir handeln, als auch der beabsichtigten und nicht-beabsichtigten Folgen dieses Handelns. Wir steuern dann mit Hilfe innerer moralischer Maßstäbe, für die wir selbst einstehen und die wir deshalb auch verantworten können, die wir, um ihnen im sozialen Leben Stoßkraft zu verleihen, aber auch mit anderen teilen können und wollen. Äußere Gebote und innere Maßstäbe können in ihrem moralischen Potential übereinstimmen. Unter den gegenwärtigen Umständen einer turbulenten Zeit und einer grenzenlosen Welt ist im praktischen Leben allerdings kaum davon auszugehen. Stimmen äußeres Gebot und innerer Maßstab nicht überein, so entsteht Gewissensnot. Nach ihrem Wesenskern ist Echtheit ein Zustand, in dem Gewissensnot in Gewissensfreiheit verwandelt werden kann. Dann wird transparent, was das Gute ist – nicht theoretisch, sondern im konkreten Handeln.

Die Diskussion um die neue Ethik sollte nicht nur vom Sonntags- zum Alltagsthema werden; wir müssen das Verhalten auch entsprechend ändern. Per Definition ist Verhalten immer auch ethisch, insofern jedes tagtägliche Handeln Konsequenzen zeigt, gute oder schlechte. Der Umgang mit dem Gewissen ist also alltäglich und von entsprechend nüchternem Charakter. Jeden Tag sind aufs neue moralische Maßstäbe für das Verhalten zu finden. Diese Maßstäbe neigen dazu, in konkreten Situationen zu entstehen und auch wieder zu vergehen. Das mag den Begriff «Unterwegsethik» verständlich und legitim erscheinen lassen.

Das solchermaßen nüchterne Gewissen löst das alttestamentarische oder mosaische Gewissen ab, das uns von außen beurteilt und in gewisser Weise sogar anklagt, wenn wir uns nicht in Übereinstimmung mit seinen Geboten verhalten haben. Das nüchterne Gewissen ist nicht vergangenheits-, sondern zukunftsorientiert, es klagt nicht an, sondern ermutigt. Die innere Stimme, die aus ihm spricht, fragt: Inwieweit wurden die gesetzten Ziele erreicht? Wurde der Weg eingeschlagen, die Ideale zu verwirklichen? Könnte es effektivere Wege geben? Sie fordert auf, tatkräftig zuzupacken, weil die Situation noch andere und mehr Möglichkeiten birgt.

Es ist eine Gegenwartsaufgabe, primär dem nüchternen Gewissen zu folgen, auch für Manager und andere Führende; eine Aufgabe, die in sogenannten Business-Schools nicht gelehrt, in Seminaren nicht geübt und in der Managmentpraxis nicht gehandhabt wird. Das Gewissen ist eine zukünftige Managementfähigkeit, deren Entwicklung vordringlich vorangetrieben werden muß. Die damit erstrebte Integrität hat zwei wesentliche Elemente: Vollständigkeit und Authentizität.

Anhand der Gedanken von Erich Neumann habe ich skizziert, daß wir mit unserer persona und mit unserem Schatten ins reine kommen müssen. In diesen beiden Aspekten, die ich unter dem Begriff der Echtheit zusammengefaßt habe, liegt die Herausforderung für die Integrität. Echtheit betrifft nicht nur den einzelnen Menschen, sondern auch Institutionen, wenn man die Frage stellt: Wie «vollständig» sind sie in ihrem Verhalten? Wie gehen sie mit der Außenwelt, mit ihren Kunden um? Wie authentisch sind sie? Die nun anstehende Frage lautet: Wie findet Gewissensentwicklung im menschlichen Lebenslauf und im Werdegang von Institutionen statt? Wenden wir uns zunächst der Gewissensentwicklung im menschlichen Lebenslauf zu.

Die Dynamik des Lebenslaufs ist so interessant wie komplex. Unter den vielen verschiedenen möglichen Gesichtspunkten, den menschlichen Lebenslauf zu betrachten, ist hier die Beschränkung auf jene angebracht, die für das Gewissen von Bedeutung sind. Unsere Kultur hat die Neigung hervorgebracht, das Ziel des Lebenslaufs in der Selbstverwirklichung und Selbstentfaltung zu sehen. Selbstentfaltung und das Streben nach Selbststeuerung des Lebens waren vor allem Maximen in den sechziger Jahren. Dabei stellt sich die Frage, ob Selbstverwirklichung wirklich ein Lebensziel sein kann, ob es tatsächlich angebracht ist, alle Anstrengungen auf die Selbstverwirklichung zu konzentrieren?

Wer sich über die Gewissensentwicklung Gedanken macht, bemerkt bald, daß das ausschließliche Konzept der Selbstverwirklichung zu beschränkt ist, daß es die Gewissensentwicklung zugunsten der Selbstfindung aus dem Mittelpunkt verdrängt hat. Zur Selbstverwirklichung gehört die Selbstverantwortung. Gewissen wird sogar sinnlos, wenn neben der Selbstverwirklichung nicht zugleich Raum für Selbstverantwortung geschaffen wird. Die Frage muß also anders gestellt werden: Wo im Lebenslauf ist Raum für Selbstverantwortung?

Eine mögliche Einteilung des Lebenslaufs ist diejenige in drei große Altersperioden: von der Geburt bis zum 21., vom 21. bis zum 42. und vom 42. bis zum 63. Lebensjahr; womit nicht gesagt sein soll, daß das Leben damit beendet ist. Der Lebensabend ist eine Zugabe, die außerordentlich reich sein kann. Die klassische Einteilung des individuellen Entwicklungsprozesses nennt nur die ersten drei großen Phasen. Die chinesische Tradition beschreibt sie sehr eindrucksvoll, die erste als die des Lernens, die zweite als die des Kämpfens und die dritte als die des Weise-Werdens. Die ganze Dynamik des Lebenslaufs ist darin enthalten.

Die Entwicklungspsychologie bezeichnet die ersten 21 Lebensjahre als rezeptive Phase, als Phase naiver Empfänglichkeit, kindlicher Offenheit, in der die junge, sich noch entfaltende Seele alles aufnimmt, was auf sie zukommt. Die zweiten 21 Lebensjahre haben einen ganz anderen Charakter und werden als expansive Phase bezeichnet, die Phase der «angry young men and women», in der sich die in der Seele veranlagten Möglichkeiten in der Welt bewähren müssen und bestätigen können. Die dritte Periode wird zumeist als die soziale bezeichnet, was mir aber zu lieblich klingt, weshalb ich sie gerne die Phase der Erwartung nennen möchte. Das mag zunächst verwundern, wird aber vom Gesichtspunkt der Gewissensentwicklung einsichtig werden. Selbstverständlich gibt es auch zuvor im Lebenslauf schon Zukunftserwartungen, vor allem zu Beginn des Lebens. Die dritte Periode aber hält eine Art Geschenk des Lebens bereit, nämlich dann, wenn nach dem 42. Lebensjahr sich der spontane Lebenssinn mit seiner vitalen Zukunftserwartung in eine in sich ruhende Erwartung wandelt. Das ist eine Erwartung, die von der inzwischen entfalteten Gewissenskraft getragen wird und immer wieder neu in die Zukunft führt. Wer das verwirklicht, empfindet darin ein Geschenk. Es mag deutlich werden, daß Selbstverwirklichung im zuerst gemeinten Sinn nach dem 40. Lebensjahr keine große Berechtigung mehr hat. Diese herausfordernde Behauptung muß näher begründet werden.

Der Abschluß der Jugendperiode bietet einen Ausgangspunkt. Ohne auf eine ausführliche Beschreibung der jugendlichen Entwicklung eingehen zu können, müssen jedoch zwei wesentliche Aspekte beleuchtet werden. Zweimal macht das gewissenhafte Ich in der ersten Lebensperiode einen wichtigen Schritt. Das erste Mal etwa um das dritte Lebensjahr, während der sogenannten Trotzphase, wenn das Kleinkind erstmals «Ich» sagt. Das ist der erste Aufruf des eigenen individuellen Ich. Das zweite Mal ereignet sich Vergleichbares in der Pubertät, wenn sich das Ich erstmals nach außen wendet. Die Adoleszenzphase, die direkt danach folgt, bringt eine vorläufige Abrundung, wenn der junge Erwachsene sich sagen kann: «Das bin ich, das kann ich, und das will ich.» Drei große Feststellungen, noch aber sind sie vorläufig.

Festzuhalten bleibt: Die Jugend wird mit einem vorläufigen Selbstbild abgeschlossen, das sich in der folgenden expansiven Phase bewähren muß. Dies geschieht im Umgang mit Partnern und Freunden, in der beruflichen Entwicklung, in der Auseinandersetzung mit dem gesellschaftlichen Umfeld. Dieser Vorgang hat einen expansiven, manchmal sogar aggressiven Charakter; der Jugendliche ist gefordert. Deshalb ist es für junge Menschen so dramatisch, wenn sie nach ihrer Ausbildung arbeitslos sind. Von ehemaligen Studenten habe ich gehört: «Man glaubt etwas zu können und braucht die Gesellschaft, um sich in ihr bestätigt zu finden. Diese Möglichkeit ist nicht gegeben, wenn man arbeitslos ist!»

Die Quintessenz der großen mittleren Lebensperiode liegt darin, das Selbstbild an den Reaktionen der Außenwelt zu überprüfen. Die Erfahrungen, die wir dabei sammeln – das sind viele positive, aber auch negative –, helfen uns, den Realitätswert unseres Selbstbildes zu erkennen. Das ist ein Prozeß der Selbstverwirklichung; woraus auch deutlich wird, daß Selbstbestätigung und Selbstverwirklichung zusammenhängen. Das Ich ist im Prozeß der Selbstbestätigung per Defi-

Gewissensentwicklung im Lebenslauf

nition egozentrisch. Es stellt sich gern in den Mittelpunkt und ist machtorientiert – was für sich genommen auch nicht verkehrt ist. Will das Ich aber die Selbstbestätigung linear durchsetzen und strebt es dominant die Selbstverwirklichung an, so ergibt sich zur nächsten Periode hin eine Blockade. Man muß nämlich, um den nächsten Schritt machen zu können, zunächst etwas aufgeben. Das Ich der Selbstbestätigung muß durch ein Nadelöhr, muß sterben, um neu beseelt zu werden. Das geschieht vor allem in der Krise der Lebensmitte, die etwa um das 42. Lebensjahr eintritt. Nicht umsonst spricht man dann von einer Sinngebungskrise; das Aufgeben des Selbstverwirklichungsanspruchs steht an, wofür Hingabe ein gutes Wort ist. Gemeint ist nicht, sich selbst aufzugeben, sondern der Weg der Selbstverantwortung. Das bedarf in den meisten Fällen großer Anstrengungen, denn das Neubegründen bestehender Orientierungen ist nicht einfach; das Finden von Neuem ist ausgesprochen schwierig. Dennoch muß derartiges stattfinden, weil das Ich nur «wiedergeboren» werden kann, wenn es sich in den Dienst von Zielen stellt, die außerhalb der Selbstverwirklichung liegen.

Warum verstricken sich so viele Menschen, trotz mancher und häufig schmerzhafter Signale des Lebens, dennoch in eine übersteigerte Selbstverwirklichungssucht? Die Antwort ist allzu menschlich: Sie wollen bisher verpaßte Chancen noch einmal wahrnehmen. Beim Streben nach Selbstverwirklichung kann vieles schiefgehen: in früher Jugend bereits der spontane Lebenssinn verletzt, die vitale jugendliche Zukunftserwartung geschwächt sein, der Ausgleich zwischen Selbstüber- und Selbstunterschätzung, sogar zwischen Selbstverherrlichung und Selbstverleugnung verlorengehen.

7. Das Gewissen

Das sind nur einige Illustrationen dessen, was dem Erfolg im Weg stehen kann. Glücklicherweise ist es im Leben grundsätzlich nie zu spät; das Gesetz der wiederholten Chance bleibt wirksam. Wir begegnen immer wieder Situationen, die uns auffordern, Verlorenes wiederzugewinnen. Darum geht es in der Krise aber nicht. Nicht die Vergangenheit kehrt noch einmal zurück, sondern die Zukunft wird «sichtbar». Die Krise in der Lebensmitte hat unumgänglich mit Sinngebung zu tun, hat ihre eigene Dynamik und kennt ihre eigenen Prüfungen. Sie bietet die Chance, auf dem Grat zwischen Echtheit und Unechtheit ein integrer Mensch zu werden. Das Ich ist nur aus den Verstrickungen der Selbstverwirklichung zu befreien, indem es initiativ wird; nicht in der Weise, weiterhin Machthaber des Lebens bleiben zu wollen, vielmehr sich in den Dienst des Lebens zu stellen. Mit der Entwicklung persönlicher Meisterschaft und der Übernahme von Selbstverantwortung für die Ziele, die das Leben stellt, nähert man sich mehr und mehr den Absichten, die die Lebenskomposition enthält. Das bedeutet, daß jeder selbst für die Qualität seines Lebens verantwortlich ist. Das Gesetz der wiederholten Chance hat seine Entsprechung im Gesetz der Selbstverantwortung, das besagt, daß Glück nicht im nichtvorhandenen Unglück liegt, sondern im Finden und Verfolgen des individuellen Lebenswegs. Dazu gehören nicht nur die angenehmen, sondern auch die unangenehmen Aspekte, insbesondere die Begegnung mit der persona und dem Schatten. Es gibt also eine bedingte neue Chance. Je weiter wir im Leben voranschreiten, desto mehr muß das passive Warten auf die wiederholte Chance von außen von der aktiven Suche nach innerer Beseelung ersetzt werden, die von Selbstverantwortung getragen wird.

Gewissensentwicklung im Lebenslauf

Beim Überschreiten der Schwelle zwischen der zweiten und der dritten Lebensperiode stellt die sogenannte midlifecrises erneut auf die Probe; das bestätigte Selbstbild ist nicht weiter tragfähig. Das Leben selbst warnt uns, manchmal wie ein Dieb in der Nacht, manchmal laut und deutlich. Ein Gefühl der Unsicherheit überfällt uns, obwohl wir meinten, alles in der Hand zu haben. Wir sehen uns mehr und mehr mit der Frage konfrontiert: Was haben wir eigentlich noch vom Leben zu erwarten? Ab dem 30. Lebensjahr taucht diese Frage vereinzelt auf, wird aber zumeist noch nicht so ernst genommen; nach dem 42. Jahr ist ihr nicht mehr auszuweichen. Man muß seine Errungenschaften für sich selbst neu zur Diskussion stellen. Mit den Begriffen der Strategie der Hoffnung heißt das: Die Hoffnung, daß es überhaupt noch etwas zu erwarten gibt, wird für die weitere Entwicklung existentiell. Nach dem 42. Lebensjahr geht es darum, einen inneren und freien Entschluß zu fassen, zur Antizipation, zur Erwartung einer Zukunft. Das ist wichtig, weil sonst der physische Abbauprozeß überhand nimmt. Dieser aber führt unwiderruflich zu der Feststellung, daß es kein Entrinnen gibt, daß wir langsam, aber sicher den hoffnungslosen Kampf mit dem Tod aufnehmen.

In dieser Periode erneut ernsthaft am eigenen Selbstbild zu arbeiten und positiv in die Zukunft zu leben, das sind die wesentlichen Aufgaben der Gewissensentwicklung im Sinn der Selbstverantwortung. Erst nach dem 42. Lebensjahr steht das Problem der Selbstverantwortung unmittelbar und konkret an. Es gibt drei mögliche Wege. Der erste muß der Vollständigkeit halber genannt werden, auch wenn er eigentlich nicht begehbar ist: der Versuch, den Abbauprozeß aufzuhalten. Das bedeutet, sich der Selbstverantwortung nicht stellen zu wollen, dem eigenen Schatten und der eigenen persona zu entfliehen. Die Erfahrung lehrt, daß dieser Weg schließlich in innerer Leere endet. Der physische Abbauprozeß kann zwar aufgehalten, aber nicht verhindert werden; trotz Joggen und anderer Anstrengungen kommt der Moment der Kurzatmigkeit und Kurzsichtigkeit.

Während eines Kongresses wurde über Zenbuddhismus berichtet, mit dessen Hilfe es möglich sei, bis weit über das 40. Lebensjahr hinaus aktiv zu bleiben; Zenbuddhismus als Mittel, den Abbauprozeß zu verzögern. Auch demjenigen, der diesen Rat befolgt, wird am Ende nichts anderes bleiben, als seinen Seelenverdruß zu resümieren, der aus der Trauer um verpaßte Chancen und dem Schmerz ob der eigenen Beschränkungen resultiert. Werden diese Aspekte nicht verwandelt, so stellen sich zum Lebensabend Groll und Rachsucht ein.

Der zweite Weg ist jener der Neuorientierung unserer Ideale; der am häufigsten empfohlene, auch von der Entwicklungspsychologie besprochene Weg. Das Problem der Sinngebung wird dabei hauptsächlich als eine inhaltliche, thematische Aufgabe betrachtet. Es handelt sich aber um eine Sinngebungskrise, die im Prinzip nichts mit der Vergangenheit zu tun hat, sondern mit der Frage, wie man mit der Zukunft umgeht. Der geforderte Grundgedanke für diesen zweiten Weg besagt, daß es während und nach der midlife-crises um eine Neuorientierung geht; und Neuorientierung heißt: neue Ideale finden, im Leben sinngebende Themen entdecken, die erneut anspornen können.

Eigenartig ist nun aber, daß selbst diejenigen, die um das 42. Lebensjahr bereits über hinreichende Ideale verfügen, in die midlife-crises geraten. Es muß also noch mehr geben! Und das hat mit dem dritten Weg der moralischen Prüfungen zu tun. Auf diesem Weg werden wir wirklich mit uns selbst, mit unserer persona, vor allem aber mit dem Wirken unseres Doppelgängers konfrontiert. Dann ist die Frage, ob wir uns damit beschäftigen wollen, ob wir uns dafür verantworten wollen, daß wir bestimmte Dinge im Leben nicht auf uns nehmen, die wir aber auf uns nehmen könnten, wenn wir uns ernsthaft mit der persona und dem Schatten auseinandersetzen würden. Positiver ausgedrückt: Wie authentisch und vollständig wollen wir in diesem Leben werden? Dieser Weg stellt uns nacheinander drei Prüfungen.

Der ersten Prüfung begegnen wir idealerweise zwischen dem 42. und 49. Lebensjahr; es ist eine Prüfung der Selbstwahrnehmung. Zu einem bestimmten Zeitpunkt bemerkt man, daß sich die eigenen Verhaltensweisen im Kontakt mit anderen Menschen unbeabsichtigt und falsch auswirken. Nimmt das überhand, so wirken spezifische Verhaltensweisen so auf die Mitmenschen, daß sie darin Unrecht zu beklagen haben. Solche Kritik geht meistens Vorwürfen einher, Äußerungen über verletzte Gefühle. Das ist niemandem angenehm. Nach meiner Erfahrung kommt noch hinzu, daß man im tiefsten Innern dabei das Gefühl hat, diese Kritik sei in gewissem Sinne unberechtigt. Darin verbirgt sich die gefährliche Neigung, diese Kritik von sich fern zu halten. Man erlebt das Problem nicht als das eigene, sondern als dasjenige anderer.

Hier ist die Möglichkeit einer ersten echten Begegnung mit dem eigenen «finsteren Bruder» gegeben. Niemand zwingt einen dazu, um sie aber wahrzunehmen, kann man die folgende Übung zum Bestandteil des Lebens machen.

7. Das Gewissen

Ruhig in einem Stuhl sitzend, sucht man in der Erinnerung Bilder von Begegnungen mit Menschen oder von Situationen in Besprechungen. Dann tauchen Momente auf, in denen Kritik an einem geäußert wurde, Momente also, in denen sich jemand falsch behandelt oder verletzt fühlte. Nun geht es darum, dieses Bild im Rückblick so zu betrachten, daß man die Situation mit den Augen des anderen zu sehen versucht. Es soll hier nicht psychologisiert werden; es handelt sich gerade um die Kunst, dieses Bild ohne die Mechanismen des Denkens zu bewahren und auf sich wirken zu lassen.

Nach einiger Zeit der Übung stellt sich unwiderruflich die Wahrnehmung ein, aufgrund derer man, vom Gesichtspunkt des anderen ausgehend, feststellen muß: Es stimmt, mein Verhalten hatte diese Wirkung. Das ist bestürzend. Auf dem Weg zur Integrität sind derartige Erfahrungen nicht zu vermeiden. Es ist aber tröstlich, daß das Leben nicht nur aus Übungen besteht. Man kann anschließend wieder frisch an die Arbeit gehen und erneut in die gleiche Falle treten – was man auch nicht zu vermeiden suchen sollte, weil sonst gar nichts in Bewegung kommt.

Die Erfahrung zeigt, daß die anderen bemerken, man arbeitet an sich selbst, indem auf diese Weise regelmäßig Rückschau gehalten wird. Das Überraschende: der eigene Schatten wird dabei zum Weggenossen. Ich habe bereits erwähnt, daß Peter Drucker für die neunziger Jahre den Begriff der Gegenseitigkeit geprägt hat. Dieses Gegenseitigkeitsprinzip bezieht sich auch auf unseren Schatten, auf unseren Doppelgänger. Indem man sich mit ihm auseinandersetzt, kommen andere zu der Erkenntnis, daß auch sie ihn haben. Daraus entsteht gegenseitiges Mitgefühl, gegenseiti-

Begegnung mit dem Schatten

ges Verständnis mit Menschen, die zu Partnern werden können. Es ist sinnvoll, sich mit ihnen bewußt auseinanderzusetzen und mit ihnen über die Wirkungen der Schattenseite ins Gespräch zu kommen. Dazu bedarf es des Therapeuten noch nicht. Es entsteht dann ein natürliches Schamgefühl dafür, daß man den anderen in seiner Echtheit nicht wahrgenommen und mit den eigenen Wirkungen verletzt hat. Dieses natürliche Schamgefühl ist der Ausgangspunkt der Gewissensentwicklung, ein intuitives und unmittelbares Erlebnis, sich bessern zu können.

Es folgt die Phase vom 49. bis zum 56. Lebensjahr, die in vielen Lehrbüchern als die schöpferische bezeichnet wird. Ich meine, daß diese Bezeichnung nicht ausreichend ist. Vom Gesichtspunkt der Gewissensentwicklung aus liegt der Schwerpunkt auf einer neuen Prüfung, derjenigen der Selbstkorrektur. Stand in der ersten Phase nach dem 42. Lebensjahr die Selbstwahrnehmung und in der Folge die Entwicklung eines natürliches Schamgefühls im Vordergrund, so geht es jetzt um die Frage: Bin ich in der Lage, mich selbst zu korrigieren?

In dieser Phase stoßen wir auf unsere «blinden Flecken», die uns andere oft vorhalten. Es gilt, an unseren eigenen Einseitigkeiten zu arbeiten. Wenn ich das Böse schon als eine entgleiste Einseitigkeit beschrieben und betont habe, es käme darauf an, das Böse so zu verwandeln, daß es wieder in den «mainstream» des Lebens aufgenommen werden kann, so ist das das gleiche, wie sich etwas Fremdes zu eigen zu machen. Gefordert ist dazu die Beweglichkeit, vollkommen andere und fremde Standpunkte zuzulassen. Wir stoßen damit auf das eigentlich Schöpferische, um das es in dieser Phase geht.

7. Das Gewissen

Auch hierzu gibt es eine Übung, die der Vogelperspektive. Man «erhebt sich» über die alltägliche Wirklichkeit und verschafft sich von diesem Standpunkt aus eine Momentaufnahme der Realität, in der man sich befindet. Aufgabe ist es, sich dabei die Wirklichkeit mit all ihren Paradoxien vor Augen zu führen, ohne etwas zu retuschieren. Zu einem bestimmten Zeitpunkt kann sich dann eine Inspiration der Gesamtschau ergeben, die alle Paradoxien in einen Zusammenhang bringt. Auf diese Weise kann man sich vom eigenen einseitigen Standpunkt in der alltäglichen Wirklichkeit lösen. In diese zurückgekehrt, begegnen wir natürlich ihren spannungsreichen Paradoxien wieder; ein Moment, der nun die Probe fordert: Wagt man es, in vollkommen andere, den eigenen fremde Willensrichtungen vorzustoßen? Selbstkorrektur ist also weder eine Korrektur der Wirklichkeit noch das Sich-Zurechtlegen der Wirklichkeit, sondern in Bewegung zu geraten und akzeptieren zu lernen, daß mehrere Wege zum gleichen Ziel führen.

Der hier beschriebene Prozeß mißlingt, wenn es am Interesse mangelt. Interesse kann beispielsweise durch Naturbeobachtung geübt werden, durch das Wahrnehmen, wie sich im Frühjahr das Blatt an einem Baum entfaltet. Zu entdecken ist, was sich dort entwickelt. Das mag banal klingen, vielen aber ist die Wirksamkeit geläufig. Wer Naturbeobachtungen zu simpel findet, der kann auch «advocatus diaboli» spielen, wobei man versucht, den Blickwinkel anderer in Rollenspielen einzunehmen. Dabei lebt man sich in Standpunkte und Willensrichtungen ein, vollkommen abweichend von den eigenen. Beweglichkeit des Denkens wird entwickelt, wie man sie oft bei Menschen findet, die in diesem Alter Führungspositionen innehaben.

Auf dem Weg zur Integrität

Auf dem Weg zur Integrität folgt die dritte Prüfung. In der Regel tritt sie in der Phase zwischen dem 56. und 63. Lebensjahr auf. Manche Abhandlung spricht von dieser Phase als derjenigen, die eine letzte Chance bietet, noch einmal alles, was bis dahin im Leben gesammelt wurde, zu verändern und zu bewerten. In dieser Phase werden die anerkannt herausragenden Persönlichkeiten «geboren». Aber auch diese Beschreibung scheint mir etwas zu rosig. Die zugehörige letzte Prüfung hat mit dem Finden des eigenen Maßes zu tun. Man kann bereit sein beweglich zu werden, man kann versuchen, andere Standpunkte einzunehmen und die Rolle des «advocatus diaboli» zu spielen, und dennoch bemerkt man, daß auch dem Grenzen gesetzt sind. Man erlebt die eigenen Grenzen. Diese dritte Prüfung ist diejenige der Selbstbegrenzung.

An erster Stelle steht die Selbstwahrnehmung, gefolgt von der Selbstkorrektur und schließlich der Selbstbegrenzung. Bei letzterer geht es nicht notwendig um Einschränkungen; es gibt auch Menschen, die in dieser Phase entdecken, daß ihr potentielles Maß größer ist, als sie bisher dachten. Es kann also auch um Entfaltung gehen, wenn sich herausstellt, daß das eigene Maß größer ist.

Diese Phase ist eine Herausforderung, zwischen den Widerständen, die vom eigenen Maß, und jenen zu unterscheiden, die vom Maß äußerer Situationen herrühren. Erstere sind die schwierigsten, weil sie oft Reste unverarbeiteter Schattenseiten bergen, die früher schon hätten verwandelt werden sollen. Manchmal muß man auch eigene Begrenzungen erkennen, die nicht mehr verwandelbar sind, die ausgetragen werden müssen. Das sind schmerzhafte Erfahrungen. In der Regel aber gibt es in dieser Phase Widerstände, die verwandelt werden können.

7. Das Gewissen

An die äußeren Widerstände stellt sich die Frage, ob man sich mit ihnen auseinandersetzen will; eine Frage vor allem für Menschen, die Verpflichtungen eingegangen sind, beispielsweise in einer Organisation, und nun entdecken, daß dort nur wenig Spielraum gegeben ist, daß dort nur noch wenig zu bewirken ist. Die Frage lautet dann: Wähle ich diesen Weg oder nicht? Manche Menschen entscheiden sich dafür, ihren Leidensgenossen auch in dieser Situation beizustehen, weil es ihnen viel wert ist, sich dort weiter einzusetzen. Anderen ist es ein zu großes Opfer, sie möchten lieber noch etwas anderes mit ihrem Leben anfangen.

Es ist auch nicht so wichtig, ob man sich für eine Grenzerweiterung oder -einschränkung entscheidet; essentiell allein ist, selbst die Grenze zu bestimmen – nur so entsteht der Raum für weitere Entwicklung. Auch hierzu gibt es eine Übung, diejenige der Vorschau. Gerade, wenn man sich auf das Lebensende zubewegt, ist die Vorschau von Bedeutung. Das klingt merkwürdig, wird aber evident, weil man durch die ersten Phasen und Prüfungen dafür schon frei wurde. In diesem Zusammenhang wird eine sehr positive Seite der beweglichen Altersgrenze deutlich: Wird der Schritt über diese Grenze aus eigenem Entschluß gemacht, so kann der sich ergebende Freiraum außerordentlich fruchtbar werden.

Dazu ist die Vorausschau vonnöten, die besagt, daß wir uns entschließen, ein thematisch neues Feld zu bearbeiten. Man stellt sich dabei die Frage: Gibt es in meinem Leben noch ein Thema, das ich zu bearbeiten habe, zu dem ich aber früher nicht kam? Es gehört zu dieser Übung, sich neben sich zu stellen, denn solange man sich, ruhig im Stuhl sitzend, nach dem neuen Thema fragt, bleibt es abstrakt. Wie in der

Phase zwischen dem 42. und dem 49. Jahr, in der man die eigenen negativen Wirkungen mit den Augen anderer betrachtet, muß man sich jetzt durch die Augen anderer betrachten; darüber hinaus in gleicher Weise auch das Umfeld. Man kann sich dabei etwa folgendermaßen fragen: Was beschäftigt andere Menschen? Womit ringen sie? Am leichtesten kann dies zusammen mit jüngeren Menschen geschehen, weil in ihnen die Stimme der Zukunft klingt.

Anschließend untersucht man, welche Ansatzpunkte es in der eigenen Lebenserfahrung für diese Aufgabenstellung gibt. Ich meine, jeder Mensch, soweit er innerlich nicht aufgegeben hat, hat ein solches Feld an Erfahrungen. Niemandem gegenüber ist man verpflichtet, an die Arbeit zu gehen. Man könnte auch meinen, das alles sei nur für führende Persönlichkeiten zutreffend. Das ist aber nicht der Fall, denn sie arbeiten normal weiter und nehmen einen anderen Weg. Das Beschriebene ist allen Menschen zugedacht. **Das Interessante ist, daß man sein Thema finden kann, indem man gut zuhört, was andere Menschen über einen sagen.** Neben dieser Übung gibt es also auch das reale Leben, und es gibt Hinweise, welche Teile des eigenen Feldes fruchtbar sind oder noch werden können. Das Netzwerk, an dem man teilhat, beginnt, von sich aus mitzuschwingen.

Das alles ist nicht kompliziert gemeint; und Menschen, die denken, nicht Teil eines Netzwerkes zu sein, können eines aufbauen. In aller Regel gibt es Konstellationen von Menschen, auf die man vertrauen kann, Menschen, mit denen man etwas gemein hat. In diesem Alter leben viele zurückgezogen, so daß sie die Signale des Netzwerks nicht immer empfangen. Hört man jedoch die *eine* Frage des *einen* Menschen, so steht man bereits auf *eigenem* Feld. Das Ent-

7. Das Gewissen

scheidende ist, das Eigene handhaben zu lernen und als Ausgangspunkt für die anschließende Antizipation zu akzeptieren.

Mit diesen Betrachtungen soll nicht gesagt sein, daß die Gewissensentwicklung ausschließlich der Periode zwischen dem 42. und dem 63. Lebensjahr vorbehalten ist; ebenso wenig, daß die beschriebenen Schritte mechanisch einander folgen müßten. Ich habe sie idealtypisch beschrieben. In der Realität verlaufen die Prozesse natürlich komplizierter und nie in der Weise, daß der nächste Schritt erst begonnen wird, wenn der vorangehende abgeschlossen ist.

Die Gewissensentwicklung kann auch früher schon beginnen. Ich meine aber, daß die volle Verantwortung für den beschriebenen Prozeß in früheren Lebensperioden noch nicht auf den Schultern der betreffenden Person liegt – was etwas anderes ist, als daß da noch keine Gewissensentwicklung stattfände. Auch während der Jugend geschieht in diesem Zusammenhang Wichtiges. Eltern können Moral vorleben; sie können gute Bedingungen dafür schaffen, daß ihre Kinder zu eigener Urteilsbildung kommen. Sie können auch Kultur übertragen, woraus die Kinder ein Bewußtsein für die Relativität von äußeren Werten und Normen und ihr Vertrauen in die aus einer freien moralischen Haltung erwachsende Kontinuität beziehen.

In der mittleren Lebensperiode ist es wichtig, daß der junge Erwachsene lernt, selbst Urteile zu bilden. Man kann dabei an das Problem des «human resource management» denken, das Problem der Personalbeurteilung. Wie können Vorgesetzte und Mitarbeiter so zusammenarbeiten, daß letztere lernen, eigene Wege zu gehen, ohne sich ständig auf die Entscheidungen ersterer zu stützen. Das ist ein eigenes Kapitel, auf das ich aber hinweisen wollte, um deutlich zu machen, daß Gewissensentwicklungen auch schon vor dem 42. Lebensjahr stattfinden.

Integrität kann auch Organisationen und Institutionen zuerkannt werden. Die Voraussetung dafür ist, daß Institutionen etwas zugestanden wird, das dem Gewissen – dem Ich des Menschen – vergleichbar ist. So etwas gibt es. In der Regel wird das mit dem Begriff Identität angedeutet, die Frage aber ist, was darunter genau verstanden werden kann. Sind Organisationen nur Konstruktionen oder auch Organismen mit einem Kern, der Eigenständigkeit ausstrahlt?

Die Identität von Institutionen ist etwas anderes als deren Image. Der Unterschied zwischen Identität und Image führt uns zur Unterscheidung zwischen Nominalismus und Realismus zurück. Das Image ist nicht mehr als eine Konstruktion, ein Bild, das nicht der Wirklichkeit selbst entspringt, sondern «aufgeklebt» wird. Die Frage danach, ob Identität etwas Wesentliches ist oder nicht, führt zur Diskussion um Nominalismus und Realismus. Ich habe darauf hingewiesen, daß der geistige Realismus mein Ausgangspunkt ist. Demnach ist Identität eine Realität. Damit will ich nicht sagen, daß man von der Biographie einer Organisation sprechen kann; wohl aber von ihrer Geschichte. Ich neige dazu, den Begriff der Biographie für das menschliche Individuum zu reservieren. In der Biographie geht es um das Ich-Bewußtsein, das sich durch das Sammeln von Erfahrungen im irdischen Leben entwickelt. In diesem Sinne kann man nicht davon sprechen, eine Organisation habe ein Bewußtsein, das bestimmte Entscheidungen trifft. Schließlich aber sind es auch in Organisationen Menschen, die Entscheidungen treffen.

7. Das Gewissen

Im folgenden möchte ich deutlich machen, wie sich die Identität einer Organisation ihren einzelnen Gliedern mitteilt. Ich will gewissermaßen die Integrität – die Echtheit, die Ausdruck der Identität ist – auf institutioneller Ebene transparent machen. Dazu habe ich ein Modell entworfen, das seit vielen Jahren benutzt wird und davon ausgeht, daß Institutionen in der Tat eine Identität haben.

Institutionen sind wie Menschen geschichtete Entitäten. Im unsichtbaren Innern der Organisation liegt die Kernqualität verborgen, wie die menschliche Kernqualität in der Unsichtbarkeit der göttlich-geistigen Realität ruht. Die Kernqualität einer Institution bedarf genauso einer Umhüllung wie die menschliche Kernqualität der Beseelung und Körperlichkeit, um auf der Erde leben zu können. Die Institution steht wie der Mensch zwischen Himmel und Erde, zwischen Unsichtbarkeit und Sichtbarkeit, zwischen der Kernqualität, die nie vollständig in Erscheinung tritt, und der Erscheinungsform, die wahrnehmbar ist.

Zwischen diesen Polen liegen vier Schichten – wir betrachten sie von außen nach innen. Da ist zunächst die Ebene der Mittel und Instrumente, man kann auch sagen: die Organisation «am Sonntag» – wenn nicht gearbeitet wird und Räume und Maschinen ungenutzt sind. Sie bilden das Skelett. Wird eine Organisation aufgelöst, so werden Mittel und Instrumente verkauft oder von einer «Auffanggesellschaft» übernommen.

Die nächste Ebene ist intimer; hier laufen die Prozesse ab. An dieser Stelle besteht die Organisation nicht mehr nur aus der losen Ansammlung verschiedener Mittel und Instrumente, sondern ist zu einer Folge von Ereignissen geworden, die sich als Prozesse darstellen, vergleichbar physischen

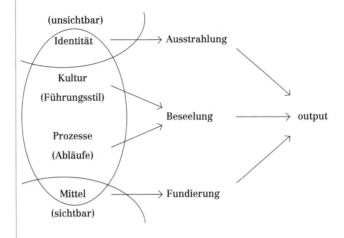

Transformationsprozessen, psychischen Prozessen oder Informationsprozessen. Es folgt die Ebene der Kultur oder des Führungsstils. In den achtziger Jahren stand diese Ebene im Zentrum der Aufmerksamkeit, so daß ich sie nur mit dem Begriff «Stil» anzudeuten brauche. Schließlich gibt es die Ebene der Identität, in der die eigentliche Aufgabe, die Mission zu finden ist. Hier ist der Kern der Organisation beheimatet, der alles zusammenhält. Die beiden Ebenen der Prozesse und der Kultur bilden zusammen die Beseelung. Menschen sind hier Teil einer Gemeinschaft, was sich in der Tatsache ausdrückt, daß jede Organisation ihren eigenen Arbeitsstil, ihre eigene Form des gemeinsamen Umgangs hat. Einerseits ruht die Gemeinschaft auf dem Fundament der Mittel und Instrumente, andererseits stellt sie sich der Ausstrahlung ihrer überpersönlichen Mission. Ich ziele damit auf die Ausstrahlung, die von der Außenwelt wahrgenommen und oft als Identität bezeichnet wird. Damit gibt es drei Kräfte: die Ausstrahlung, die Beseelung und die Fundierung.

Es ist klar, daß eine Institution nicht für sich selbst, sondern für die Außenwelt besteht; es muß also auch einen funktionalen «output» geben. Ich betone das, weil viele Menschen gegenwärtig meinen, das Ziel einer Organisation sei ihre Kontinuität. Die Existenzberechtigung einer Organisation liegt aber nur im externen Ziel, im funktionalen «output». Ist dieses Ziel nicht mehr gegeben, so muß die Existenz der Organisation ein Ende finden.

Die Frage ist: Schaffen es die Menschen einer Organisation, die Vermittlung zwischen dem unsichtbaren und dem sichtbaren Teil herzustellen, zwischen der Identität, die sie gemeinsam tragen, und der Erscheinungsform der Mittel? Wie können sie das bewirken, ohne daß Störungen (zwischen den Schichten) auftreten? Blockaden zwischen den Ebenen oder Ungleichgewichte zwischen den Wesensgliedern einer Institution sind häufig zu beobachten. Dann wird beispielsweise so viel in die Mittel investiert, daß die Identität keine Chance mehr hat, durch diese hindurch in der Außenwelt sichtbar zu werden. Es kann auch umgekehrt der Fall sein, daß zu wenig Mittel vorhanden sind, um die Fundierung einer Identität noch zu tragen. Für beide Fälle ein Beispiel:

Die Ausführungsorgane der sozialen Sicherung sind ein Schulbeispiel für Organisationen, die per Definition nicht integer sind. Ich meine damit nicht, daß die dort Beschäftigten betrügen – wenn das dann und wann auch festgestellt werden sollte. Wir haben aber gesehen, daß die neue Ethik uns dem gegenüber Furchtlosigkeit lehrt. Das Problem ist, daß diese Ausführungsorgane nur noch aus Mitteln und Prozessen bestehen, die sogar zu Prozeduren verkommen sind. Es ist möglich, daß es noch etwas von Kultur oder

Führung gibt, eine Identität besitzen sie aber nicht. Das ist dadurch bedingt, daß ein Ausführungsorgan in einem Gesetz wurzelt. Identität aber ist ein dynamisches Prinzip, etwas, das sich entwickelt. Ein Gesetz dagegen entwickelt sich nicht und ist per Definition statisch.

Die Dramatik dieser Situation wird deutlich, wenn privatisiert werden muß. Dann ist das Schizophrene häufig, daß man meint, eine Trennung zwischen Führung und Ausführung herbeiführen zu sollen. Ministerien und die Politik fürchten, die Ausführung entglitte ihrem Zugriff, und versuchen, die Überwachung mit Hilfe der Führung unter Kontrolle zu behalten; obwohl inzwischen klar geworden ist, daß die Ausführungsorgane ihre eigene Identität brauchen. Kurz, nur die Ebenen der Mittel und Prozesse werden privatisiert. Ist es dann überraschend, wenn nicht-integre Organisationen entstehen? Wenn Menschen nicht beseelt sind, können sie auch nicht vermitteln zwischen Identität und Mitteln.

Ein anderes Beispiel: Seit Jahren wird über die Identität der Vereinten Nationen gesprochen. Bis vor kurzem bedurfte ihre Identität keiner Bildung eines standardisierten militärischen Apparats. In dem Moment, in dem vor einigen Jahren der Beschluß gefaßt wurde, daß die Vereinten Nationen auch sogenannte humanitäre Interventionen durchführen sollten, entstand das Problem der Mittel und ihrer Begründung. Zu diesem Zeitpunkt begann auch die Debatte über eine UN–Militärmacht. Die Frage, die bislang unbeantwortet blieb, lautet: Wenn es eine solche militärische Macht gibt, paßt sie dann noch zu der ursprünglichen Identität? Oder korrumpiert sie gar die ursprüngliche Identität? Natürlich ist es möglich, daß die Vereinten Nationen in einen Wandlungsprozeß eingetreten sind, denn Identität ist nichts Statisches. Es ist aber auch von vornherein nicht auszuschließen, daß die falsche Wahl der Mittel gegebenenfalls zu einer Trübung der Identität führt. Schließlich hängt alles davon ab, ob die Beseelung der Menschen ausreicht, die beiden Pole miteinander in Beziehung zu bringen.

Im übrigen ist die Beseelung von Organisationsmitgliedern mit Hilfe des sogenannten «energie-scan» meßbar. Man erhält ein gutes Bild, wenn man mit ihnen über zwei einfache Themen spricht: Wo verpufft Energie? Wo wird Energie generiert? Diese Methode reicht aber nicht aus, die Frage zu beantworten, was anschließend zu geschehen hat. Dazu ist es nötig, zunächst ein paar bestehende Verwirrungen zu klären. Verdorrte Beseelung hat immer mit Blockaden zwischen den Ebenen zu tun. Um das «Höhere» mit der «Basis» zu verbinden, ist es erforderlich, solche Blockaden zu erkennen. Wird daran gearbeitet, so sind die Organisationsmitglieder zumeist selbst in der Lage, diese Beziehung neu zu begründen.

Es gibt noch einen anderen Aspekt. Auch wenn die Beziehung zwischen Identität und Mitteln noch so transparent ist – sie verändert sich immer. Jede Organisation steht im Zeitstrom, in einem permanenten Spannungsverhältnis zwischen Vergangenheit und Zukunft; und das bedeutet fortwährende Transformation. Somit ist Integrität nicht nur eine Frage der Transparenz, sondern auch eine Frage der Transformation. Weder im kompletten Chaos noch in der vollständigen Fixierung kann sich Transformation vollziehen.

Wie stark die Veränderung auch ist, immer bleiben Reste der früheren Konstellation erhalten. Das Neue kommt nie vollständig zur Erscheinung. Darin scheint ein Widerspruch zu dem zu liegen, was bisher über Integrität und Vollständigkeit formuliert wurde. Es geht aber darum, diese Vollständigkeit so weit als möglich zu erreichen. Dazu gibt es einen methodischen Ansatz, den sogenannten «SWOT». Diese Abkürzung benutzen Organisationsberater für eine Methode, die sie bei Transformationsprozessen einsetzen, um Stärken, Schwächen, Chancen und Risiken zu untersuchen. Dabei steht SWOT für: strengths, weaknesses, opportunities and threats.

Während des häufigen Nachdenkens über diese Methode habe ich zunächst eine Aversion gegen sie entwickelt, weil sie mir zu einfach und mechanisch erschien, wie ein buchhalterischer Zugang. Zu einem bestimmten Zeitpunkt entwickelten wir aber – in einem Seminar mit Studenten –, mehr oder weniger durch Zufall, eine Variante, eine Metamorphose der SWOT-Methode. Diese transformierte SWOT-Methode kann kurz so beschrieben werden: Die vier funktionalen Felder wurden zu Moralfeldern weiterentwickelt. Zunächst muß zwischen Vergangenheit und Zukunft unterschieden werden. Die Vergangenheit einer Organisation wird unter anderem über Geschichten und Erzählungen greifbar. Wenn man auf der Suche nach der moralischen Qualität einer Institution ist und feststellen will, welche Reste aus der Vergangenheit erhalten geblieben sind, so muß man sich mit ihren Geschichten und Erzählungen auseinandersetzen. In diesem ersten Bereich beschäftigt man sich mit der Spannung zwischen Nostalgie und Stolz. Es gibt in einer Organisation sogenannte «Heldengeschichten», die auf bestimmte Taten zurückgehen; dahinter verbergen sich häufig Kompetenzen. Gelingt es nicht diese Kompetenzen herauszuarbeiten, so bleibt nur Nostalgie. Man kann zum Beispiel hören: «Ja damals, als Herr Jan noch da war!» Wird der Kern solcher Geschichten

nicht freigelegt, dann werden ständig Reste mitgeschleppt. Darüber droht die aktuelle Beseelung verlorenzugehen, weil es nicht gelingt, sich von der glorreichen Vergangenheit zu lösen.

Kann man aber zu den eigentlichen Kompetenzen vordringen, dann stößt man auf die Errungenschaften, auf die die Organisation stolz sein kann. Die Bewahrung dieses Stolzes ist für die Integrität der Organisation wichtig; er muß in die Zukunft getragen werden.

Es gibt aber auch Katastrophengeschichten, wie sie häufig – bildlich gesprochen – «unbezahlte Rechnungen» repräsentieren. Jede Institution hat ungelöste Probleme der Vergangenheit. Hinter solchen «unbezahlten Rechnungen» verbergen sich häufig echte Schwächen. Es ist wichtig, diese Schwächen genau ins Auge zu fassen, weil sie sonst wie Gespenster durch die Organisation ziehen. In diesem

Moralitätsfelder in Organisationen

Zusammenhang hört man oft: «Das können wir nicht machen, weil damals ...!» In diesem Bereich ist der feine Unterschied zwischen Heuchelei und Scham von Bedeutung. Sich für unbezahlte Rechnungen und damit zusammenhängende Schwächen zu schämen, ist gut, solange dem echter Stolz gegenübersteht. Scham und Stolz sind zwei Seiten einer Medaille, die beiden Auswirkungen der Vergangenheit.

Dann gibt es den Bereich der Träume. Darüber wurde schon einiges ausgeführt, so daß hier nur noch betont werden muß, daß sie mit der Hoffnung zusammenhängen. Hier muß zwischen Euphorie und Hoffnung unterschieden werden, wobei die Frage interessant ist, welche Motive durch die Wunschträume schimmern. Welche Aussagen machen die Wunschträume über die Zukunft? Welche Aufgaben müssen gelöst werden, um die Zukunftsbilder zu verwirklichen?

Wunschträume werden oft kurzerhand in sogenannte «mission statements» umgesetzt, in sublimierte Wunschträume, «Glückseligkeitsformulierungen» wie: «Wir werden die Nummer eins unserer Branche!» Oder: «Wir bieten höchste Qualität!» Derartige Phantasien sind eher narzistisch und haben mit tatsächlichen Zukunftsbildern nichts zu tun.

Schließlich gibt es in Organisationen auch Angstträume. Keine Hoffnung ohne Furcht; sie gehören zusammen wie Stolz und Scham. Jeder Veränderung geht Furcht einher; je weiter der Transformationsprozeß geführt wird, desto größer kann die Furcht werden. Das ist aber eine schöpferische Furcht, weil sie eng mit der Hoffnung verbunden ist.

Angstträume können sich auch zu unfruchtbaren Spukgeschichten verdichten. Es gibt Organisationen, die sich selbst in eine defensive Haltung drängen, weil sie davon ausgehen, eine Fusion eingehen zu müssen, sonst zählten sie nichts mehr. Solch defensive Gedanken sind Spukgeschichten, die übrigens sehr real werden können, man betrachte nur Bereiche wie das Gesundheits- oder Bildungswesen.

Durch diese Spukgeschichten wird etwas sichtbar, das man als «Falle» bezeichnen kann: «roadblocks» oder Barrieren. Spukgeschichten können ernüchternd sein, sich aber auch zu echten Barrieren auswachsen. Im Management einer Organisation wurde dauernd darüber gesprochen, wie aufgeworfene Barrieren, die der Aufsichtsrat in den Weg gestellt hatte, umsegelt werden können. Sie ließen sich so aber nicht beseitigen. Das Management fragte sich dann, wie der Aufsichtsrat entmachtet werden könnte. Es ist wichtiger, die Signale hinter solchen Barrieren wahrzunehmen, als viel Energie darauf zu wenden, sie zu umsegeln. Nur so können Spukgeschichten einer nüchternen Betrachtung weichen.

Selbstverständlich gibt es in Organisationen auch Ängste, die ihre Berechtigung haben. Reicht das Know-how im Hause aus, um ein Projekt durchzuführen? Beschäftigen wir uns nicht zu sehr mit unseren Hobbys? Vergessen wir nicht zu oft den Kunden? Mit diesen berechtigten Ängsten muß sich die Organisation intensiv auseinandersetzen.

Selbst wenn eine Institution völlig integer wäre, so gibt es immer noch eine «moralische Falle». Es handelt sich um das Problem, daß Führende zunehmend zu moralischen Kurzschlußreaktionen neigen. Das steht in einem gewissen Sinn außerhalb des bisher Beschriebenen.

Der sogenannte Führungszyklus, der nacheinander die Schritte Planung, Ausführung und Kontrolle umfaßt, ist den meisten bekannt. Die Schritte können auch umschrieben werden mit: Vorbereitung, Ausführung, Evaluation; oder: Intentionen, Taten und Auswirkungen beurteilen.

Seit 1980 stelle ich fest, daß im Führungszyklus eine Verengung stattfindet, daß Führende zunehmend nicht mehr bereit oder imstande sind, diesen Zyklus vollständig moralisch zu handhaben. Ich habe betont, daß es in unserer Make-up-Kultur eine Art Prämie für Oberflächlichkeit gibt, daß in unserer Kultur das sogenannte Böse als disfunktionales Prinzip massiv wirksam wird. Dadurch wird der Führungszyklus verletzbar. Das kann konkret am sich verengenden Horizont von Führenden beobachtet werden. Sie haben gelernt, daß Führung eigentlich Steuern ist. Gesteuert wird aber nicht die Intention oder die Evaluation, sondern fast ausschließlich die Ausführung. Dabei werden die Ergebnisse in den Vordergrund gestellt. Um keine Mißverständnisse aufkommen zu lassen, sei hier betont, daß auch mir Ergebnisse wichtig sind. Hinter die Rangordnung, daß die Ergebnisse vor jeder Moralität stehen, möchte ich aber einige Fragezeichen setzen.

Ergebnisse können in quantitativen Größen ausgedrückt werden: Prozente, Rendite auf das investierte Kapital, Umsatzziel, Kostensenkung usw. Das ist selbstverständlich wichtig, ist aber vom Gesichtspunkt der Integrität aus in seiner Einseitigkeit absolut fatal. Ein Ergebnis ist erst dann integer, wenn es vollständig ist. Dazu gehört auch die Frage, wie es dabei um die Menschenwürde bestellt ist, was es für den Menschen, der das Ergebnis bewirkt, bedeutet. Wie sinnvoll ist das Ergebnis, gesellschaftlich betrachtet; nicht nur quantitativ, sondern auch qualitativ? Weil solche Fragen nicht gestellt werden, entsteht in Organisationen, aber auch in der Gesellschaft insgesamt, eine Gleichgültigkeit gegenüber den Intentionen, mit denen das Ergebnis erreicht wurde, und gegenüber den Auswirkungen, die das Ergebnis hervorruft. Genau diese beiden Aspekte sind essentiell, damit ein Ergebnis als moralisch verantwortet bezeichnet werden kann. Daß diese Fragen nicht gestellt werden, ist der erste Aspekt des moralischen Kurzschlusses.

Was geschieht danach? Aus Mangel am Bedürfnis, Intentionen zu gewichten, gibt es auch kein Bedürfnis, Intentionen zu verbessern. Deswegen wird die Frage nie gestellt: Wie können wir unsere Intentionen verbessern? Davon wiederum ist die Folge, daß Unverbindlichkeit entsteht. Denn wenn man aus Fehlern nicht mehr lernen kann, bleibt auch das Bedürfnis auf der Strecke, neue Intentionen auf ihre Gültigkeit zu überprüfen. Es geht sogar so weit, daß die Bereitschaft, neue Intentionen zu formulieren, immer mehr abnimmt. Damit schließt sich der Teufelskreis und wächst die moralische Oberflächlichkeit. Es gibt nur ein Entkommen: die Bereitschaft, Fehler wahrzunehmen und aus ihnen zu lernen. Auf institutioneller Ebene kann man dazu das Augenmerk auf nichtbeabsichtigte Folgen von Managemententscheidungen richten. Ich betone das deshalb, weil die Erfahrung gelehrt hat, daß es für jeden Menschen schwierig ist, sich ausschließlich mit den Fehlern zu beschäftigen, die die Folgen beabsichtigter Wirkungen sind. Solche Fehler deuten nämlich immer auf die verantwortlichen Personen. Unsere Managementkultur ist aber im allgemeinen noch nicht auf den Umgang mit persönlicher Verantwortung eingestellt.

Die unbeabsichtigten Wirkungen sind deshalb weniger problematisch, weil sie sich schlicht ereignen und meistens nicht auf eine einzige Person verweisen. Für die Entwicklung des institutionellen Gewissens ist es also außerordentlich förderlich, wenn die Führenden sich mit den unbeabsichtigten Wirkungen ihres Verhaltens auseinandersetzen. Genau wie in der midlife-crises im menschlichen Lebenslauf, in der man mit den unbeabsichtigten Wirkungen des persönlichen Verhaltens konfrontiert wird, müssen die hier besprochenen unbeabsichtigten Wirkungen so der persönlichen Verantwortung anheimgestellt werden, daß daraus Entwicklungsprozesse hervorgehen. Dazu ist es nötig, die Auffassung davon, was ein Team wirklich ist, zu überdenken. Die Kraft eines Teams wird dann nicht mehr dadurch bestimmt, inwieweit alle Beteiligten die gleichen Ansichten und Wertvorstellungen teilen, sondern gerade durch das Vermögen, Unterschiede darin fruchtbar zu machen. Es ist ein weit verbreitetes Mißverständnis, die Kraft eines Teams bestehe in seiner gemeinsam hervorgebrachten Homogenität und Harmonie. Organisationen sind dann stark, wenn sie in der Lage sind, Kulturunterschiede fruchtbar zu machen.

Dazu braucht es Menschen, die in der Lage sind, die Begrenzungen der anderen zu kompensieren. Ein erster Schritt dazu kann in der gemeinsamen Betrachtung unbeabsichtigter Wirkungen von vorausgegangenen Entscheidungen liegen. Daran kann man lernen, die einzelnen Begrenzungen gegenseitig zu kompensieren, um erneute vergleichbare Wirkungen zu verhindern. Wird dieser Schritt gemacht, so hat sich – meiner Meinung nach – etwas Wesentliches ereignet. Auch auf institutioneller Ebene gilt das Gesetz der Menschenwürde, das besagt, daß wir uns als Menschen auch dort gegenseitig unterstützen müssen, wo es um unsere Schattenseiten geht.

8. Die künftige Gesellschaft – Drei Tagträume

Am Anfang meiner Betrachtungen standen die Tagträume. Dort habe ich ausgeführt, daß Hoffnung mit dem Vermögen zu tun hat, darüber zu träumen, was noch nicht ist, darüber, wie eine bessere Welt als die gegenwärtige aussehen könnte. Mit Tagträumen möchte ich auch enden, indem ich drei meiner persönlichen Träume vorstelle.

Tagträume setzen sich immer weiter fort, bleiben in Bewegung, sind nie fertig und abgeschlossen. Deshalb weisen auch die hier vorzustellenden Tagträume Lücken auf. Dennoch möchte ich versuchen, einige Denkbilder über eine möglich Zukunft in Worte zu fassen, und sei es nur um anzudeuten, daß dieses Buch als nicht mehr denn ein Auftakt für anschließende Arbeit aufgefaßt werden sollte. Diese Tagträume sind keine Vorhersagen, sondern Bespiegelungen. Das Thema des ersten ist «geteiltes Unternehmertum».

An einem Wochenende. Ich bin damit beschäftigt, meine Papiere zu ordnen. Vor mir liegen die Einladung zu einem «boardroom»-Gespräch über das Thema Ökonomie und Ökologie, die Einladung zu einem Seminar über das Thema spirituelle Führung in den neunziger Jahren, einige Artikel über strategisches Management an der Basis, «empowerment», Contextmanagement, ein Zeitungsausschnitt über die neuen Minister für Finanzen und Wirtschaft, die unabhängig voneinander den Vorschlag machten, in den Niederlanden zum Basiseinkommen für jedermann überzugehen. Ganz obenauf liegt ein Buch mit dem herausfordernden Titel «ecocratie» (1994) [Ökokratie]. Während ich darin blättere, wandern meine Gedanken elf Jahre zurück. Damals hielt ich zu diesem Thema während eines Kongresses an der Technischen Uni-

Tagtraum 1: Geteiltes Unternehmertum

versität von Delft einen Vortrag. Ich war gebeten worden, über gesellschaftliche Entwicklungen zu sprechen, und weiß noch gut, wie ich eine feurige Rede über die Theokratie in der ägyptischen Zeit, die Keime der Demokratie in der griechisch-römischen und deren Auswirkungen auf die heutige Zeit hielt und dabei zugleich das Aufkommen des modernen Wirtschaftslebens als Grundlage einer folgenden Entwicklungsperiode beleuchtete. Kern meiner Ausführungen war, daß wir zunächst die Egokratie durchleben müßten, um in dieser neuen Phase dann zur Ökokratie finden zu können. Das Publikum hörte aufmerksam zu, ich erreichte es aber nicht.

Sicher, es war damals genau der Beginn der «no nonsense»-Zeit. Man hatte gerade begonnen, die «Luftschlösser der Demokratisierungsbewegung» der sechziger und siebziger Jahre auf das Machbare zu reduzieren. Es mag sein, daß die Zuhörer im Saal nicht mehr an die Ideale der 68er Bewegung, die tot und begraben schien, erinnert werden wollten. Vielleicht aber, so kam mir in den Sinn, schlägt das kurzfristige Pendel gegenwärtig gerade in die andere Richtung aus. Zumindest schien die wachsende Menge an Öko-Literatur im Managementbereich darauf hinzuweisen. Andererseits gab es auch viele Anzeichen, die gar nicht in diese Richtung wiesen. Wie dem auch sei, ich begann eine Betrachtung über die Wirtschaftsform in einer möglichen Ökokratie tagzuträumen. Es sei begreiflich, daß uns die Erde aus dem Blick geraten ist. Was ursprünglich Ökonomie genannt wurde, sei nicht mehr viel mehr als Selbstversorgung in der unmittelbaren Arbeit mit der Natur. Heute hätten wir es mit einer Tauschwirtschaft auf der Grundlage des Geldes zu tun. Wir hätten uns mehr und mehr der Natur und der Erde entfremdet.

8. Die künftige Gesellschaft

In meinem Tagtraum erscheint mir die Erde nicht nur als Grundlage des Wirtschaftslebens, sondern auch als ein lebendiger Organismus, als Körper des Wirtschaftslebens. Und wie es zu einem Organismus gehört, so kennt auch dieser Körper Prozesse des Auf- und des Abbaus. Sie machen den Lebensprozeß der Erde aus. In solchen Prozessen kann auch etwas erkranken, beispielsweise der Aufbau entgleisen, wenn an dem Organismus Raubbau betrieben wird. Auch im Abbauprozeß kann etwas schiefgehen, können Gerinnsel und Stauungen entstehen, die den Stoffwechsel des Organismus deregulieren. Zunehmend viele Menschen nehmen solches gegenwärtig wahr. Menschen wie diejenigen von Green Peace sorgen sich um die Umwelt. Eine unbekannte Stimme fragt: Ist das schon ausreichend? Eine andere sagt: Es muß mehr geschehen; im Wirtschaftsleben muß ein neues Denken entwickelt werden, eine Betrachtungsweise, die den wirtschaftlichen Produktionsprozeß konkret als eine Metamorphose der Auf- und Abbauprozesse, die sich an der Erde vollziehen, erkennt.

In diesem Moment gesellen sich mir im Tagtraum einige bekannte Ökonomen zu, blicken mich an und sagen: Was Sie wollen ist Unsinn, was hat Ökonomie mit der Natur zu tun? Ökonomie hat mit Gütern und Produktionsmitteln zu tun. Sie sagen, der Wirtschaftsprozeß sei eine Metamorphose des natürlichen Auf- und Abbauprozesses. Wir begreifen das nicht.

Ich versuche, meinen Tagtraum nicht zu verlassen und den Einwänden lächelnd zu begegnen: Im Kernprozeß des Wirtschaftslebens geht es um Wertschöpfung und Wertvernichtung, also um Aufbau und Abbau. Zu einem gegebenen Zeitpunkt geht der eine Prozeß in den anderen über, nämlich beim Tausch. Ein wirtschaftlicher Wert wird gegen den ande-

Tagtraum 1: Geteiltes Unternehmertum

ren getauscht. Nun kann bei der Wertschöpfung das gleiche passieren wie im natürlichen Organismus, daß nämlich die Wertschöpfung mit einem zu hohen Maß an Verschwendung einhergeht. Das geschieht vor allem dann, wenn wir von der Annahme ausgehen, daß die Mittel, die zur Wertschöpfung eingesetzt werden, im Überfluß vorhanden sind.

Auch im Abbauprozeß, wenn das Produkt konsumiert wird, können sich Entgleisungen ergeben, wenn Reste übrig bleiben und damit der Verbrauch unvollständig ist. Organisch denkend müßte es dazu kommen, daß nichts geschaffen werden darf, was nicht auch vollständig verbraucht werden kann. Nur dann kann von einem vollständigen, sinnvollen und gelungenen Prozeß die Rede sein. In den meisten Fällen passiert das aber nicht. Ein Ansatzpunkt könnte sein, jedem Produkt eine Beilage mitzugeben, aus der hervorgeht, welches «Opfer» die Erde für dieses Produkt bringen muß. Darüber hinaus sollte darin zu lesen sein, welchen «umweltbelastenden Restwert» das Produkt hat. Das ist aber leider nicht üblich. Statt dessen fragen wir uns, wie hoch der positive Restwert ist, wenn wir beispielsweise ein Auto loswerden wollen. Wieviel kann es uns noch bringen? Es kommt ein komplizierender Faktor hinzu. Wir leben in einer Geldwirtschaft. Geld kann im Prozeß der Wertschöpfung und Wertvernichtung einen außerordentlich störenden Einfluß haben, in Form von Deflation und Inflation. Sie bremsen oder beschleunigen die Wertschöpfung; psychologisch könnte man von Retardierung und Propulsion sprechen.

Ein weiterer komplizierender Faktor ist, daß wir im Wirtschaftsleben neben Gütern auch Dienstleistungen tauschen. Sie sind weniger konkret als Güter, so daß es noch schwieriger festzustellen ist, welcher Energieverlust und welche Verschwendung dabei stattfindet und welcher negative Restwert übrigbleibt.

Nur im Moment des Tausches ist die Spannung zwischen Wertschöpfung und -vernichtung im Gleichgewicht. Genau in diesem Moment stellt sich die Frage nach der Integrität. In dem Moment, wenn geschaffene Werte Gebrauchswerte werden, gibt es den kurzen Augenblick, in dem beide Parteien sich gegenüberstehen und fragen: Tauschen wir, oder tauschen wir nicht? Für den Tausch gibt es eigentlich nur eine einzige integre Grundlage: Die Gleichwertigkeit der Vorteile für beide Parteien. Im Physischen geht es um das Gleichgewicht zwischen Aufbau und Abbau, im Wirtschaftlichen um die Wertschöpfung und Wertvernichtung, und im Moralischen kann von der Gleichwertigkeit der «Tauschvorteile» gesprochen werden. Sind diese Bedingungen nicht erfüllt, das heißt, hat eine der Parteien einen relativen Nachteil, so bleibt unverbrauchte Energie übrig, die dazu führen kann, daß negative moralische Energie frei wird. In dieser Weise schafft sich der Wirtschaftsprozeß seine eigenen Gegenkräfte. Darin liegt die Grundlage für die Integrität im Wirtschaftsleben, die ganz nüchtern ist und nichts mit Kodizes, wie sie Unternehmer benutzen, zu tun hat.

In diesem Tagtraum wird eigentlich eine neue Auffassung vom Wirtschaftsleben sichtbar. Die Frage, die sich hinter ihr verbirgt, lautet: Welche menschliche Aktivität bringt die Prozesse von Wertschöpfung und Wertvernichtung in Gang? Es ist physische, aber auch geistige Arbeit. Die physische Arbeit verwandelt die Natur so, daß daraus wirtschaftliche Werte hervorgehen, die als Ware oder Güter bezeichnet werden. In diesem Prozeß spielt auch die geistige Arbeit eine große Rolle, weil sie den Kern all der Vorgänge ausmacht, die wir

Tagtraum 1: Geteiltes Unternehmertum

gegenwärtig Produktivitätsverbesserung und verbesserte Arbeitsmethoden nennen. Ohne geistige Eingebungen sind keine Produktivitätssteigerungen zu entwickeln. Das ist die Seite des Prozesses, die in der Wirtschaft zur «Verbilligung» führt.

Im Tagtraum drängen sich die Ökonomen erneut vor und sagen: Wenn das so ist – was wir zwar bezweifeln, wir wollen aber im Gedankengang mitgehen –, wie ist es dann um die Produktionsfaktoren bestellt? Sie sagen, daß die physische Arbeit und die geistige Kraft des Menschen der Wertschöpfung Gestalt geben. Sind das aber nicht vielmehr die Produktionsfaktoren: Boden, Arbeit und Kapital?

Ich erwidere lächelnd: Natürlich ist es wahr, daß jeder, der aktiv an der wirtschaftlichen Wertschöpfung teilnimmt, Produktionsfaktoren benutzt. In diesem Zusammenhang muß ich aber auf einen eigenartigen Aspekt hinweisen. Wir haben hinsichtlich der Produktionsfaktoren eine Denkart entwickelt, die voraussetzt, daß sie auf dem Markt ihren Preis haben. Boden muß einen Preis haben, Arbeit am Arbeitsmarkt ge- und verkauft und Kapital am Kapitalmarkt beschafft werden können.

Das ist doch logisch, so die Ökonomen, denn Produktionsfaktoren haben einen wirtschaftlichen Wert und sind damit verhandelbar. Im Tagtraum aber stimmt die Sache nicht mehr. Denn ökonomischen Wert kann etwas nur dann haben, wenn es durch menschliches Zutun geschaffen wurde und darüber hinaus einem Bedarf entspricht, der mit einer Gegenleistung honoriert wird. Erst in dieser Weise stoßen wir auf den Kern des wirtschaftlichen Prozesses. Die Produktionsfaktoren liegen also in meinem Tagtraum außerhalb dieses Prozesses. Sie sind zwar die Grundlage, haben aber als solche keinen wirtschaftlichen Wert. Das verwirrt die Gesprächspartner, die betonen, daß das nicht sein kann!

Sehen wir uns den Boden an. Wer kann eigentlich Boden besitzen? Eigentum an einem Grundstück ist jedoch Voraussetzung dafür, es verkaufen zu können. Man kann den Boden benutzen; aber kann man ihn auch besitzen? Boden zu kaufen und zu verkaufen, ist eigentlich absurd. Hinsichtlich der Arbeit gilt das gleiche. Karl Marx schon hat uns vorgehalten: Wer Arbeit kauft und verkauft, kauft und verkauft einen Teil des Menschen. Das ist faktisch ein Überbleibsel der Sklaverei. Natürlich kann die Leistung, die aus der Arbeit hervorgeht, verkauft werden. Die Arbeit ist aber ein Teil meiner selbst, ist ein Vermögen, das mir zugehört.

Schließlich ist Kapital seinem Wesen nach nichts anderes als die Frucht, die aus der gemeinsamen Anstrengung all jener hervorgeht, die ihre physische und geistige Arbeit dafür eingebracht haben. Kapital entsteht, wenn geistige Arbeit so in die Arbeitsorganisation eingreift, daß leichter, besser und auch zügiger gearbeitet werden kann. Wirtschaftlich bedeutet das, daß in der Folge unternehmerischer Aktivitäten durch niedrigeren Preis ein Überschuß entsteht.

So werden in diesem Tagtraum Unternehmertum und Besitz an Produktionsmitteln voneinander abgekoppelt. Es stellt sich heraus, daß es das Wesen des Unternehmertums ist, gemeinsam so tätig zu werden, daß daraus Überschuß entsteht. Dieser Überschuß bildet das Kapital, das neue Aktivitäten ermöglicht. Ohne Kapitalbildung wären freie Aktivitäten unmöglich; wir alle wären immer noch an unsere direkte Selbstversorgung gebunden.

Kapitalbildung ist also ein hoch moralischer Akt. Aber sie wird von einigen finsteren Aspekten verdunkelt, wie zum Beispiel der Monopolisierung des Geldes. Für sich genommen ist sie etwas Strahlendes und birgt eine Verheißung von Freiheit. Das vorhandene Kapital würde es erlauben, daß die Menschen – wie früher ein Pfarrer, der von seiner Gemeinde getragen wurde, um sein geistliches Vermögen einzubringen – für «Gotteslohn» tätig sind. Mikroökonomisch ist das der makroökonomischen Umverteilung vergleichbar, wie sie durch Steuererhebung erfolgt. Daraus entsteht «Schenkkapital», mit dem Intentionen verwirklicht werden können, die nicht direkt der aus der Arbeit mit der Erde resultierenden Wertschöpfung entstammen, wie Ausbildung, Kunst und Wissenschaft.

Im Tagtraum taucht nun die Frage auf: Angenommen, das würde so stimmen, wie stellen Sie sich die Realisierung auf institutioneller Ebene vor? Die Gesprächsatmosphäre rutscht in den Keller. Das kommt daher, daß die gesellschaftlichen Formen, die wir eingerichtet haben, wie die im Eigentum der Kapitalgeber befindlichen Unternehmungen, nicht zu dem gerade Skizzierten passen. Das «kapitalistische Unternehmen» entstammt der Nachgeschichte der Ersten Industriellen Revolution. Als Unternehmensform repräsentiert es alle Schatten der historischen, aber auch der prinzipiellen Konfrontation zwischen Kapital und Arbeit. Eine der wichtigsten Schattenseiten dieser klassischen Unternehmensform ist es, daß die Kapitalbildung, die eigentlich zugunsten der Gemeinschaft stattfinden sollte, zum Gewinnstreben und zum Vorteil der Kapitalgeber verkommen ist.

Es gibt eine Gesellschaftsform, die zu diesem Tagtraum passen würde. Sie kann als Werk- oder Verantwortungsgemeinschaft bezeichnet werden. In der Werkgemeinschaft wirken Menschen zusammen, nicht in dem Sinne, daß der eine

Arbeitnehmer und der andere Arbeitgeber, daß der eine lohnabhängig und der andere Eigentümer der Produktionsmittel ist. In einer solchen Einrichtung begegnen sich vielmehr Menschen, um gleichwertig an einem gemeinsamen Ziel zusammenzuarbeiten; um Werte zu schöpfen zugunsten der «Außenwelt», der Kunden. Der Tagtraum meint das mit geteiltem Unternehmertum: Miteinander etwas unternehmen zugunsten anderer.

Angenommen, eine derartige Werkgemeinschaft bräuchte keine Produktionsmittel zu kaufen und Boden, Gebäude und Kapital stünden ihr frei zur Verfügung – natürlich gegen eine entsprechende Unterhaltsvergütung –, dann könnte sich der Kernprozeß des Unternehmens viel eindeutiger ausprägen. Das wird von echten Unternehmern bestätigt. Fragt man sie, ob es entscheidend sei, die sogenannten Kapitalgüter und den Boden zu Eigentum zu haben, so bekommt man in den meisten Fällen eine klare Antwort: Nein. Es ist ausreichend, darüber verfügen zu können. Eine Werkgemeinschaft ist eine Gruppe von Menschen, die zusammen über bestimmte Mittel verfügen. Wenn das Werk, an dem sie gemeinsam für die Gesellschaft arbeiten, nicht länger sinnvoll ist, wird die Werkgemeinschaft aufgehoben. Es muß den Kunden oder dem zu bildenden gesellschaftlichen Organ, das die Mittel zur Verfügung stellt, überlassen bleiben zu beurteilen, wann diese Situation gegeben ist. Der Begriff «Verantwortungsgemeinschaft» deutet diesen Prozeß noch deutlicher als der Begriff Werkgemeinschaft an. Die Selbstverantwortung über den individuellen Lebenslauf findet in der essentiellen Verantwortung der Außenwelt, den Kunden oder der Gesellschaft insgesamt gegenüber auf institutioneller Ebene ihr Pendant. Das bedeutet, daß in der Werkgemeinschaft vollständige Rechts-

Tagtraum 1: Werk- und Verantwortungsgemeinschaften

beziehungen entstehen müssen. In ihr gibt es keinen Unternehmer mehr, der sich die Loyalität seiner Mitarbeiter erkauft. Es würden freie Beziehungen entstehen, die periodisch überprüft werden können. Es könnten Fragen viel objektiver aneinander gerichtet werden, beispielsweise: Stimmen die Zielsetzungen eines Mitarbeiters mit denjenigen der Institution noch überein? Konkret hieße das, ob das Wirken in dieser Unternehmung im Rahmen des individuellen Lebenslaufs noch sinnvoll erscheint. Genauso würde dann die umgekehrte Frage gestellt werden können: Ist die Mitarbeit eines Menschen für die Entwicklung der Organisation noch fruchtbar?

Das Bewußtsein dafür, daß «life long employment» – die lebenslang dauernde Verbindung – nicht das einzig sinnvolle arbeitsrechtliche Modell für Mensch und Institution sein kann, setzt sich gegenwärtig immer mehr durch. Kommt dieses Bewußtsein wirklich zum Durchbruch, dann haben wir einen großen Fortschritt gemacht, weil dann zwischen Menschen und Institutionen Beziehungen gestaltet werden können, die – für beide Parteien – in Zielsetzungen begründet sind, die wirklich in einer Beziehung zum Kernprozeß des Unternehmens stehen. Der Kernprozeß im Wirtschaftsleben – im Tagtraum wird mir deutlich, warum mir das so wichtig ist, daß ich es fast schulmeisterlich wiederhole – nimmt in unserer Zeit in Form eines weltweiten und feinmaschigen Netzwerks gegenseitiger Abhängigkeiten Gestalt an. Selbstversorgung ist hier nicht mehr die angemessene Verhaltensweise. Jeder Mensch arbeitet für den anderen und umgekehrt.

Mit diesen gegenseitigen Abhängigkeiten arbeiten zu können und wollen, muß das Zentrum der inneren Schulung sein. Die Begriffe der Französischen Revolution besagen nichts weniger als das Erüben der Brüderlichkeit. Gerade auf

8. Die künftige Gesellschaft

dem Gebiet konkreter Teilnahme am Wirtschaftsleben hat dies höchste Priorität. Im Tagtraum erscheinen mir Werkgemeinschaften oder Verantwortungsgemeinschaften deshalb als moderne «Mysterienstätten», weil ihre Teilnehmer Bestandteile der Prozesse sind und fortwährend materielle Entscheidungen treffen, die im Wesen moralisches Potential bergen. Betriebswirtschaftlich gesprochen: Es geht in jeder Institution darum, diese Art von Entscheidungen im Spannungsfeld zwischen Kostendeckung, Einkommensdeckung und Kapitalbildung handhaben zu lernen. Das sind die drei Bereiche, in die das eingehende Geld, ob aus Umsatz oder Subvention, gelenkt werden muß. Das Geld muß eingesetzt werden, die enstandenen Kosten und die Lebensbedürfnisse der Menschen zu decken und Raum für neue Entwicklungen zu schaffen.

Diese drei Bereiche – Kostendeckung, Einkommensdeckung und Kapitalbildung – stehen in einem fundamentalen Spannungsverhältnis zueinander. Der Umgang mit der Spannung zwischen ihnen in der Entscheidung – sei es im «vor-» oder «nachkalkulatorischen» Sinne – ist ein konkretes Übungsfeld, in dem jeder einzelne einer Werkgemeinschaft Moral entwickeln kann. Wenn am Ende finanziell etwas übrig bleibt, dann ist das der Überschuß, der in kommerziellen Unternehmen zur Kapitalbildung führt und in Non-Profit-Unternehmen an die Geld- oder Subventionsgeber zurückfließen kann.

Einer der Ökonomen erhebt sich grinsend und fragt: Ist das die Lösung für das Problem der Arbeitslosigkeit? Diese Frage liegt auf der Hand; sie muß aber zunächst verneint werden, weil es dazu noch mehr bedarf, und zwar, daß wir in der Zusammenarbeit lernen müssen, anders mit Arbeit umzugehen. Es ist nötig, die einseitige Ausrichtung auf bezahlte Arbeit zu überwinden. Ich denke, das Arbeitslosigkeitsproblem wird nur lösbar sein, wenn das «Basiseinkommen für jeden» eingeführt wird. Damit kann jedem Menschen die Existenz gesichert werden, womit er in die Lage kommt, seine Arbeit dort einzubringen, wo er will und kann. Das Basiseinkommen erlaubt es jedem, frei zu wählen, wo er sich einbringen will. Talente könnten so eingesetzt werden, daß damit als sinnvoll angesehene Leistungen fortbestehen können und darüber hinaus gewünschte Gegenleistungen hervorrufen. Jeder Mensch könnte sich dann frei dazu entschließen, am Marktgeschehen teilzunehmen oder nicht. Es bliebe ihm überlassen, Verbindung mit dem bezahlten Arbeitskreislauf aufzunehmen oder sich mit dem Basiseinkommen zu begnügen.

Der Tagtraum bricht ab. Im Hintergrund nehme ich noch Stimmen wahr, die sagen: Das wird nicht gelingen, das bedeutete, den Faulenzern Tür und Tor zu öffnen. Zurück in der Wirklichkeit, kommt mir der Gedanke: Und wenn dem so wäre, so bedeutete das nur, daß wir mit dieser «Faulheit» umgehen lernen müssen.

Das Thema des zweiten Tagtraums ist «vielseitiges Bürgertum». Ich lese einen Bericht über die emotionale Abschiedsrede von Präsident Mitterand, die er am 17. Januar 1995 vor dem Europäischen Parlament gehalten hat. Insbesondere sein Plädoyer für eine kulturelle Pluriformität als Grundlage für die europäische Einigung zieht meine Aufmerksamkeit auf sich. Europa bestehe nicht nur aus Märkten mit mechanischen Gesetzen, so Mitterand. Europa sei auch eine Geisteshaltung, die nicht zuletzt in sprachlicher Pluriformität erhalten bleiben muß. Ich frage mich: Ist das kalter Kaffee oder der Beginn der Erkenntnis, daß die verschiedenen Bereiche des makrosozialen Lebens – Wirtschaft, Politik und Kultur – die ihnen eigene spezifische Dynamik behalten müssen?

Das führt erneut dazu, über Ökokratie tagzuträumen; diesmal über Pluriformität, über eine Demokratie, die der Vielseitigkeit der modernen Bürger gerecht wird, über einen Rechtsstaat, dessen Gesetzgebung wieder der klaren Aufgabe dient, diesen Rechtsstaat zu schützen und zu versorgen. Der Tagtraum knüpft an eine konkrete Situation an: Den Haag, das neue Parlamentsgebäude, einige Parlamentarier, die sich besorgt über die Kluft zwischen den Bürgern und der Politik unterhalten. Sie fragen sich, was sie dagegen unternehmen können. Es ertönt das Signal: Die alljährlichen Plenardebatten beginnen. Die Parlamentarier verlassen die Wandelgänge und betreten den großen Saal.

Sie sprechen dort zwei Tage lang über Daten, Kaufkraftentwicklungen, Kategorien von Menschen, ... im Zentrum der Betrachtungen steht der fiktive «niederländische Bürger», man kann sagen: die gewöhnliche Frau und der durchschnittliche Mann. Die gewöhnlichen Menschen bekommen Etiketten aufgeklebt. Man spricht von «den» Kriminellen, von «den» Vandalen, von «den» Vorteilhaschern usw. Man kann sich kaum vorstellen, daß diese Debatte die Kluft zwischen Bürger und Politik verringert. Im Tagtraum sagt eine Stimme: Wer genau ist dieser durchschnittliche Bürger, über wen sprechen die dort? Ich erkenne in meinem Tagtraum keinen durchschnittlichen Bürger.

Mir sind zwei Prototypen bekannt, die dem nahe kommen mögen. Ich kenne sie aus der Vergangenheit; in meinem Zukunftstraum spielen sie fast keine Rolle mehr: «die Hausfrau» und «der Kostverdiener». Es scheint mir, ich kennte sie aus

Tagtraum 2: Vielseitiges Bürgertum

grauer Vergangenheit. Der «Kostverdiener» stellt sich vor: ein junger Mann, mit guter abgeschlossener Ausbildung, der zur Arbeit geht. Er stürzt sich in den Karrierekampf, wird Workaholic und bekommt zu einem bestimmten Zeitpunkt physische Schwierigkeiten. Er verliert die Beziehung zu seinem Partner und den Kindern, gerät innerlich in Schwierigkeiten, arbeitet noch intensiver und muß dann für einige Zeit aus dem Arbeitsprozeß ausscheiden. Anschließend besucht er regelmäßig ein Therapiezentrum und kehrt wieder in den Arbeitsprozeß zurück. Er arbeitet noch härter, raucht zu viel und trinkt. Am Ende dieser Reise findet er sich in der großen Leere des frühzeitigen Ruhestands.

Dann stellt sich die «Hausfrau» vor. Sie will eigentlich keine Hausfrau sein, sondern eine gesellschaftlich angesehene Karriere einschlagen. Später entschließt sie sich, doch noch Kinder «haben» zu wollen. Sie bekommt während der Schwangerschaft eine Hormonspritze, bringt ihre Drillinge zu früh zur Welt, so daß sie nur im Brutkasten am Leben erhalten werden können.

Sind das nun die «ganz normalen Bürger»? Welche Aspekte sind hier normal? Im Tagtraum tauchen nur Menschen auf, die ihre eigene Lebensform gefunden haben und nicht in die vorgesehenen Kategorien passen. Gibt es die sogenannten normalen Bürger überhaupt, von denen die Politik spricht? Ist unser Rechtsstaat auf die verschiedenen sich etablierenden Muster ausgerichtet? Ich richte in dem Tagtraum die Frage an die Parlamentarier: Wie wollen Sie den Rechtsstaat so einrichten, daß er der Pluriformität der Menschen gerecht wird? Das Konzept vom «Normalbürger», von Randgruppen sekundiert, taugt nicht mehr. In meinem Tagtraum wird nach Wegen gesucht, der Pluriformität konkret Gestalt zu geben. Schemata und Regeln, die von bestehenden Kategorien ausgehen, sind nicht mehr wirksam. Welche Aufgaben stehen denn hier an? Grundsätzlich bedarf die Gewaltenteilung einer Neuorientierung, einer Neu-Eichung. Wir realisieren wahrscheinlich zu wenig, wie weit in unserem modernen Rechtsstaat die Gewaltenteilung, sein Fundament, bereits in Bedrängnis gekommen ist. Es ist notwendig, dieses Fundament wieder tragfähig werden zu lassen. Das bedeutet, daß wir keine Regierung gleich dem Aufsichtsrat einer Aktiengesellschaft brauchen, vielmehr ein Organ, das über den Parteien steht und in der Beobachtung der Pluriformität der Gesellschaft die gesetzgebende Arbeit so ausrichtet, daß sie ihr auch gerecht wird.

Solch einer Regierung stellten sich ganz andere Anforderungen als einer der gegenwärtigen. Eine solche Regierung hätte nicht die Aufgabe, Probleme zu lösen, die die Bürger selbst lösen können oder sollten. Auch die Einrichtung des Parlaments sollte einer Neu-Orientierung unterzogen werden. In meinem Tagtraum erscheint mir ein Parlament, in dem echte Volksvertreter sitzen, Menschen, die die Pluriformität der Gesellschaft anstelle von einseitigen Parteiinteressen vertreten und nicht in Kaufkraftstatistiken und Regulierungsverfahren verstrickt sind. Echte Volksvertreter sind Menschen, die die alltägliche Wirklichkeit nicht nur kennen, sondern sie auch schätzen. Sie öffneten im Parlament den notwendigen Raum für Debatten, für Auseinandersetzungen zwischen verschiedenen Volks-, Berufs- und Kulturgruppen, die jede für sich ihre eigene Beziehung zur Wirklichkeit hat. Hier würden keine Fraktionsstandpunkte mehr verlesen und Menschen auftreten, die vor den Kameras keinen eigenen Standpunkt vertreten, solange die Fraktion sich noch nicht zu

Tagtraum 2: Vielseitiges Bürgertum

einem gemeinsamen durchgerungen hat. In meinem Tagtraum treten Individuen mit eigenem Mandat auf, die ihre persönliche Meinung kundtun.

Ein Rechtsstaat floriert erst dann, wenn seine Repräsentanten immer wieder ausgetauscht werden, wenn sie die Regierungsverantwortung für eine gewisse Zeit tragen und anschließend wieder als ganz normale Bürger in die Gesellschaft zurückkehren. Das ist das Urprinzip des Ideals der Republik: Regieren und Regiert-Werden wechseln sich ständig ab. Es gibt Stimmen, die sagen, daß Parlamentarier höchstens zehn Jahre in einem Parlament bleiben sollten. Es wäre aber auch nicht verkehrt, diese Periode auf vier Jahre zu begrenzen.

In meinem Zukunftsbild zieht die Regierung sich aus großen Teilen der Gesellschaft zurück, vor allem aus dem Ausbildungs-, dem Gesundheitswesen und aus einem großen Teil der sozialen Sicherung. Unser Staat hat eine lange Geschichte hinter sich – vom Nachtwächterstaat zum Interventionsstaat. Er fungiert zur Zeit als Hüter unseres Versorgungsstaates und ist Anbieter einer großen Vielfalt von Sozialleistungen. Es wäre zu einfach zu sagen, wie das gegenwärtig häufig der Fall ist, der Staat bräuchte sich nur auf seine Kernaufgaben zurückzubesinnen. In der Praxis würde daraus kein Freiraum entstehen, es stellte sich nur heraus, daß diese Kernaufgaben sehr umfangreich sind und immer wieder neue hinzukommen.

Es ist auch nutzlos zu verlangen, der Staat solle unternehmerisch tätig werden, er solle marktkonform handeln; das bedeutete nur eine Rückkehr zur alten Wirklichkeit, deren Schattenseiten uns allen vertraut sind. Leitet unser Staat nicht gerade einen Großteil seiner Existenzberechtigung aus dem Nicht-Funktionieren das Marktes – Arbeitslosigkeit, Fürsorge usw. – ab? Ist es dann logisch zu erwarten, daß gerade dieser Staat einen Beitrag zur Gesundung unserer Gesellschaft leisten kann? Ich denke, es gibt einen Weg, nämlich den, daß der Staat sich vollständig aus großen Teilen des gesellschaftlichen Geschehens zurückzieht.

Mit einigen Ausnahmen, die an das ursprüngliche Ideal des Nachtwächterstaats erinnern mögen, aber dennoch eine moderne Gestalt zeigen. Ich denke, der Staat muß seine Aufgaben im Bereich der Infrastruktur und Fürsorge bedrohter Gruppierungen beibehalten. Vielleicht sollte es im Parlament viel intensiver darum gehen: Welchen Menschen droht konkret die Gefahr, durch das Netz zu fallen, und wie muß eine zielgerichtete Politik aussehen, dies zu verhindern?

An diesem Punkt wird mein Tagtraum ganz deutlich. Das Zusammenleben kann in Zukunft nicht ohne starke Polizei funktionieren. Nach diesem Bild werden die Gegensätze, die es in unserer Gesellschaft zweifellos gibt, nur mit einer modernen Polizei beherrschbar; keine repressive Polizei im klassischen Sinn, mit Männern und Frauen, die nur stolz darauf sind dabei zu sein, denen aber der Umgang mit so vielen eigensinnigen Bürgern lästig ist. Dieses Bild von der Polizei ist veraltet. Welche Gestalt aber kann die neue Polizei haben? Es wird eine Polizei sein müssen, die in die Gesellschaft integriert ist, die weiß, welche Entwicklungen es gibt, die sich mit der Gesellschaft «mitbewegt».

Es gibt in meinem Tagtraum noch andere Beamte. Sie repräsentieren eine moderne Version des klassischen «civil servant». Es sind Männer und Frauen, die nicht mehr in einem Elfenbeinturm der Hauptstadt sitzen und durch Verordnungen und ähnliches versuchen, die Wirklichkeit zu

Tagtraum 2: Der souveräne Bürger

biegen, es sind vielmehr Menschen, die als «Veränderungskünstler» wissen, wie sie den Wandlungen in der Gesellschaft gegenübertreten müssen, wie sie Menschen helfen können, ihre Lebensform so zu gestalten, daß sie damit in eigener Verantwortung umgehen können. Mein Bild einer künftigen Gesellschaft zeigt Bürger, die ihrer Verantwortung für das eigene Leben und für das Zusammenleben selbst Form geben.

Mir erscheint es nicht unwahrscheinlich, daß künftig das Gebäude des Nationalstaats noch mehr ins Wanken gerät, als wir dies gegenwärtig für möglich halten; der Nationalstaat als natürlicher Verbund, in dem wir als Bürger zusammenleben und der aus vielerlei Gründen bereits geschwächt ist. Es würde mich und sollte uns alle nicht überraschen, wenn er in nächster Zukunft rasch zusammenbricht. Kommt es so, dann sollten wir als Bürger nicht länger erwarten, daß es so etwas wie die beschützende Nation, die uns allen Sicherheit gewährt, gibt. Dann gibt es nur noch die eigene Verantwortung im eigenen Kreis.

Bürger sind zu viel mehr in der Lage, als wir gemeinhin annehmen. Sie können eigene Netzwerke in ihrer Umgebung bilden, in ihrem Verein, im Arbeitsleben, in denen man eigene Lebensformen gestalten und lernen kann Verpflichtungen einzugehen. So würde man die echte Nachbarschaftshilfe wieder aufleben lassen, die verlorengegangen ist. Was wäre daran so schlecht? Neue Kräfte würden in unserer Gesellschaft entstehen.

Vielleicht müssen wir das Prinzip der Souveränität im eigenen Kreis neu durchdenken. Zwar schmunzeln viele darüber, dennoch scheint dieser Begriff von großem Zukunftswert. Er besagt, daß die Bürger prinzipiell für die Dinge, die in ihrem eigenen Umkreis geschehen, Verantwortung übernehmen müssen, so daß der Staat sich nicht länger um sie bemühen muß. Dazu gehört auch das Subsidiaritätsprinzip, das besagt, daß keine übergeordnete Verantwortungsebene eingeführt werden muß, solange eine untere Ebene sie noch selbst tragen kann.

Sicher ergibt sich dann die Frage, ob es nicht übertrieben sei, die Verantwortung des Bürgers in dieser Weise anzusprechen. Muß es nicht doch ein Netz geben, das jene auffangen kann, die herauszufallen drohen? Für das soziale Netz sehe ich zwei Möglichkeiten. Die erste erschien mir bereits im ersten Tagtraum: das Basiseinkommen. Die Qualität einer Gemeinschaft ist daran zu erkennen, inwieweit sie die Pluriformität der Menschen, die in ihr arbeiten und leben, wirklich zu tragen bereit ist, und dies hinsichtlich der Licht- wie auch der Schattenseiten. Das bedeutet, daß auch jene, die nicht direkt in den Arbeitsprozeß einbezogen werden können, dazugehören, einschließlich der Kriminellen, Obdachlosen und Behinderten. Eine Gemeinschaft ist erst integer, wenn sie die Verantwortung auch für jene Menschen annimmt, die nicht in ein bestimmtes Muster passen und die die Schattenseiten der Gemeinschaft repräsentieren. Eine Gemeinschaft, die diese Schattenseiten auszurotten versucht, ist niemals integer.

Das Basiseinkommen könnte allerdings nur eine karge Grundversorgung für jedes Mitglied der Gemeinschaft sicherstellen; jeder hat das Recht auf Existenzsicherung. Die Frage nach der Finanzierung eines solchen Modells beantworte ich noch. Es gibt meiner Meinung nach keine Gesellschaft, die so untätig ist, daß sie nicht ein ausreichendes Nationaleinkommen erzielen könnte, um die bloße Existenzsicherung zu garantieren. Im Gespräch stellt sich immer wieder heraus,

Tagtraum 2: Der souveräne Bürger

daß die Finanzierung des Basiseinkommens weniger ein finanzielles als ein moralisches Problem darstellt. Ist es vertretbar, die direkte Beziehung zwischen Leistung und Lohn zu durchbrechen, oder ist genau das unmoralisch? Das ist eine Frage des Arbeitsethos. In unserer westlichen Kultur wurde der Gedankenzusammenhang, «Wer nicht arbeitet, soll auch nicht essen!» zu einem allgemeingültigen Urteil. Was folgt aus diesem Urteil, wenn die Arbeit (im bezahlten Sinn) nicht für alle Menschen einer Gesellschaft ausreicht?

Die Alternative ist, davon auszugehen, daß Arbeit und Lohn voneinander unabhängig sind. Arbeit ist dann kein Mittel mehr, Lohn zu verdienen, sondern ein Weg, die persönliche Beseelung den Bedürfnissen der Welt dienstbar zu machen; Einkommen – in welcher Form auch immer – ist dann ein Mittel zur Deckung von Bedürfnissen.

Die zweite Möglichkeit des sozialen Netzes liegt in der Mindest-Altersversorgung, mit dem Zusatz, sich freiwillig höher versichern zu können. Mit diesen beiden Grundvoraussetzungen kann das «Spiel» des vielseitigen Bürgertums beginnen.

Mit dem dritten Tagtraum kommen wir in den schon als Kultur- oder Geistesleben bezeichneten Bereich der Gesellschaft. Hier ist das Thema meines Tagtraums die «persönliche Meisterschaft».

Vor mir gabelt sich der Weg. Von den beiden Wegweisern zeigt der eine in Richtung Post-Modernismus, der andere in Richtung Post-Materialismus. An der Gabelung angelangt, schlage ich die letztere Richtung ein. Bald schon überholt mich jemand, der sagt: «Kurz bevor ich abgebogen bin, hat mir jemand anderes einen Zettel in die Hand gedrückt mit dem Satz: Was ist Glück? Er ging in die andere Richtung, so daß ich keine Fragen mehr stellen konnte.» Wir gehen zusammen weiter und sprechen über den Zettel. In gewisser Weise wird deutlich, daß die Frage für seinen Weg leichter zu beantworten ist als für den, den wir alle kamen, aus der Make-up-Kultur. Wir sind uns einig, daß der Post-Modernismus das Streben nach Abwendung von Unglück und Schmerz ist, fragen uns aber zugleich, ob das das Glück ist, dem wir auf dem Weg in den Post-Materialismus begegnen werden. Ist das das Glück, für das wir uns einsetzen wollen?

Im Gespräch entdecken wir, daß Glück zwei Seiten hat. Die eine ist, daß der Mensch sich auf dem ihm eigenen Lebensweg befindet, daß er die Themen findet, die innerlich und äußerlich die eigene Existenz rechtfertigen. Wir entdecken aber auch, daß der Mensch, dem das gelingt – diese Erfahrung konnten wir beide machen –, vereinsamt. Die Suche nach den eigenen inneren Lebensthemen stellt sich als ein einsamer Weg heraus. Dann wird uns klar, daß das Glück auch eine zweite Seite hat. Es fällt dem Menschen offenbar schwer, in Disharmonie mit seiner Umgebung zu leben. Einsamkeit ist schwer zu ertragen, weshalb die Menschen viel dafür unternehmen, nicht ins Abseits zu geraten und mit ihren Mitmenschen verbunden zu bleiben. Der Weggenosse merkt etwas ketzerisch an: «Sollte das wohl der Grund sein, warum wir uns zu Weihnachten Postkarten schicken und uns beschenken? Schicken wir anderen zum Jahreswechsel schnell einige gute Wünsche, um möglichst viele zurückzubekommen?»

Auch das Glück in einer post-materialistischen Gesellschaft hat zwei Seiten: das Glück, sich auf dem eigenen Lebensweg zu befinden, und das Glück, mit den eigenen

Themen mit den Mitmenschen, den Zeitgenossen, in Verbindung zu bleiben.

Dann verläßt mich der Weggenosse. Im Tagtraum denke ich weiter darüber nach und frage mich: Ist es wohl die wichtigste Aufgabe unserer Kultur, unseres Geisteslebens, den Menschen dazu in die Lage zu versetzen, den Mut zum eigenen Schicksal nicht zu verlieren, sondern es auf sich zu nehmen und damit mit den Schicksalen der Mitmenschen in Verbindung zu bleiben? Bedeutet es nicht Glück, als Mensch mit dem Schicksal der Menschheit in Verbindung zu stehen? Sollte das nicht gerade der tiefste Sinn der persönlichen Meisterschaft sein? Ist persönliche Meisterschaft nicht eigentlich die Kunst, so in Bewegung zu bleiben, daß das, was einem begegnet, nicht als Zufall, sondern als Brücke zur Welt erscheint?

Was bedeutet das für die Institutionen und für die unserer Kultur zentralen Bereiche der Gesellschaft wie Schulen und Universitäten, wie Religion und Kunst? Auf diese sicherlich nicht ganz leichten Fragen bieten sich Antworten an. In den Schulen sollten junge Menschen Lehrern begegnen, die sie einführen in die Zeit, in der sie leben. Unsere gegenwärtigen Ausbildungsinstitutionen haben die ursprüngliche Pädagogik der Übertragung von Kultur durch eine Ausbildungskunde ersetzt, die nicht zu persönlicher Meisterschaft führt. Mein Tagtraum zeigt mir eine Schule, in der Lehrer mit einer menschenkundlichen Orientierung ein Klima schaffen, in dem die Kinder sich sicher fühlen und an ihren Entwicklungsmöglichkeiten arbeiten können; kurz, eine Schule in der wirklich kommuniziert wird. Es ist eine Schule, die für das Leben stärkt; nicht durch das Aufeinanderstapeln von wissenswerten Fakten, sondern durch das langsame Erweitern des Einschätzungs- und Urteilsvermögens der Schüler. An diesen Schulen wird an der Gewissensentwicklung nicht durch Indoktrination festgelegter Werte und Normen, sondern mit Hilfe der Entwicklung von moralischer Kraft gearbeitet. Es war schon vom Verlust der natürlichen Scham die Rede. Das Böse will uns von der natürlichen Scham über das Unrecht befreien, das wir anderen angetan haben.

In meinem Tagtraum werden die Schüler im Unterricht auf ihre innere Disziplin angesprochen. Sie lernen, im Zeitstrom zu stehen und zugleich ein geschichtliches Bewußtsein zu entwickeln, nicht durch Auswendiglernen von Jahreszahlen. Kann sich in unserer Gesellschaft die innere Meisterschaft entwickeln, ohne daß von der Vergangenheit die Rede ist, von geistigen und gesellschaftlichen Strömungen?

Im Tagtraum werden mir auch Universitäten und höhere Ausbildungseinrichtungen sichtbar, in denen es um mehr als das Auswendiglernen von Definitionen und Methoden geht. Das alte akademische Ideal vom Lehrmeister und seinen Schülern, die einander in Freiheit begegnen, wird hier wieder gepflegt. Die Universität ist hier nicht mehr der Weg von einer zur nächsten «multiple choice»-Klausur, sondern ein Weg entlang der Vielfalt und des Reichtums an Erfahrungen des Lehrmeisters.

Im Post-Materialismus wird Wissenschaft zu mehr als einer ausschließlich empirischen Untersuchungsmethode zur Erkenntnismehrung. Es wird auch andere Wissenschaftsformen geben, die in die Geheimnisse der nicht-sinnlich wahrnehmbaren Wirklichkeit vordringen lassen. In dieser Wissenschaft spielt die Integrität des Wissenschaftlers eine große Rolle. In diesem Sinn könnte von einer Wissenschaft, die sich aus persönlicher Meisterschaft entwickelt, gesprochen werden. Im Post-Materialismus wird das fortwährende Lernen von überragender Bedeutung sein. Das ständige Lernen muß weiterentwickelt werden, es bleibt das ganze Leben lang nötig «aufzutanken». Wünschenswert wäre es, daß jeder Mensch in seinem Leben immer wieder Augenblicke erlebt, in denen er sich an Zeitgenossen stärken kann, die auf ihrem Weg bereits weiter vorangeschritten sind. Sie könnten mit ihnen über Themen ins Gespräch kommen, die sie im Innersten bewegen.

Auch über die Kunst ist dabei etwas zu sagen. Die Kunst ist dem Menschen das Medium, seine Beziehungen zum Himmel wiederzufinden. Anhand der Kunst lernt man, das Nichtsinnliche zur sinnlichen Wirklichkeit in Beziehung zu setzten. Künstler sind im besonderen Maße in der Lage, das, was nicht materiell greifbar ist, dennoch erscheinen zu lassen. Ein guter Dirigent, der ein Orchester wirklich zum Klingen bringen kann, ist jemand, der nicht nur Musik hörbar werden läßt, sondern es ermöglicht, durch die Klänge die Qualität einer anderen Wirklichkeit zu ergreifen. Künstler sind die Mittler zwischen der materiellen und der immateriellen Welt. Sie sollten daher auch mehr als nur eine Randerscheinung unserer Gesellschaft sein.

Mein Tagtraum führt mich nun zu einem heiklen Thema, dessen Rolle in einer künftigen Kultur immer wieder in Frage steht, zur Religion. Daß sie sie in der Form einer kirchlichen Institution spielen wird, ist eher unwahrscheinlich. Religion wird aber nach wie vor eine grundlegende Kraft der Kultur darstellen, eine Quelle, aus der alle Menschen schöpfen können sollten. Glauben ist Staunen über die Welt, in der man lebt, über alles, was geschaffen wurde. Auch in Zukunft wird das eine fundamentale menschliche Fähigkeit bleiben.

Dann finde ich mich plötzlich in den Räumen eines uralten Heiligtums wieder. Mich umgeben die Führenden aller großen Weltreligionen, aber auch die Gurus bekannter und weniger bekannter esoterischer Bewegungen. Alle zeigen sie auf mich und schreien sich gegenseitig an: «Misch' Dich nicht in die Rettung der Seelen ein, das ist meine Aufgabe. Bekehre Dich!» Sie winken mit Katechismen, Geboten, Meditationsvorschriften und Lehrinhalten, um zu zeigen, wie ernst es ihnen ist. In der fundamentalistischen Atmosphäre, die dort herrscht, wird mir eng, und ich sage: «Ich möchte einfach an die persönliche Meisterschaft glauben!» Sie hören mich aber offensichtlich nicht. Enttäuscht wende ich mich ab. Ich stehe dann vor einem Gebäude, das mir persönlich sehr wichtig ist, dem der Anthroposophischen Bewegung. Es hängt ein Schild an der Tür, das besagt: «Diese Sekte wird geschlossen.» Meine Reaktion ist, das Schild zu entfernen, denn das sollte nicht geschehen. Ich verfolge meinen Weg, allein mit der persönlichen Meisterschaft, aber nicht unglücklich.

Noch einmal kommt mir die Ökokratie in den Sinn. Wenn sie besagt, daß wir im Wirtschaftsleben Teilhaber werden, wenn sie bedeutet, daß wir den divergierenden menschlichen Lebensformen in ihrem Zusammenhang ein wirkliches Existenzrecht zugestehen, dann verweist die Ökokratie sicher auch auf die Aufgabe, eine Ökologie der Lebens- und Weltanschauungen zu entwickeln. Die Weltbilder können dann ineinander übergehen. Eine große Frage an die Zukunft bleibt offen: Wird es eine Öko- oder eine Egokratie werden? Die Strategie der Hoffnung läßt darauf eine Antwort finden.

Tagtraum 3: Post-Materialismus

9. Rückblick – Ein Interview

«Es liegt in der Luft», sagt Cees Zwart. «Überall sieht man Menschen nach neuen Ideen zum Thema Gut und Böse suchen. Deshalb habe ich das Gefühl, mich mit einer aktuellen Frage beschäftigt zu haben. Zugleich bemerke ich aber, wie schwer es ist, freimütig darüber zu sprechen. Den Begriffen Gut und Böse haften so viele Gefühle an, daß man – auch im eigenen Innern – durch viele Schichten stoßen muß, bevor deutlich werden kann, was mit diesen Worten gemeint sein könnte. Im Gespräch über Gut und Böse stellt man fundamentale Auffassungen zur Diskussion, die in unserer Kultur weit verbreitet und zugleich auch oft unbewußt geblieben sind. Man scheucht, bildlich gesprochen, Hühner auf.»

Cees Zwart sitzt entspannt in seinem Sessel. Die acht Zusammenkünfte sind vorüber. Die bearbeiteten Texte liegen vor. Wir beschließen, noch einmal kurz zurückzublicken.

Cees Zwart: «Vor allem nach der zweiten Zusammenkunft, als in der anschließenden Diskussion eindringliche Fragen nach meinem Verständnis von Urbildern und Ideen gestellt wurden, war ich fast verzweifelt. Diese Fragen und Emotionen, mit denen sie gestellt wurden, vermittelten mir das Gefühl, es würde an meinen wissenschaftlichen Fundamenten gerüttelt. Ich habe daran gezweifelt, ob es wirklich möglich sei, die Einsichten, die einem selbst klar und deutlich sind, so in Worte zu fassen und zu untermauern, daß auch andere sie begreifen können.»

Und ist das wirklich möglich?

«Nun, meine Vision hatte einen ganz bestimmten Ausgangspunkt, die Einsicht nämlich, daß Ideen keine subjektiven Erscheinungen sind, die auf irgendeine wunderliche Weise –

durch chemische Prozesse zum Beispiel – in unserem Kopf entstehen. Nein. Ideen sind für mich geistige Realitäten, die wir nicht konstruieren, sondern wahrnehmen. Nach den diesbezüglichen Fragen habe ich zu Beginn unserer dritten Zusammenkunft skizziert, welche wissenschaftliche und philosophische Anknüpfungspunkte es in der westlichen Kultur für diesen Ausgangspunkt gibt. Allerdings wurde deutlich, daß diese Vision dem vorherrschenden Denken diametral gegenübersteht. Ich glaube, es ist unbeweisbar, daß Ideen geistige Realitäten sind. Man kann das nur glaubhaft darstellen und hoffen, die Offenkundigkeit möge erfahren werden können. Der Widerstand dagegen ist allerdings massiv, weil damit an einem tiefsitzenden Dogma gerüttelt wird, das vor allem der philosophische Materialismus des vorigen Jahrhunderts zu einem Eckpfeiler des modernen Denkens ausbaute.»

Ist das schließlich die Absicht, an diesem Dogma zu rütteln?
«Der Kern dieses Dogmas ist die Annahme, daß nur der Materie objektive Realität zuerkannt werden kann. Diese Annahme bietet allerdings keine Aussicht auf Hoffnung, weil der menschliche Geist darin keinen selbständigen oder positiven Raum findet. Ich fühle in mir das Verlangen, zum – wissenschaftlich formuliert – Paradigmenwechsel ein Steinchen beizutragen. Ich habe versucht, das auf der Grundlage meiner eigenen Erfahrungen und Reflektionen zu tun, ohne die Bücher der großen Lehrmeister aus dem Schrank zu nehmen.»

Und ist das gelungen?
«Das zu beurteilen, steht mir nicht zu. Ich muß allerdings zugeben, daß mir ‹unterwegs› einige inhaltliche Probleme

begegneten, die ich nicht vorhergesehen hatte. In der vierten und fünften Zusammenkunft ging es um Exkurse in die Gesellschaft. Wir beschäftigten uns mit dem Wirtschafts-, Rechts- und Geistesleben, und ich bemerkte, daß es mir nicht immer so klar zu sprechen gelang wie über das Wirtschaftsleben. Zu Beginn des ganzen Projekts hatte ich ein ziemlich gutes Gefühl und dachte, ich hätte in den zurückliegenden Jahren ausreichend viele Gesichtspunkte gesammelt und bräuchte sie nur noch in Worte zu fassen. So einfach war es dann aber doch nicht. Vor allem bei den Betrachtungen zum Rechts- und Geistesleben wurde mir dies deutlich.»

In der anschließenden Diskussion zeigten sich zum Teil heftige Reaktionen, sowohl pro als auch contra. Wie ist denn das möglich?

«Zum Teil ist das sicher durch das schon Gesagte im Zusammenhang mit meinem Ausgangspunkt bedingt. Sicherlich spielt aber auch meine Art zu formulieren dabei eine Rolle. Ich bevorzuge es, deutliche Aussagen zu machen. Manche Menschen haben dann und wann das Gefühl, ich stellte zu krasse Behauptungen auf. Ich habe allerdings den Anspruch an mich, sie zu untermauern.»

Aber sicher nicht in der Art des distanzierten Wissenschaftlers...

«Nun, ich kann auch distanziert dozieren. In den Vorlesungen an der Universität bemerke ich den Unterschied. Wenn ich darlegend doziere, schreiben die Studenten mit. Sobald ich aber aus innerer Bewegung spreche, hören sie damit auf. Der eine Student schaut mit der Haltung, als wolle er sagen, das gehört aber nicht hierher, zum Fenster hinaus. Andere scheinen intensiver zuzuhören, offensichtlich mit dem Gefühl, daß es jetzt erst richtig ‹wahr› wird. Ich bemerke häufig, daß ich mit meiner Art der Betrachtung – aber meiner Meinung nach auch durch die Themen, mit denen ich mich beschäftige – ein ‹Scheiden der Geister› bewirke.»

Während der acht Zusammenkünfte lauschten manche Menschen wie gebannt, andere fühlten sich durch die Bestimmtheit der Aussagen in ihrer Freiheit bedroht.

«Bei solchen Beobachtungen ist es immer schwer, zwischen Reaktionen auf persönliche Eigenschaften und Reaktionen auf das Thema zu unterscheiden. Was das letztere betrifft: Während der Zusammenkünfte wurden Probleme angesprochen, denen man im eigenen Leben nicht ausweichen kann. Das ruft immer heftige Reaktionen hervor, positive wie negative. Spricht man über Hoffnung, über Gut und Böse, so kann man sich nicht einfach zurücklehnen. Das gilt vor allem dann, wenn festgestellt werden muß, daß Gut und Böse nicht nur in der Außenwelt zu finden sind. Und weiter: Daß mir Menschen gebannt lauschen, stört mich nicht, das rührt oft auch vom Zauber des Augenblicks her. Bei Managern, mit denen ich als Organisationsberater zusammenarbeite, bemerke ich, daß manche meiner Aussagen sie in den Bann schlagen. Das dauert aber nie lange. Schließlich, manchmal auch erst hinterher, betonen sie ihren Standpunkt. Genau das ist es, was ich erreichen möchte: durch freimütiges Einnehmen eines Standpunkts andere dazu zu bringen, das ebenfalls zu tun. Ich würde mir wünschen, daß auch die gesellschaftliche Diskussion etwas von diesem Charakter bekommt. Die intellektuelle Diskussion allein bleibt oft undurchsichtig ...»

Ein Interview

Gibt es dabei eine Spannung zwischen Aussagen und Handlungen?

«Nun, nicht nur bei mir ... Ich denke, nahezu jeder hat dieses Problem. Ich spreche beispielsweise häufig über die Trennung von Leistung und Einkommen, das heißt, über ein Einkommen, das sich nach den Bedürfnissen richtet. Es stellt sich dann allerdings die Frage, nach welchen Bedürfnissen denn? Im NPI, einem Institut für Organisationsentwicklung in den Niederlanden, an dem ich zeitweilig arbeitete, haben wir versucht, das Einkommen nach den Bedürfnissen auszurichten. Dabei haben wir entdeckt, daß es nahezu unmöglich ist, die Bedürfnisse anderer zu beurteilen. Darüber hinaus habe auch ich gewisse Gewohnheiten und Sicherheitsbedürfnisse. Kürzlich erfuhr ich, daß infolge einer Reorganisation meine Professur an der Erasmus-Universität in Rotterdam auslaufen soll. Wenn man so etwas erfährt, dann muß man erst einmal schlucken. Daß wir in einer turbulenten Zeit leben, ist dabei nur ein schwacher Trost; trifft es einen selbst, dann schmerzt es eben doch.»

Warum die Beschäftigung mit Themen wie Integrität, Echtheit, Unter- und Tages-Welt?

«Meine Mutter war Jüdin. Sie mußte erfahren, was es heißt, erniedrigt zu werden. Sie mußte den Judenstern tragen. Meine Großeltern sind im Zweiten Weltkrieg verschleppt worden. Ich erinnere mich noch gut daran, wie wir uns von ihnen an der Maasstation in Rotterdam verabschiedet haben. Meinen Vater – in meinen Augen ein moralisch hochstehender Mann – hat der Krieg als gebrochener Mensch zurückgelassen. Damit will ich sagen, ich habe in meinem Leben die Wirkungen des Bösen sehr real kennengelernt.»

Erich Neumann entwickelte seine Gedanken über eine neue Ethik vor dem Hintergrund seiner Kriegserfahrungen ...
«In mancherlei Hinsicht sind wir immer noch mit der Bewältigung des Zweiten Weltkriegs und des Holocaust beschäftigt. Was damals geschah, das stellt uns Fragen über Gut und Böse, über Hoffnung und Verzweiflung.»

Die ausgesprochen spirituelle Auffassung von der Realität, rührt sie aus der Jugend her?
«Nein. Ich bin weder jüdisch noch christlich erzogen worden. Meine Verbindung mit spirituellen Bewegungen entstand eigentlich erst nach meiner Schulzeit, als ich in Rotterdam Louis Schoch begegnete, einem Pfarrer, der in der christlich-reformierten Jugendbewegung tätig war. Erst durch ihn habe ich wirklich begriffen, daß es eine göttliche Welt gibt, obwohl das für mich eigentlich selbstverständlich war. Religiosität hat man mich in meiner Jugend nicht gelehrt, aber mir auch nicht vorenthalten. Erst viel später, eigentlich erst nach meinem Studium, lernte ich die Anthroposophie kennen. Damals arbeitete ich als Assistent bei Bernard Lievegoed, mit dem ich viele Gespräche führte. In den ersten Jahren, von 1956 bis 1965, war die Anthroposophie zwischen uns kein Thema; wir sprachen selten direkt darüber. Wir sprachen nur über Dinge, die mit unserer wissenschaftlichen Arbeit zu tun hatten. Die Anthroposophie gab mir aber auf wichtige Fragen Antwort, wie auf diejenige nach der Freiheit. Rudolf Steiner beschreibt den Menschen als ein Wesen, das an der göttlichen Hierarchie teilhat, zu der auch die Engel und Erzengel zählen. In dieser Hierarchie hat der Mensch eine ganz spezifische Aufgabe. Er soll die Freiheit entwickeln. Es war insbesondere der Gesichtspunkt der Freiheit im Verhält-

nis zum Göttlichen, der mich besonders berührte; in der Folge auch die Auffassung Rudolf Steiners von Gut und Böse. Tatsächlich hat Rudolf Steiner mit seiner Auffassung von einer Dreiheit – Luzifer, Christus und Ahriman – das dualistische Denken über Gut und Böse überwunden. Die zusammen mit Edith Maryon geschaffene, fast neun Meter hohe Holzplastik macht das anschaulich. Sie zeigt Christus als den Menschheitsrepräsentanten zwischen den beiden Einseitigkeiten Luzifer und Ahriman. Darin liegt eine große Perspektive. Da entsteht auf einmal Dynamik, eine neue Beweglichkeit in den Beziehungen. Der Mensch steht dem Bösen nicht mehr gegenüber, vielmehr geht er zwischen seine beiden Aspekte mitten hindurch. Steiner erkennt Luzifer und Ahriman eigentlich als Entwicklungshelfer, als gegenpolige Kräfte, mit deren Hilfe der Mensch wachsen kann. In diesem Sinn ist das Böse nicht länger schlicht negativ, sondern hat eine notwendige Funktion bekommen. Darüber hinaus läßt Steiner das Böse auch in uns selbst erkennen. Luzifer und Ahriman wirken aus unserem Innern. Sie konfrontieren uns mit unseren Einseitigkeiten. Die Kraft, die ich in diesem Buch als Hoffnung charakterisiert habe, wird von Steiner als die geistige Kraft Christi beschrieben.»

9. Rückblick